都市経済学の基礎

佐々木公明・文 世一[著]

はしがき

　現代社会において，先進国と呼ばれる国の人々の多くは都市で生活している。その意味で，都市を分析することは現代社会を分析することと同じである。

　さて，「都市」という言葉で最初に思い浮かべるのはさまざまな都市問題であろう。日本の場合，第1に「高い地価と狭い住宅地」が話題になる。たとえば，東京圏で都心から30km範囲内に，親からの相続や宝くじの当せんなどに依存せずに，通常のサラリーマンが自分の労働所得だけでマイホームをもつことはほとんど不可能であるといわれている。東京に限らず，地方都市においても近隣の農業地帯などの非都市地域の地価に比べれば，地価は非常に高い。

　第2に思い当たる都市の問題は「長い通勤距離と交通渋滞」であろう。これは第1の問題と密接に関連し，多くの都市労働者が都心からかなり離れた，すなわち自分の収入に見合う場所に住宅を購入することになり，長距離通勤は必然となる。東京圏で片道1時間半から2時間をかける人々は少なくない。仮に片道1時間半とすると，実に1日の8分の1の時間が通勤という単なる移動に使われることになる。人間にとって1日24時間という時間制約は絶対的なものであるから，それを緩めることはできない。このような時間の使い方が人々をより幸福にするとは考えられない。混雑については，多くの人が日常的に体験していることであるが，端的には東京における朝のラッシュ・アワーを観察すればよい。JRや他の私鉄，地下鉄の電車は，あたかも連続的であるかのようにプラットフォームに入ってくる。しかし，どの電車も超満員で，降車と乗車をスムーズ

にするために乗客の"引っ張り"と"押し込み"を行うプロフェッショナルが必要とされるほどである。また，都市に通じる道路の混雑は1日中発生している。

都市の第3の問題は，この過大な交通量にも関連する。大気汚染，騒音，振動などの環境悪化である。このような環境上の外部不経済の問題は，農村などの非都市地域では現れない。

第4の問題は高い犯罪率である。都市には後述するように，多種多様な人々が集まっている。そのため，人々の間の所得格差は非都市に比べはるかに大きい。この大きな所得格差が犯罪を引き起こす1つの原因となる。さらに都市においては"匿名性"が高く，お互いに誰であるかがわからない場合が多い。ときどき，近隣の人が死んでいても長らく気づかれなかった例が報告されるが，これは互いにコミュニケーションをもたないことがその原因の1つであると考えられる。この匿名性は犯罪率を高める要因となるのである。

これら4つのことは現代の都市が抱える共通の問題点であり，その解決，軽減が望まれている。都市が上のような弊害だけしかもたないのであれば，誰も都市に居住しようとは思わないであろう。多くの人々が住んでいる都市にはそれなりの魅力があるはずである。昔，農村地帯の愛し合う若いカップルのうち，女性が東京に行ってしまい，農村に残された男性の悲哀の唄がはやったことがある。彼は「あの娘はぼくを置いて東京に行ってしまった。何で東京がそんなにいいんだろう。ぼくは泣いている」と嘆くのである。この答えは明らかではないのだが，考え方，仕事，生活パターン，支持政党など，すべて同質的な人々だけが住む農村にはない刺激を求めて，彼女は東京に行ったのかもしれない。また，農村ではどこの，誰が，いつ，何をしていたという類の監視が常にあり，その束縛からの自

由を求めて東京に行ったのかもしれない。実際，後述するように，都市には異なる経歴，仕事の種類，思想，趣味をもつ多様な人々が集まっている。そこでの出会い，コミュニケーションは斬新なものであり，それらによって個人は変革され，生き方さえも影響を受けるであろう。都市の最大の魅力はこの住民の多様性にあろう。

第2に，都市のもつ利便性に共感をもつ人が多いであろう。とくに縦横に張りめぐらされた交通ネットワークの利便性は，人々の移動範囲と頻度を増大させる。前述の人々の間におけるコミュニケーションも，この整備された交通ネットワークを抜きにしては不可能である。利便性はショッピング・センター，病院，各種学校などの施設が多数立地していることにもよる。

都市のもつ魅力の第3の点として絵画，音楽，芸能など，芸術へのアクセスが良い点であろう。たとえば，日本の伝統的芸能である歌舞伎は，地方では一度も鑑賞したことのない人々が多い（著者たちもそうである）。芸術を志す学徒は，東京に居住していればわずかの交通費をかけるだけで上野の美術館に頻繁に通うことができる。地方にいる場合は，1泊2日程度の旅費と時間をかけて行かなければならない。ベルリン・フィルハーモニーが日本で公演を1週間もつとき，5日間を東京で，2日間を大阪か京都で開くことになろう。それは地方都市では，音楽愛好家が多いとはいえ，3万円のチケットを購入して公演を聴く人口がその会場を満席にするほど多くはないからである。ベルリン・フィルを聴くためには，3万円のチケット代に加えて，1泊2日分の旅費と時間を費やさなければならないのである。このような芸術へのアクセスの良さは，都市の魅力の1つとして，けっして過小に評価されるものではないであろう。

以上述べてきた都市の問題点，魅力は，程度の差こそあれ，多く

の先進国では共通のことである。実は日本ではあまり問題とならず,アメリカの都市で大きな問題となっているものに小学校の問題がある。周知のように,アメリカは白人―黒人の人種問題を歴史的に抱えている。もちろん,人種差別は法的には違法であるが,現実生活でのさまざまな形での差別は存在するであろう。大都市の中心部に住んでいた高所得（主に白人）の人々は,中心部のアメニティの退化とともに,より広い住宅を求めて郊外へ移動した。都市中心部の小学校では（主として黒人世帯の）低所得世帯の子弟の比率が多くなる。人種差別のため将来への希望をもてない親は子供の教育に無関心になり,その影響を受けた子弟も希望をもてず学校の勉強に無関心になり授業中に騒いで,クラス運営を妨げる行動をするようになる。そのため,多少とも教育に関心のある家庭は子弟をより良い学校に通わせるために,より環境の良い郊外へ居を移すようになる。したがって,都市中心部の学校の質はますます低下することになる。結局,自家用車をもつ余裕のない低所得者は,中心部に残らざるをえない。このようにしてアメリカの大都市では,高所得の白人等と低所得の黒人等が空間的に分離して居住する（segregationと呼ばれる）現象が一般的となった。2つのグループが空間的に遮断されていることは,日常的に相互のコミュニケーションがないことを意味する。この日常的な交流がないことが社会を不安定にするのである。

その例は1992年のロサンゼルスの暴動にみられる。92年4月30日は全米が注目する裁判の判決が下される日であった。その半年前,ロス近郊のハイウェイにおいて,スピード違反をして走行中の車をパトカーが2時間あまりの追跡の末,運転していたロドニー・キングという20歳代の黒人男性を捕まえた。そのとき,パトカーに乗っていた4人の白人警官がキング氏をハイウェイ脇の空地に引きず

り出し，4人で交替に殴る蹴るの暴行を加えたのである。およそ1分30秒の間に，約90発のパンチやキックがキング氏を襲ったということが，近くの住民がその一部始終をビデオに撮っていたことにより明らかになった。このビデオ・テープが全米にテレビで流されるやいなや，警察の権力濫用に対しての批判が起こり，議会で取り上げられ，4人の警官は裁判にかけられたのである。本書の著者の1人はたまたまその判決当日にアメリカ滞在中であったが，95％以上の国民は警官の有罪を確信していた。しかし，陪審員の評決は無罪であったのである（裁判所のある場所というのが，いわゆる高所得白人の多くが居住する場所であり，選ばれた陪審員のすべてが白人であったことがこの評決を導いたという論評もあった）。

この無罪評決のニュースが流れてまもなく，ロサンゼルスの上述の分離居住地域の境界線近くで，信号待ちをしていたトラックの白人運転手が引きずり出され，黒人の集団に暴行された。これが暴動の始まりであった。居住を分離する境界線近くの商店，約3000軒が襲われ，略奪された。この暴動は2週間続き，50名を超える生命（ほとんどが若い黒人）が失われた。最終的に州の軍隊によってその暴動は鎮圧されたのである。理不尽な評決に慣ったとはいえ，なぜこのような大規模な暴動に発展していったのであろうか。それは日頃，2つのグループ間での交流，コミュニケーションがなかったからということに尽きる。すなわち，そこでは個人と個人との間の相互理解などが入り込む余地はなかったのである。実はこの2週間の暴動の後，汚され，壊された街をきれいにするために，多くの白人，黒人の老人や若者がボランティアで働いたのである。テレビの解説者は「空間的分離による断絶を超えようとする一歩である」といっていた。

この例からわかるように，空間的距離によって人間の行動は大きく影響を受ける。内面も含む人間行動がすべて経済学的に分析されるわけではないが，都市経済学を他の経済学と識別する最も大きな要素は「空間 (space)」である。したがって，本書は「都市内の空間」あるいは「都市間の空間」に焦点を当てた都市経済学のテキストをめざしている。都市内の土地利用と地代の決定，都市間の空間システムの解明に多くのページを割くのはその理由にある。これが本書の特徴であるが，一方，多くの都市経済の教科書が扱っている住宅市場の分析や課税の分析などを省くことになった。これらの分析はそれぞれ住宅経済学や財政学の教科書で学ぶことができよう。

　本書を執筆するうえで心がけたことは，数式の使用を極力抑えたことである。できるだけ図を使い視覚的にし，しかし論理展開の厳密性をも確保するように努めた。本書を用いて都市経済学を効率的に学習しようとする読者には，基礎的なミクロ経済学を事前に，あるいは並行して習得することを勧めたい。

　本書の草稿を用意する過程で，東北大学大学院情報科学研究科博士課程の松本行真君に協力していただいた。東北大学大学院情報科学研究科博士課程の芥川一則君には，第9章で用いられている資料を提供していただいた。東北大学大学院情報科学研究科博士課程の米本清君と京都大学大学院経済学研究科博士課程の町北朋洋君には，図表作成に協力していただいた。また有斐閣の鹿島則雄氏と柴田守氏には，本書を読みやすいものにするために多くのアドバイスと励ましをいただいた。これらの方々にあらためて感謝します。

　2000年2月

佐々木　公明

文　　世一

著者紹介

佐々木　公明（ささき　こうめい）　　　　　○第1章～第6章
1944年，長野県生まれ
東北大学大学院経済学研究科修士課程修了
現在，東北大学名誉教授（専攻：都市経済学，地域経済学）
主要著作
『都市成長管理とゾーニングの経済分析』有斐閣，2003年〔2005年度日本都市学会賞受賞〕。
『都市サブセンター形成の経済分析』有斐閣，2005年（張陽と共著）。
『日本における地域間計量モデル分析の系譜』東北大学出版会，2007年（国久荘太郎と共著）。
「地域交通と住民の幸福」『運輸政策研究』vol. 14, No. 4, pp. 2–12, 2012年（徳永幸之と共著）

文　世　一（むん　せいる）　　　　　○第7章～第9章
1958年，大阪市生まれ
京都大学大学院工学研究科土木工学専攻博士課程修了
現在，京都大学大学院経済学研究科教授（専攻：都市経済学，交通経済学）
主要著作
『交通混雑の理論と政策』東洋経済新報社，2005年〔2006年度日本交通学会賞受賞〕。
"Hub Port Competition and Welfare Effects of Strategic Privatization," *Economics of Transportation,* Vol. 3, No. 3, pp. 211–220, 2014 (with Achim Czerny, Felix Höffler).
"Joint Provision of Transportation Infrastructure," *Economics of Transportation,* Vol. 19, 100118, 2019.

↪読者へのメッセージ

　「都市」は現代社会そのものであり，複雑な社会経済システムから成り立っています。その多面的なシステムの核は〈空間〉であり，その空間の秩序を支配しているシステムの解明が最も重要です。本書は，都市の空間システムを経済学の視点から解明するための基礎を提供することをめざしています。

Guide to Reading

●**本書の特徴**　本書は，大学の学生や政策担当者を読者対象としています。「都市空間」に焦点を当てた点に特徴をもつ都市経済学のテキストです。本書は，都市の空間システムを経済学の視点から解明するための基礎の提供をめざしています。数式の使用を最小限にとどめ，図表を多く用いるとともに，文章で丁寧に解説することによって，都市空間のシステムをわかりやすく理解できるように解説されています。

●**本書の構成**　本書は，9章より構成されています。まず最初に，都市が形成・発展していく過程に焦点を当ててから，土地利用や都市の空間構造について解説されます。その後に，都市間のシステム，交通問題，公共サービスについて，分析されています。複雑な都市経済システムの基礎的な面について，より幅広い学習ができるようになってます。

●**各章の構成**　各章は，「本文」「*Column*」「練習問題」「引用文献」で構成され，複合的に理解できるようになっています。

●**本文の叙述**　各章の章扉にサマリーをおき，その章の全体を見渡せるようにしました。ゴチック（太字）になっている言葉は，「都市経済学」を理解するために重要となるキーワードです。

●*Column*　各章の末に，*Column* が組み入れられています。本文の内容に関連した興味深いテーマについて，解説してあります。

●**練習問題**　各章末に，その章の内容に関する「練習問題」が掲げられています。より進んだ学習のために，ご利用ください。

●**引用文献**　本文中で引用されている文献について，各章末に掲載しています。本文中では，著者名と刊行年のみを表示しています。

●**文献案内**　巻末に，さらに進んだ学習のための参考文献がリストアップされています。ここで載せられているものは，都市経済学を理解するための基本文献となります。基本的に入手しやすいものを選びましたので，お役立てください。

●**索　引**　巻末に，キーワードを中心とした基本的なタームを引けるように，索引を精選して用意しました。より効果的な学習にご利用ください。

都市経済学の基礎・目　次

第1章　都市はなぜ形成されるのか　　1

1　都市の形成過程 …………………………………………2

2　自給自足から交易へ ……………………………………3
都市形成の前段階 (3)　　絶対優位 (4)　　機会費用と比較優位 (5)　　交易の利益 (7)

3　大規模生産の利益 ………………………………………10
規模の経済 (10)　　家内工業から大量生産へ (11)

4　集積の利益 ………………………………………………13
地域特化の経済 (13)　　同一産業内集積のメリット (14)

5　大都市の形成 ……………………………………………16
都市化の経済 (16)　　交流の利益 (17)　　文化へのアクセス (18)　　都市の成長 (19)

第2章　都市はどこに形成されるのか　　23

1　輸送費最小化 ……………………………………………24
企業の立地点と輸送費 (24)　　ウェイト・ルージング産業 (26)　　ウェイト・ゲイニング産業 (27)

2　都市の自己発展 …………………………………………29

第3章　都市内の土地市場　　33

1　地価と地代 ………………………………………………34

地代とは (34)　　土地の価格 (35)

2　土地市場の特殊性と価格決定　……36
独占的市場 (36)　　唯一の需要者 (38)　　土地価格決定の方法 (39)

第4章　*都市内土地利用と地代の決定*　41

1　アロンゾ型都市モデル　……42
アロンゾ型モデル (42)　　仮定の意味 (42)

2　家計の行動　……44
効用関数と予算制約式 (44)　　付け値の定義 (46)　　付け値曲線とその形状 (49)　　目標効用水準と付け値の関係 (53)　　所得水準と付け値の関係 (56)　　交通費と付け値の関係 (58)

3　市場地代の決定　……63
均衡と市場地代 (63)　　閉鎖都市 (65)　　開放都市 (65)　　都市の均衡 (66)　　ケース①：都市住民が同質の場合 (67)　　ケース②：都市住民間で所得に差のある場合 (70)　　分離居住 (72)

4　土地利用の効率性　……73

5　交通体系改善の効果　……75

6　都市人口増加の効果　……77

7　企業の立地行動　……79
CBD内の土地利用 (79)　　製造業企業の行動 (80)　　オフィス企業の行動 (83)　　企業の付け値曲線の勾配 (85)

8　業務地の外部不経済　……87

外部性と付け値（87）

第5章　サブセンターの形成　　93

1　都市の拡大とサブセンター……………………………94
単一中心都市とサブセンター（94）　　ケース①：環状線型サブセンター（95）　　ケース②：ポイント・サブセンター（97）

2　サブセンターの形成過程………………………………100
集積の不経済と都市の規模（100）　　都市の産業規模（101）

3　都心空洞化………………………………………………103

第6章　土地利用の規制　　107

1　ゾーニングの必要性……………………………………108
ニューサンス・ゾーニング（108）　　土地に関する「権利」（109）

2　日本におけるゾーニング………………………………110
ゾーニングの歴史（110）　　住民の厚生への寄与（114）

3　非ユークリッド型ゾーニング…………………………115
インセンティブ・ゾーニング（115）　　日本のインセンティブ・ゾーニング（116）

4　開発権移転………………………………………………117
「開発権」市場（117）　　TDR市場の均衡（119）

目　次　xi

第7章　都市規模と都市システム　121

1　大都市と小都市 …………………………………………122

2　市場都市と中心地理論 …………………………………124
商圏と需要（124）　市場都市の成立条件（127）　市場都市の立地分布（128）　異なる財に対する商圏（131）　多数の産業と中心地システム（132）　中心地理論の現実への適用性（135）

3　工業生産における集積の経済と都市システム ………137
集積の経済と工業立地（137）　工業立地に基づく都市システムのモデル（139）　都市規模と生産費（140）　企業の立地選択と人口分布・雇用分布（141）　雇用と人口の均衡分布（144）　仮定の変更（147）　交通システムの整備と都市規模分布（148）

4　企業間コミュニケーションと都市規模 ………………150
オフィス企業の立地選択（150）　都市間交通整備の影響（154）　オフィス企業の支店立地（156）　オフィス雇用の成長と支店立地（160）

第8章　都市における交通問題　163

1　都市と交通 ………………………………………………164

2　交通需要と便益 …………………………………………165
交通需要の特徴（165）　交通需要と交通費用（167）

3　交通混雑と道路利用 ……………………………………169
トリップ費用と均衡トリップ数（169）　混雑による経済損失（171）　混雑料金（173）　道路の整備（176）　混雑料金収入を用いた道路整備（179）

4 交通混雑と経路・時刻・立地の選択 …………………180
複数の道路間での交通量配分（180）　トリップ時刻の選択と交通渋滞（184）　ピークロード料金による渋滞解消（187）　混雑料金と土地利用（189）

5 次善の混雑対策 …………………………………………192
燃料税（192）　公共交通への補助（193）　駐車料金（194）　パーク・アンド・ライド（194）　フレックス・タイム，時差出勤（195）　優先車線（197）

6 混雑料金の実行 …………………………………………198
実施の事例（198）　技術的な問題（200）　難しい社会的合意（203）

7 都市における交通システムの計画 ……………………204
交通システムとインフラストラクチャー（204）　交通手段の選択（204）　交通ネットワークのデザイン（208）

第9章　都市における公共サービス　215

1 都市経済と政府 …………………………………………216

2 政府の役割 ………………………………………………217
公共財（218）　規模の経済による自然独占（219）　外部効果（219）

3 公共財の最適な供給 ……………………………………220
公共財の社会的限界便益（220）　ただ乗り問題（222）

4 地方政府における公共財の供給 ………………………223
投票により決まる公共財の水準（223）　投票結果の効率性（225）

5 足による投票：ティブー・モデル ……………………226

　　　　足による投票メカニズム (226)　　ティブー均衡の成立
　　　　条件 (229)

  6　地方税 ……………………………………………………231
　　　　課税と経済損失 (231)　　足による投票と所得税 (233)
　　　　固定資産税と租税競争 (235)　　税の帰着問題 (238)

  7　地方分権 ……………………………………………………239
　　　　地方分権の必要性 (239)　　地方分権の問題点 (241)

  8　地方政府の規模と効率性 ……………………………………242

　文献案内 ――――――――――――――――――――247
　索　　引 ――――――――――――――――――――249

Column 一覧

① ホテリングの問題 ……………………………………………20
② ポート・シティの形成 …………………………………………30
③ 持ち家の土地の価格 ……………………………………………40
④ 分離居住の妥当性 ………………………………………………91
⑤ サブセンターのができる条件 …………………………………104
⑥ ゾーニングと地方自治 …………………………………………119
⑦ 順位―規模の法則 ………………………………………………160
⑧ 新道路の建設が交通混雑を悪化？ ……………………………210
⑨ 地方政府による「私的財」の供給 ……………………………243

本書のコピー，スキャン，デジタル化等の無断複製は著作権法上での例外を
除き禁じられています。本書を代行業者等の第三者に依頼してスキャンや
デジタル化することは，たとえ個人や家庭内での利用でも著作権法違反です。

第1章 都市はなぜ形成されるのか

本章の課題は都市が形成され，発展するメカニズムを経済学的に説明することである。そのために，都市形成・発展のプロセスが4つの重要な転移に単純化される。それぞれの転移の必然を説明するキーワードがあり，その意味を理解することが重要である。

1 都市の形成過程

「都市」とは何か。さまざまな定義がありえようが，都市を厳密に定義しても，それによって得るものが大きいわけではない。したがって，「都市経済学」をこれから学ぶものにとって，「都市」という言葉が与えるゆるい意味での共通のイメージをもてば十分であろう。すなわち，都市を「多くの人々と多数の企業が活動している空間」くらいに定義してもよいであろう。したがって，行政区としての「町」でも，都市と呼べる場合があろう。

ここで問題にするのは，人も企業も多数活動する場所の都市がなぜ形成されるかということである。この問いに対して，一義的な答えがあるわけではない。現実には日本にも多くの都市があるが，そのなかには松山，松本，熊本，会津，姫路などの「城下町」や，京都，琴平，伊勢，出雲などの「寺社町」が多くある。大都市東京も「江戸城」から成ったと考えることもできるだろうし，京都も奈良も「都」から出発したとみることができる。そこに都市が発生したのは，この意味で，歴史的，政治的，軍事的，宗教的理由による場合が多いが，しかし，その後，その都市が長期にわたり，成長・発展してきた理由は，経済学的に説明されなければならない（もちろん，衰退，消滅した都市もありえよう）。合理的な理由がない限り，都市が成長，発展することはできないのである。たとえば，ある時代の政治的理由によって都市ができたとしても，政治的中心性が失われた後にも発展するためには，都市で活動する個々の人や企業にとって合理的理由がなければならないということである。ここで考え

ることは,都市が形成され,発展するメカニズムを経済学的に説明することである。このような経済的理由で説明できるのは,大量生産方式が可能となった産業革命以降の都市であることを念頭においてもらいたい。

たいへん大雑把に,しかし核心部分だけに焦点を当てて,都市形成発展のプロセスを説明しよう。プロセスは4つの重要な転移からなり,それぞれの転移を説明するキーワードがある。以下5つのパネルを描きながら,この転移プロセスを説明するが,この章における背後の考えは,O'Sullivan [1999] *Urban Economics* に多く負っている。ある意味で,そこでの議論をわかりやすく,転移のパネルにまとめたともいえる。

2 自給自足から交易へ

都市形成の前段階　都市が形成される以前は,ほとんどすべての空間が農業に利用されており,またほとんどすべての人々が農業に従事していたと単純化する(実際,日本では1920年,就業人口の52%が農業部門で働いていた)。この状況で各農家は,2種類の生産物を生産し,自分で消費する自給自足の生活をしていると考える。2種類の生産物とは,食糧としての小麦と,衣服に用いる羊毛である。すなわち,すべての農家は同じ広さの土地を用い,その半分を麦畑にし,後の半分を牧草地にし,羊を飼っている状況を考えればよい。住は確保されているから,当面人間が生活するのに必要な衣食を自給自足している。**図1-1パネル①**はこのイメージ図である。

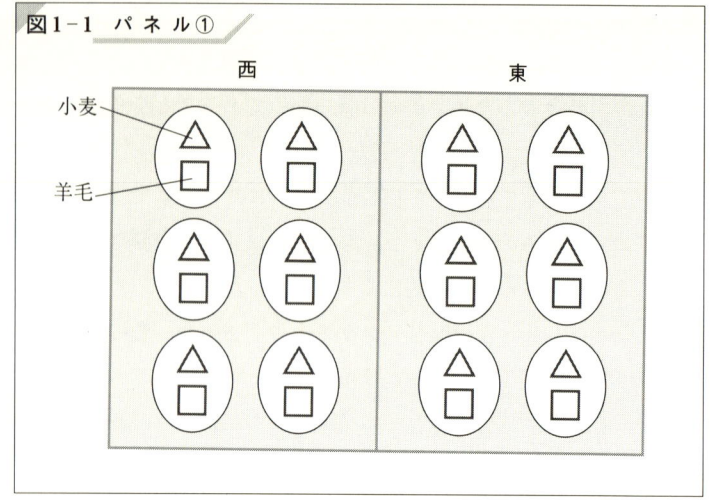

図1-1 パネル①

| 絶対優位 |

　パネル①は、平野を東と西に分け、各農家が同規模、同技術で、小麦（△）と羊毛（□）を生産しているイメージ図である。この平野が同質で、とくに農業の生産性に影響を与える土壌や気候などは同質であると考える。このような状況では、パネル①のどの農家も同じ水準で、自給自足をしているわけであるから、変化を引き起こす要因はない。したがって、外的に何らかの変化が起きなければ、パネル①の状況はそのまま続き、都市が形成されることはない。パネル①の状況で、非現実的な想定は、平野のどの地域でも生産環境が同じであるということである。現実は、地域によって土壌の肥沃度や気温、降雨量、風力、日当たりなどの気候条件が異なり、それは生産性の差異をもたらす。

　今、東側の土地が、土壌、気候条件とも良く、たとえば、同質の労働1時間を投入しても、小麦、羊毛の収穫量とも西側よりも多い

表1-1 労働の生産性

生産物＼地域	西	東
小　麦	1 kg	2 kg
羊　毛	2 m	6 m

状況を考える。すなわち，1単位（1時間）の労働をそれぞれの地域で，小麦，羊毛，それぞれの生産に従事したときの生産量が**表1-1**のようであるとする。

羊毛はそれを織って布にしたときの長さ（m）で測ってある。小麦の労働生産性は東側で2倍，羊毛のそれは3倍であり，どちらの生産量も東側で多い。この状況を，東側は西側に対して**絶対優位**（absolute advantage）にあるという。このとき，小麦も羊毛も東側が有利なのだから，すべて東側で生産を行うべきであろうか。答えは「否」である。現実をみても，たとえば，日本の製造業の労働生産性は世界有数である一方，現代のわが国の農業もアジア，アフリカのほとんどの国における農業と比較した場合，その労働の生産性は高い。それゆえ，日本はこれらの国に対して絶対優位にある。だからといって，日本ですべての生産物を生産し，アジア，アフリカの諸国で何も生産しない状況ではないのである。なぜそうなるのか。簡単にいえば，各々の地域は相対的に「得意」な分野をもつからである。それを次に説明しよう。

機会費用と比較優位

無から有は生じず，生産を行うためには必ず費用がかかる。しかし，パネル①において，唯一の生産要素は労働であるから，費用は労働費用である。しかし，表1-1には，賃金に関する情報が何もないから，どれだけ費用がかかるかわからないと考える人もいるかもしれない。しかし，

その情報はあるのである。自給自足であるから，自分に自分が賃金を支払うことを現実にはしていないのであるが，たとえば，西の地域で小麦1kgを生産するのに1時間労働を投入する。この農家は，その1時間を羊毛のためには働けないのである。その1時間を羊毛のために投入していたら，羊毛は2m生産できたのである。つまり，小麦1kg生産するのに，羊毛2mを生産する機会を放棄しているのである。この羊毛2mが小麦1kg生産のための**機会費用** (opportunity cost) と呼ばれる。この機会費用の考え方は重要である。

たとえば，大学生が大学で教育を受けるための費用を問われたとき，どのような項目をあげるであろうか。「授業料」はすぐ思いつく費用項目である。親元を離れ，アパート住まいをしている学生が，「アパート賃貸料」や「外食費」を費用として計上するのはどうであろうか。これは正しくない。なぜなら，たとえば大学教育を受けていなくても，どこかで生活する限り，家賃（自宅の場合も帰属家賃）や食費はかかるからである。忘れてならない重要な項目は，大学教育を受けることによって「失われた所得」である。つまり，高校の同級生のなかには，卒業後ただちに就職して働いている人もいる。その人たちは，自分が大学で学んでいる間（4年間）所得を得ている。いわば，その所得を獲得する機会を失ったわけであり，この額を機会費用として計上しなければならないのである。以上で，機会費用とはどのようなものであるかを理解できたであろう。この概念を適用して，表1-1に対応する機会費用は**表1-2**のようにまとめられる。

表1-2は小麦，羊毛それぞれ単位量（1kg，1m）当たり生産費用である，平均費用を表す。表1-2で，小麦1kgを生産するとき，西側で羊毛2m，東側で羊毛3mの費用がかかり，西側が低い。一

表1-2 単位生産量当たり費用（＝平均費用）

生産物＼地域	西	東
小　麦	羊毛2 m	羊毛3 m
羊　毛	小麦$\frac{1}{2}$kg	小麦$\frac{1}{3}$kg

方，羊毛1 mを生産するのに西側で小麦2分の1 kg，東側で小麦3分の1 kgと，逆に東側が低いことを示している。この状況を西側は小麦の生産で，東側は羊毛の生産でそれぞれ**比較優位** (comparative advantage) にあるという。つまり，小麦は西側で，羊毛は東側で生産したほうが有利なのである（この議論は，次のような教育の問題にも当てはまる。小学校か中学校の成績評価でオール5のA君と，オール2のB君がいるとする。A君はB君に対して，国語も算数も理科も成績がよいので，絶対優位である。しかしA君は今後もすべての科目を勉強し，B君は何も勉強しないかというと，そうではなく，A君にはとくに得意な算数，B君にも相対的に得意な国語があり，それを主に今後勉強すべきだということになる）。

交易の利益

実際にそうすることによって，両地域とも利益を受けることを次に示す。両地域の農家はそれぞれ，1日当たり一定時間（たとえば10時間）の労働時間をもっているとする。そして，その総労働時間を小麦と羊毛の生産に（自分にとって最も良いように），振り向けているとする（たとえば西側は小麦に6時間，羊毛に4時間，東側は小麦に2時間，羊毛に8時間）。今，西側の農家が小麦に向ける労働を2時間増加し8時間に，羊毛はその分減少して2時間にし，東側の農家は羊毛の労働時間を1時間増加し9時間に，小麦の生産をその分減じて1時間にするとしよ

表1-3 生産量の変化

	西		東	
	小麦	羊毛	小麦	羊毛
	+2 kg	-4 m	-2 kg	+6 m

表1-4 交易の利益

	西		東	
	小麦	羊毛	小麦	羊毛
	+2 kg	-4 m	-2 kg	+6 m
	-2 kg	+5 m	+2 kg	-5 m
	計 0	+1 m	計 0	+1 m

う。これらの結果,それぞれの農家が直面する生産の増減は**表1-3**のようになる。

次にこの2つの農家が交易を行うとする。つまり,西側は小麦を移出し,東側は羊毛を移出する。その際の交換比率は,小麦1 kgに対して羊毛2.5 mとする。そうすると,西側から移出された2 kgの小麦に対して,東側から羊毛が5 m移出される。交易の結果,**表1-3**は**表1-4**のようになる。

「計」の欄をみると,労働時間の配分を変える前と比較して,西側は小麦の量は変わらず,羊毛の量を1 m増加できる。したがって,西側によってこれは利益である。一方,東側も小麦の量は変わらないが,羊毛1m増加させることができ,これも利益を得る。これは地域間の交易によって,もたらされた利益なので,**交易の利益**(gains from trade)という。

この新しい状態,すなわち,西側は(小麦8時間,羊毛2時間),東側は(小麦1時間,羊毛9時間)からさらに同じように,西側は2

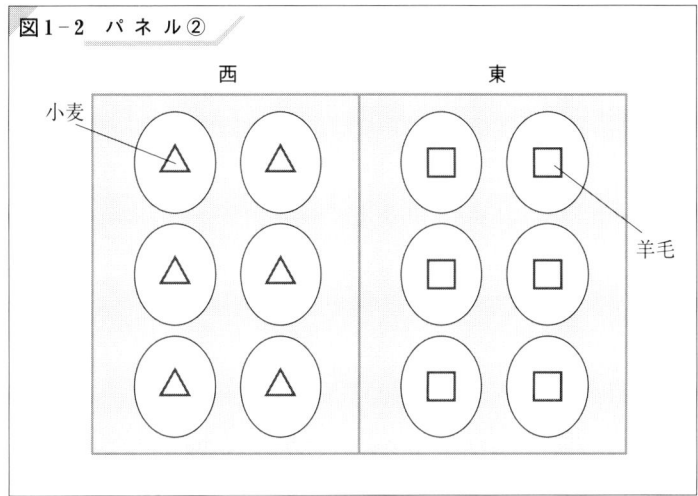

時間小麦への労働を増加し，それゆえ10時間すべてを小麦に投入することによって，東側は1時間羊毛への労働を増加し，それゆえ10時間すべてを羊毛に投入することによって，両地域とも羊毛1m分だけ増加し，利益を得ることになる。したがって，西側は小麦だけを生産し，東側は羊毛だけを生産して，互いに交易を行うことによって，それぞれが最大の利益を得ることになる。各地域が（生産費用が低いという意味で）特定な産業に**特化** (specialization) する状況が現出する。これが**図1-2パネル②**である。

パネル①からパネル②への転移における重要なキーワードは「比較優位」と「交易の利益」である。ただし，この交易の利益が実現し，パネル②に転移するためには，交易に伴う輸送費が，交易によってもたらされる利益に比べて，大きくないことが必要である。もし輸送費が膨大にかかるならば，社会にとってパネル①の状態にとどまるほうが良いであろう。

3 大規模生産の利益

規模の経済

パネル②で，東側が羊毛生産に特化しているが，小麦生産は農業であるのに対し，羊毛生産は製造業である。しかし，パネル②に表される羊毛生産は，小規模な「家内工業」の集まりであり，都市のイメージから程遠い。東地区に都市が形成されるためには，さらなる転移が必要である。そのためのキー・コンセプトは**規模の経済**（scale economy）である。

生産活動のための費用は，生産量とは無関係に一定である固定費用（代表的な例では，工場，機械設備などの資本費用）と，生産水準に依存して変動する可変費用（代表的な費用は，原材料費，生産ラインでの労働費用など）からなる。総費用を生産量で除した平均生産費のうち，1単位当たり固定費用は生産量水準が増加するほど減少する。一方，1単位当たりの可変費用は，生産量とともに増加するので，典型的な平均費用曲線は**図1-3**のように，U字型となる。

図1-3で，平均費用が減少する現象を規模の経済と呼ぶ。この意味は，生産し，供給する主体は，利潤を得る（最低でも利潤はゼロで損失を被らない）ためには，平均費用よりも高い価格で売らなければならないが，生産量が少ないと，平均費用も高いので，非常に高い価格で売らなければならない。しかし，生産量がある程度大きく，図1-3のX_Lの水準にあれば，より低い価格で供給することも可能であり，需要する消費者にとっても利益になる。当然，より低い価格で供給できれば，市場では競争も有利になるから，企業はできるだけこの規模の経済を利用しようとする。

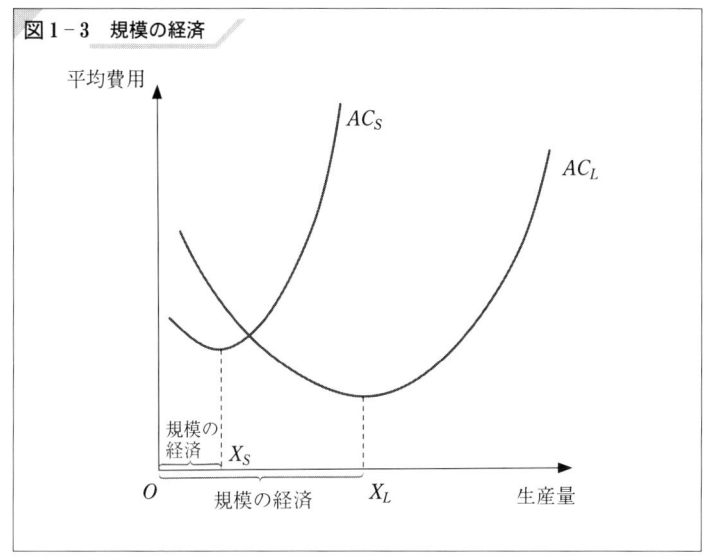

図1-3には，AC_S と AC_L と2つの異なる生産形態での平均費用曲線が描かれている。添字の S は小さい（small）規模のとき，L は大きい（large）規模の生産の場合である。大規模な工場では，大量生産可能な新型機械・設備の下で生産を行うので，多額の固定費用がかかるため，少量の生産量の下での平均費用は，小規模生産形態 S に比べて高いが，その規模の経済をもたらす生産量（X_L）は大きく，X_L での平均費用は著しく低くなる。

家内工業から大量生産へ

パネル②の東地区における羊毛の家内工業方式は，いわば，図1-3の AC_S に対応すると考えられる。19世紀初めに，産業革命が起き，大規模な機械を操作することが可能となった。したがって，東地区の家内工業をしている家計が協同して，大きな工場をも

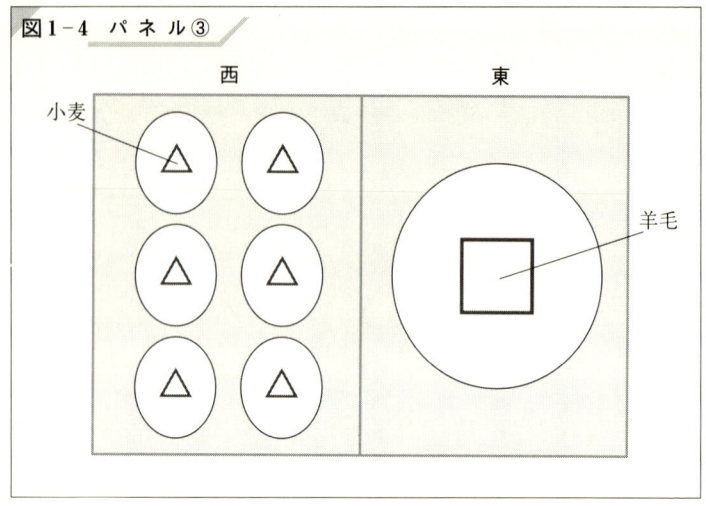

図1-4 パネル③

ち，そこで大規模な生産を行うことを計画する。その結果，図1-3のAC_Lのようなかなりの規模で，規模の経済を受けることができる。X_Lでの価格はX_Sでの価格より低いので，さらに需要が拡大し，そのことによって，大規模な工場での大量生産が支えられることになる。パネル②は図1-4パネル③に転移する。

実はこのためには，相対的に安価な費用で交通サービスが供給されていなければならない。とくに通勤費についてそうである。パネル②の家内工業の場合に，労働者は通勤する必要はないが，パネル③では，彼らは大規模な工場に通勤しなければならない。換言すれば，通勤費の増加を上回る，規模の利益が働いていることが必要である。

4 集積の利益

| 地域特化の経済 | いよいよ，大規模生産を行う工場が現出することによって，東地区は都市の「卵」に
なるが，しかしまだ都市ではない。なぜなら，ただ1つの工場しかないからである。さらなる転移を説明するキー・コンセプトは**集積の経済**（agglomeration economies）である。集積の利益とは文字通り，企業や人口がある特定の地域に集中して，立地することによって生ずる利益である。この集積の利益は2つのタイプに分かれている。それをまず示しておこう。1つは**地域特化の経済**（localization economy）で，もう1つは**都市化の経済**（urbanization economy）である。パネル③から④への転移は，前者の地域特化の経済によって説明される。

地域特化の経済とは同一産業に属する企業が多数集積することによる〈利益〉である。同一産業であるから，企業はお互いに競争的であるはずなのに，なぜ，同じ地域で互いに近く立地するのであろうか。さまざまな形の利益がある。

たとえば，絹織物工業が盛んな（桐生市のような）都市を考えよう。各企業の工場に動いている織機は同じ種類であるとし，この機械は1年に1回程度故障するとする。企業は修理をこの種の織機のメインテナンスを行う会社に依頼するが，この会社がその同じ都市内になく，たとえば東京にあるとすれば，そこから技師が修理に来るのに時間もかかる。場合によっては，1週間くらい，工場の操業を止めなければならないかもしれない。もし，メインテナンス会社が地

元にあれば，1日くらいの休業で済み，損失を大幅に減少させることができる。一方，メインテナンス会社からしてみれば，その織機を用いている企業が1社しかないなら，わずか1年に1～2回程度の修理を行うために，技師を常駐させることはできない。なぜなら，やはりこのメインテナンス会社の平均費用曲線も図1-3のような形をとり，1社のみにサービスを提供する場合，平均費用が非常に高くなるからである。ところが，同じタイプの織機を用いる企業が30社集積しているならば，これらの企業の織機が順番に故障するので，それを直すために，コンスタントに修理の依頼もあり，規模の経済によって，低い費用でサービスを供給できるのである。それゆえ織物工場企業は低い費用で，迅速にメインテナンス・サービスを受けることができ，1週間も工場を休む必要がないのである。これは大きな利益であり，同一地区に同一産業の企業を集積させる要因となる。

別な例では，陶器の生産で，色付けのための絵の具などの原料を1社で仕入れるよりは，多数の企業が同一地区に集積し，協同組合のようなものをつくり，そこを通して大量に仕入れることによって単価を引き下げることができるということがある。これも地域特化の経済である。

<u>同一産業内集積のメリット</u>　同一産業の企業の多数集積は，この産業の将来の動向に関する情報交換を通して，各企業に利益をもたらす。さらに，特別な技能を必要とする労働者を，より早く，より安価で手に入れることができる。また，一般に買回り品と呼ばれる耐久消費財や洋服など，狭い地域に集中することによって，まず，消費者をその地域に呼ぶことによって，各企業は利益を得る。

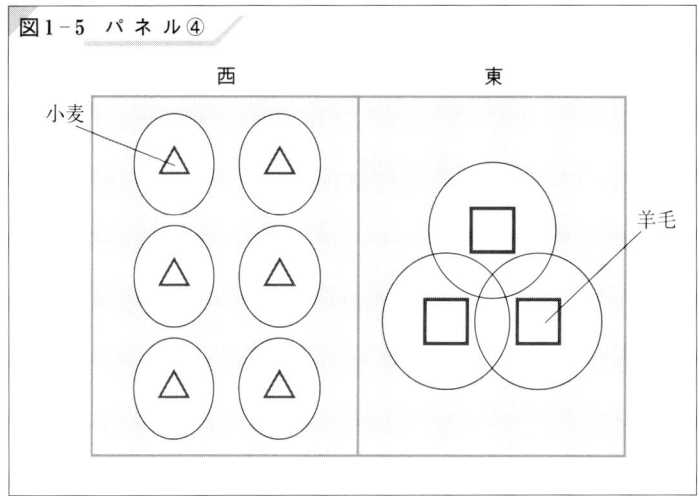

図1-5 パネル④

　Vernon［1972］で紹介されている例は興味深い。ニューヨーク・マンハッタンには，多くのドレス・メーカーが集積しているという。それはなぜか。1軒のボタン屋をそこに置くためである。ボタンもファッションの重要な一部であるから，同じボタンをあるドレス・メーカーの種々のドレスに用いることはできない。1社のドレス・メーカーは一般に1種類のボタンを少量しか需要しない。この下では，ドレス・メーカーの数が少なかったら，ボタン屋は生産の規模の経済を利用することができず，ボタンの価格は高いものになってしまう。それゆえ，それを用いたドレスの価格は高く，あまり売れないであろう。しかし，ドレス・メーカーの数が多くあり，それぞれのドレス・メーカーが異なるドレスのために，同一のボタンを注文するとすれば，ボタン製造業は，規模の経済を生かし，低い費用で供給でき，それゆえ，ドレスの価格もあまり高くはならない。また，ドレス・メーカーとボタン屋はデザインを行う過程で，

頻繁に面談しなければならず，お互い近くに立地する必要があるからである。

この「地域特化の経済」のために，羊毛を製造する企業が多数，東地区に集積することによって，パネル③は図 1-5 パネル④の状態に転移する。

5 大都市の形成

都市化の経済

パネル④の東地区は，企業が多数立地しているという意味で，都市の様相を示しているが，いわゆる大都市とはいいがたい。なぜならば，「羊毛」を生産する単一の産業だけが操業しているからである。大都市には，多数の種類の産業が集積し，また異なる産業で雇用される労働は，異なる技術，異なる能力，異なる性別，異なる年齢が必要とされ，それゆえ，大都市にはさまざまなバックグラウンドをもつ人々が住むことになる。実際，ある地域に異なる産業の企業が多数集中し，異なるバックグラウンドをもつ多数の人々が集中することによって，先に述べた「都市化の経済」が働くのである。

たとえば，銀行を考える。どんな産業の企業も銀行サービスは必要であり，近くにあれば，非常に便利である。しかし，パネル④のような単一の産業だけがある地域に立地しているならば，そのどの企業も資金を必要とする時期は 1 年を通して同一であり，また，資金を銀行に預金したり，返済する時期も同一である。そこで働く人々の銀行利用についても，ほぼ同じ時期になるであろう。このような状態は，信用創造を最大限に生かし，収益を得ようとする銀行

にとってはあまり好ましいものではなく，1年を通じてまんべんなく，資金の貸出，預金がある地域に銀行は立地する。そのような地域とは，さまざまな産業の多数の企業が立地する地域であり，それゆえ，その地域で操業する個々の企業は，銀行へのアクセスが容易であるという利益を受けるのである。同様なことは，保険，不動産などのサービスについてもいえる。これが「都市化の経済」の1つの例である。銀行，保険，不動産，対事業所サービスなどの産業は，多様な多数の需要者があってはじめて立地するが，それは，これらの産業が規模の経済を生かし，その地域の企業は比較的低い費用で，サービスを得ることが可能になると，解釈することもできる。

「都市化の経済」の他の例は，多数の種類の産業がその地域に立地しているならば，景気の変動の影響を小さくすることができるという点である。たとえば，ある産業が不況の波を大きくかぶり，失業が発生したとしても，不況の影響が小さい産業に雇用されることができ，地域経済への悪影響を最小限にとどめることもできる。しかし，単一（あるいは少数）の産業だけが立地し，地域経済がそれに大きく依存している場合，その産業が影響を受けると地域全体が大きく影響を受けることになる。たとえば，新日鉄の工場があり，鉄の街として繁栄した，岩手県釜石市の人口は1965年で8万2000人であったが，新日鉄が撤退した現在，人口は4万9000人ほどに衰退してしまった。これは，新日鉄に依存していた関連企業，商業などが，波及的に打撃を受けた結果である。

交流の利益

新しいアイディアや思いつきは，往々にして自分とは異なるバックグラウンドをもつ人々との交流によって生まれる。印刷業は，コンピュータ企業との交流によって新しいデザインを得て，繊維産業は化学工業との交流

により新しい食品を生み出し、製鉄産業が食品加工業との交流により排熱をウナギの養殖に使用するアイディアを得る、などである。個人のレベルにおいても、自分と異なるバックグラウンドをもつ人々との交流によって刺激を得て、新しい道を開拓する可能性が大いにある。

　多業種、多様な人間が集積することによる典型的な利益は、異なる者同士の交流によって、新製品、デザイン、技術の開発がなされ、それらが容易に伝播されることである。

文化へのアクセス

　さらに、多数の人々が集中することによる利益は、文化、芸術、教育へのアクセスが容易であることである。芸術館、博物館、音楽ホールは、その目的からして小分割できず、一定以上の規模をもつ。それを維持するためには、常時多数の入場者がなければならない。すなわち、規模の経済を生かし、比較的低費用でそのサービスを供給するためには、人口が大きい地域でなければ立地できない。日本特有の芸能である、歌舞伎、浄瑠璃、能などの常設公演は、大都市において可能である。また、ベルリン・フィルハーモニーなどが日本で1週間公演する場合、東京で5日、大阪、京都で2日くらいであり、他の地方都市では公演しにくい。それは、規模の経済を生かし、比較的安い入場料で、公演が可能であるためには、人口が多い都市に制限されてしまう。したがって、これら大都市に住んでいる住民にとって、文化、芸術へのアクセスは、地方の人が1泊2日の日程で金銭的にも時間的にも負担して、それらへアクセスしなければならないことと比較して、非常に容易であり、これが大きな利益であることがわかる。

　これらの「都市化の経済」を求めて、多くの産業、人口が立地する。パネル④は図1-6パネル⑤に転移する。

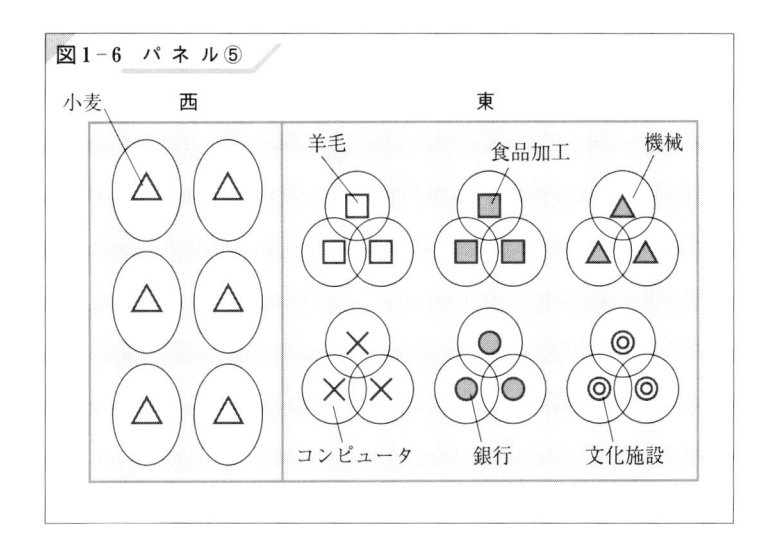

図 1-6 パネル⑤

（小麦／西／東／羊毛／食品加工／機械／コンピュータ／銀行／文化施設）

| 都市の成長 | パネル⑤の東側の面積は，パネル①の東側よりも大きくなっているが，これは都市の |

成長を表している。強調すべきは，産業，人のさらなる集積が，ますます「都市化の経済」を大きくし，さらなる集積を誘導し，都市が自己発展的に成長するメカニズムが内包されていることである（経済学の新しい分野として，近年，自己組織化の経済理論，内生的経済成長理論などの展開があるが，このメカニズムも同様のライン上にある）。

パネル①からパネル⑤は，農業地域からどのように現代の都市が形成されるかを，かなりヒューリスティックに図示したものである。もちろん，すべての都市が図示された順に，図示された要因によって形成されたものではない。しかし，都市の形成を経済学的に，簡潔に示すために，このような図示は有効である。

Column ❶ ホテリングの問題

ここではホテリング（H. Hotelling）の問題について扱う。集積の利益は本来，競争相手である他企業の近くに立地することによってお互いが受ける利益である。本章で紹介された具体例の多くは生産要素を共同で用いることによって費用が低下するいわば〈協力型〉の集積であるが，これに対して競争的であるがゆえに必然的に集積に向かうことを示したのが〈ホテリングの問題〉である。

下図のように OM の砂浜に沿って，夏に海水浴客が均一の密度で分布しているとする。この砂浜で2軒のアイスクリームの屋台，A, B が商いをする。海水浴客は自分の立地点から近い屋台に行ってアイスクリームを1つだけ購入する。A, B の屋台は利潤をできるだけ大きくするために，できるだけ多くの客にアイスクリームを売ろうとする。まず，第1ステージのように，A, B が立地し，それぞれ2分の1ずつのマーケット・シェアをもっているとする（C は中点）。

(1) 第1ステージ

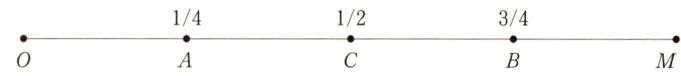

```
         1/4        1/2        3/4
●─────────●──────────●──────────●─────────●
O          A          C          B          M
```

この状態は均衡ではない。なぜなら，第2ステージのように A は B のすぐ左に立地することによって約4分の3のシェアを得ることができるからである。

(2) 第2ステージ

```
●─────────────────────────────────●───────●
O                                A, B      M
```

しかし，B もこれに対抗して，第3ステージのように A のすぐ左側に立地して4分の3近くのシェアをとろうとする。

(3) 第3ステージ

```
●─────────────────────────────────●───────●
O                                B, A      M
```

そして今度は A が B の左，次は B が A の左……を繰り返し，結局は最終ステージの図が示すように，2つの屋台は OM の中心 C に隣りあ

って立地し，それぞれ 2 分の 1 のシェアをとることになる。

(4) 最終ステージ

```
●─────────────────●─────────────────●
O              A, B               M
```

この状態は均衡である。なぜならば，A, B のいずれもそこからどちらの方向に動いてもかえってシェアを低下させてしまうため，その場所から動く動機はないからである。激しい競争の結果，A, B が C 点に集積するのである。

⇒練習問題

1. アメリカ・カリフォルニア州スタンフォード大学の近くに，「シリコンバレー」と呼ばれるコンピュータ関連の企業が多数集積している地域がある。集積の利益の典型的な例であるが，その利益はどのようなものであると考えられるか。
2. 多くの都市で自動車，電気製品，洋服などの買回り品を売る店が互いに近くに立地している。これは "shopping externality" の例といわれているが，なぜ集積するのか。その理由を説明しなさい。

◆引用文献

O'Sullivan, A. [1999] *Urban Economics*, 4th edition, Irwin Professional Pub. (巻末の文献案内を参照)

Vernon, R. [1972] "External Economies," in Edel, M. and Rothenberg, J. ed., *Readings in Urban Economics*, Macmillan.

第2章　都市はどこに形成されるのか

都市がどこに形成されるのかを経済学的に説明するとき，「輸送費用」が重要な働きをする。すなわち，原材料をその産地から輸送して生産を行い，その生産物を市場に輸送することに伴う，輸送費が低い場所ほど都市形成にとって有利になる。前章と本章を理解することによって，日本の太平洋沿岸ベルト地帯になぜ，大都市群が形成されたかを説明することができる。

1 輸送費最小化

企業の立地点と輸送費

　第1章で取り上げられた，都市が形成された東地区とは具体的にはどのような地域なのか，とくにパネル③の大規模な工場が立地するのはどのような地域なのか，本章で扱う主題は，このテーマである。前章では，それを説明の中心には置かなかったが，いくつかのパネル間の転移が生ずる条件として，「相対的に低い交通費」が必要であると主張された。本章では，この交通条件が決定的な役割を果たす。

　今，例として，鉄鋼産業の企業が，どこにその工場を立地させるかを考える。鉄鋼産業は，鉄鉱石，石炭を主たる原材料として，鉄鋼を生産する産業である。**図2-1**で線分OMは，Oの地点に原材料たる鉄鉱石，石炭が入手可能であり，Mは製品の鉄鋼を需要する市場（たとえば，自動車産業）がある場所とする。OMは幹線道路（あるいは鉄道）で，鉄鋼産業の企業は，線分OM上のどこかに立地し，操業するとする。ここで，次のようなことが仮定される。鉄鉱石，石炭以外のインプットである，労働，土地，資本，水，電力などは，OM上のどこでも同じ条件で入手できる。ある期間の生産量は，どこに立地しても同一である。与えられた生産量を達成するために必要な原材料の量は決められている。当該企業は，Oから立地点までの原材料の輸送費と，立地点からMまでの製品の輸送費の両方を負担する。

　企業の利潤は，売上－生産費用－輸送費用，と定義されるが，上述の仮定の下では，売上と生産費用は，立地点にかかわらず同一で

図 2-1　企業の立地可能地点

O　　　　　　　　　　　　　　　　　　　　　M
原材料地　　　　　　　　　　　　　　　　　　市場

図 2-2　企業の立地点と輸送費

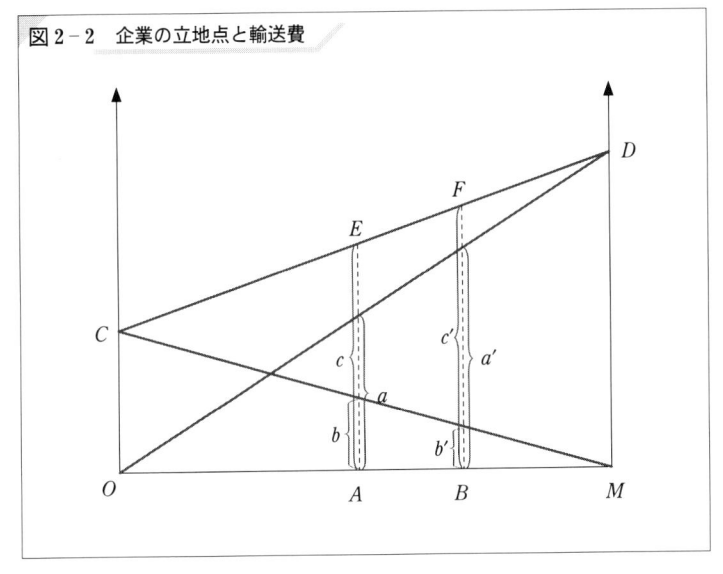

あるので，利潤を最大化することは，輸送費用を最小化することと同じである。それゆえ，企業は**輸送費最小化**をめざして立地点を決定することになる。原材料，製品ともその輸送費は，重量と距離に比例する。

そうすると，図2-2のようにA点に立地する企業は，ある与えられた生産量を生産するのに必要な原材料をOから輸送するのにaの輸送費がかかり，そこで生産された鉄鋼をMに輸送するのに

1　輸送費最小化　　25

b だけの輸送費がかかり，合計 $a+b=c$ だけの輸送費を負担する。B に立地する企業は，それぞれの輸送費は，a'，b' であり，原材料の輸送費は A より大きくかかり（$a'>a$），製品のそれはより小さい（$b'<b$）。その合計 c' は図 2-2 でみる限り c より大きい。

> ウェイト・ルージング産業

ところで極端な選択として，企業は鉄鉱石，石炭の産地のすぐそば O に立地するかもしれない。そのとき，原材料の輸送費はゼロで，製品の輸送費はどこよりも多い OC だけの費用がかかる。このとき，総輸送費は OC である。対極として，企業は市場の近く M に立地する。このとき，原材料の輸送費は最高の MD だけとなるが，製品の輸送費はゼロである。したがって，総輸送費は MD である。C と D を直線で結ぶと，先に説明した A での総輸送費 c の大きさは AE に等しく，B 点の総輸送費 c' は BF に示されることがわかる（直線 OD，MD を引き，C，D を結ぶ，このことを実際に定規を用いて確かめよ）。すなわち，直線 CD によって示される高さが，各立地点での総輸送費である。

図では明らかなように，総輸送費が最小になるのは，O 点である。すなわち，製鉄企業は原材料のすぐそばに立地することが，利潤を最大にするのである。OC が最小の輸送費になるのは，直線 OD の勾配が直線 MC の勾配よりも大きいからである。このことは，同じ距離を輸送するにも鉄鉱石，石炭を輸送する費用が，製品たる鉄を輸送する費用よりも大きいことを意味する。それは，原材料の重さが，製品のそれよりも大きいからである。鉄鉱石は 100% 鉄を含んでいるわけではなく，たとえば 30% 程度しか含んでいないとすれば，あとの 70% は生産の過程で捨てられ，鉄に変わることによって，重量が軽くなるのである。すなわち，"weight-losing" であ

る。このようなウェイト・ルージング産業（weight-losing industry）の場合，総輸送費は図 2-2 の CD のように右上がりであり，したがって，原材料地が最良の立地点である。

ウェイト・ルージング産業の他の例として，石油精製（原油は余分な成分をもっている），製材産業（原木は枝や皮，端の部分は板，柱に利用されない）など，多数ある。これらは，いずれも原材料地の近くに立地することが有利だということが容易にわかるであろう。

食品加工の場合，それが腐りやすい，あるいは壊れやすいということも原材料地の近くに立地させる原因となる。原料が腐ることを防ぐためには，冷凍車や振動などを防ぐ特別車によって運ばなければならず，単位距離当たり輸送費が大きくなるので，理論的には重量が大きい場合と同じである。

| ウェイト・ゲイニング産業 |

図 2-3 は，ビール産業の企業の立地選択に関するもので，点 O は原料のホップの産地で，M はビールの消費者たる人々がたくさん住んでいる市場としての地域である。直線 OD はホップの輸送費を表し，MC はビールの輸送費を表す。図 2-2 とまったく同様に CD は，OM 上に企業が立地するときに負担する総輸送費であるが，図 2-2 の製鉄産業と異なり，CD が右下がりになっている。これは，ホップをビールに変える製造工程の特性として，"weight-gaining" であることである。どこでも一様に入手可能な水を加えることによって，重量を増やすのである。したがって，このような産業では，原料の輸送費より製品の輸送費のほうが大きいので，企業は市場の近くに立地する。

ビール，ソフトドリンクなどの瓶詰め産業のほかにウェイト・ゲイニング産業（weight-gaining industry）の代表的なものとして，

1 輸送費最小化

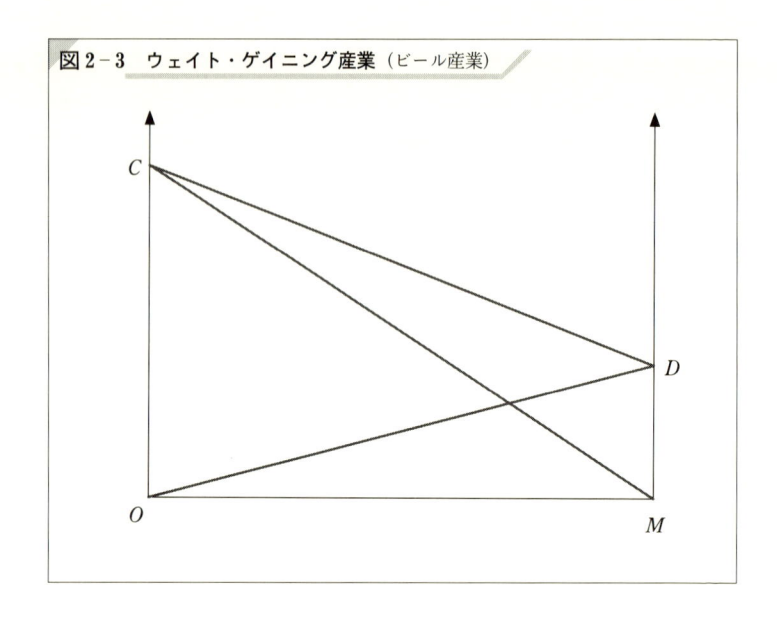

図2-3 ウェイト・ゲイニング産業（ビール産業）

自動車，機械などの組立産業がある。また，製品の重量が大きくならなくても，製品が市場に着くまでに質が劣化しやすいパン，ケーキなどの企業も，製品の輸送費が原料のそれに比べて相対的に大きいという意味で，ウェイト・ゲイニング産業に分類される。

図2-2，図2-3より，原材料，製品それぞれの輸送費用関数 OD，MC が線形であるならば，総輸送費関数 CD は，単調に右上がりか右下がりである。それゆえ，前者の場合は原材料地 O が，後者の場合は市場地 M が，それぞれ最適な立地点となる。重要なことは OM 間の内点（たとえば図2-2の A あるいは B）が最適な立地点として選ばれることはないということである。この結論は非常に強いものであるが，それは前述したいくつかの仮定に基づいており，現実にはそれらの仮定が完全に満たされている保証はない。

すなわち，原材料以外の需要は OM 上のどこでも同一の条件で，入手可能であるという仮定は満たされてないかもしれない。たとえば，製鉄産業で必要とされる技術をもった労働力は，ある地域でしか入手できないかもしれないし，ビール製造に用いるための良質な水は限られた地域でしか入手できないかもしれない。このような状況下では，最適な立地点は必ずしも，O，M の端点ではなく，OM 上の内点が選択されることもありうる。

2 都市の自己発展

しかし，ここでの考察は，企業は多くの場合，用いる原材料地か，市場に近い地点に立地することが合理的であることを示唆する。そして，1つの企業が立地するならば，前章のパネル③からパネル④，⑤への転移が生じ，その地点に都市が形成され，大都市に成長する可能性が大きくなるのである。

実際，日本の京浜から阪神までの太平洋ベルト地帯に，なぜ，大都市群が形成されたかを，この仮説によって説明することができる。すなわち製鉄業，石油精製，化学工業などは，典型的なウェイト・ルージング産業で，それらの原材料の近くに立地する。しかし，これらの原材料である，鉄鉱石，石炭，石油などは，日本国内ではほとんど供給されず，もっぱら，海外からの輸入に依存している。それらが，タンカーなどの輸送船によって運ばれてくるのは，太平洋岸の港である。したがって，図2-2の O 点はそれらの港であり，企業はその近くに立地する。そして，地域特化の経済を利用するために，同一産業の多数の企業が立地し（パネル④），都市化の経済を

得るために他産業, 多数の人々が立地する（パネル⑤）。そして, 重要なことは, パネル⑤のように都市が大きくなると, 当然, そこは多くの産業における製品の大きな市場となり, ウェイト・ゲイニング産業も立地する。そして, これらの産業について, 地域特化の経済が発生し, ますます, 市場が拡大し, さらなる, ウェイト・ゲイニング産業の立地を誘引する。このような, 自己発展的なプロセスで, 大都市群ベルト地帯が形成されたのである。

Column ❷ ポート・シティの形成

ここではポート・シティ（port city）の形成を扱う。図2-1あるいは図2-2では, ウェイト・ルージング産業の鉄鋼産業の2つの原材料, 鉄鉱石と石炭の産地が同一のO点であった。しかし, 下図のようにこれら2つの原料の産地が異なり, O_1（鉄鉱石）, O_2（石炭）の2点で表されるとする。

そして, 点Pが（海, 河, 湖などの）港であるとし, 鉄鋼の市場M

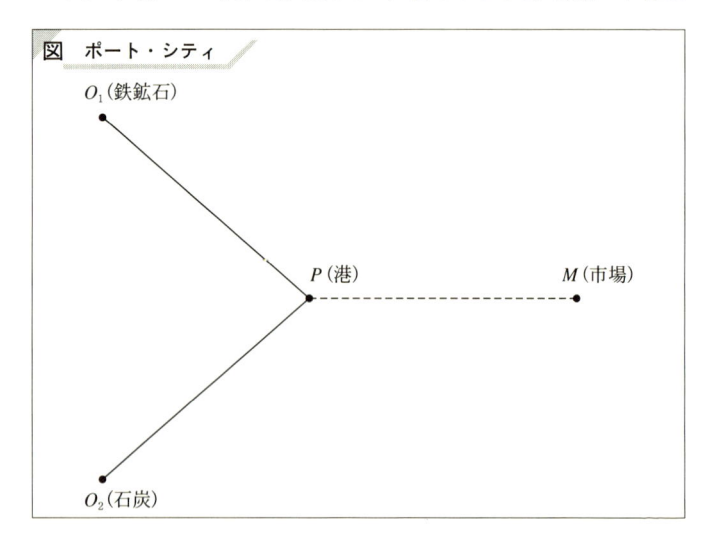

図　ポート・シティ

（O_1（鉄鉱石）, P（港）, M（市場）, O_2（石炭））

はその港から船の交通で結ばれるとする。O_1, O_2とPはそれぞれ道路（あるいは鉄道）で結ばれている。このとき，鉄鋼産業の工場はどこに立地すべきであろうか。この問題を考えるために，輸送費について次のように想定する。ウェイト・ルージング産業であるから，鉄鋼1トンを生産するために必要な鉄鉱石の1km当たり輸送費を20，石炭のそれを15，そして鉄鋼1トンの輸送費を1km当たり10とする。これらの値は道路で輸送しようが海上を輸送しようが変わらないとする。結論からいえば，工場の最適な立地点は港Pである。以下，次のような方法によってこのことを証明する。

PからのO_1方向に1kmだけ離れたところに立地すると，Pに立地した場合に比べて，鉄鉱石の輸送費は20だけ節約できるが，石炭の輸送費が15増加し，鉄鋼の輸送費は10増加するので，結局（25−20）＝5だけの輸送費が増加してしまう。同様にPからO_2の方向に1km離れた場合は（30−15）＝15の輸送費増加になる。最後にPからMの方向に1kmだけ離れたところ（浮島）に立地すると（35−10）＝25の費用増加になる。したがって，Pで生産を行うことによって輸送費が最も小さくなる。このようにして港の近くに都市が形成されるようになる（シカゴ，バッファロー，シアトルなどは"port city"の例である）。

⇒練習問題

1 次の産業の最適な立地点について考えなさい。
①魚の缶詰をつくる食品加工業
②自動車産業
③綿織物をつくる繊維産業
④火薬などをつくる化学産業

第3章　都市内の土地市場

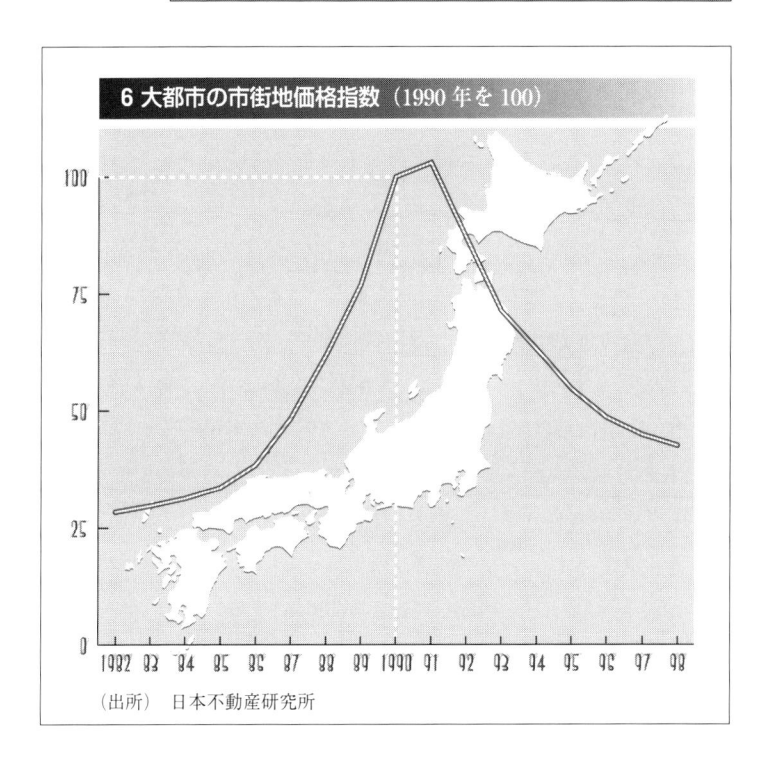

6大都市の市街地価格指数（1990年を100）

(出所)　日本不動産研究所

本章では地価と地代の関係が説明される。さらに，他の多くの財・サービス市場とは異なる土地市場の特殊性が説明される。この特殊性ゆえ，価格決定のために「付け値」という概念が導入される。

1 地価と地代

> **地代とは**

日ごろ，新聞などで話題となる，○市×町1丁目1番地の地価は，1m² 10万円というときは，その物質的土地が売買されるときの価格である。いわば，**地価**（land price）とは，ストックとしてのある時点での土地の価格である。

これに対して，**地代**（land rent：以下では単にrentと表す）とは，ストックとしての土地から，提供されるサービスの価格である。土地はさまざまな活動（たとえば，農業，工場用地，住宅地，公園，駐車場など）に用いられているが，そこでは土地のサービスが用いられているのである。サービスは，ストックとして存在する土地から経常的に生み出されていると考えられる。したがって，サービス総量は，期間の長さによって異なる。土地サービスは，フローの概念であり，たとえば，1ヵ月あるいは1年間のサービス量として測るものと考える。地代は，このサービスへの対価であるが，土地サービス量は実際には計測できないので，実際に借りている場所の土地1 m²を1ヵ月使用したときの対価として定義される。

さて，ある立地点の地価と地代との間にはどのような関係があるのだろうか。それを考える前に，現実をみると，現在，土地を利用している主体が，すべてその土地を所有しているわけではない。住宅地についていえば，40％はその土地所有者と住んでいる主体とは異なる。もし，土地を買って，所有して，利用するほうが常に有利であるならば，誰もその土地を借りることはしないであろう。ま

た，土地の所有者にしても，貸すほうが有利だとすれば，土地はすべて借地として利用されよう。

したがって，現実には，ある土地の所有者にとってみると，それを利用者に売っても，それを貸し続けて毎期地代を得ても，有利さは同じである。また，利用者にとってみても，それを現在買って，地価を1時点で支払っても，地代を払い続けても，有利さは同じであると考えることができる。

土地の価格

図3-1は現在時点0から将来に向けて，1年ごとの区切りをもつ時間軸である。今，時点0で，ある立地点の土地1 m²の地価がPであるとする。1年間の地代は一定のrで各期の期末に支払われるとする。

この土地の所有者の視点からみると，今後ともその土地を売らずに貸し続けるとき，現時点における地代収入の現在価値の総計は，

$$\frac{r}{1+i}+\frac{r}{(1+i)^2}+\frac{r}{(1+i)^3}+\cdots\cdots$$

$$=\frac{r}{1+i}\times\frac{1}{1-\dfrac{1}{1+i}}$$

$$=\frac{r}{i}$$

となる。ここで，iは利子率で，将来にわたり一定であると仮定する。すなわち，図3-1に示される毎期rを得ることは，現時点でr/iだけの価値を得ることと同じである。それゆえに，毎期rを得るサービスを提供する土地は現在時点で，r/iの価値をもつのであり，この値が0時点での地価Pに等しい。すなわち

図 3-1 地代の流列

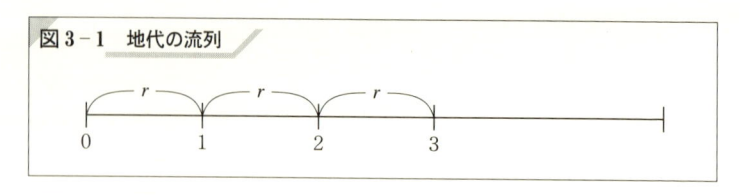

```
   r    r    r
 ├───┬───┬───┬─────┤
 0   1   2   3
```

$$P = \frac{r}{i} \tag{3-1}$$

(3-1)式は,ストックとしての土地の価格である地価と,フローとしての土地サービスの価格の関係を表す基本式である。(3-1)式により,どちらか一方の値が与えられれば,他方の値は一義的に求められる。この意味で,私たちは土地の価格として,地価を用いても,地代を用いても同等である。都市経済分析で頻繁に登場する所得とか消費はフローの概念であるので,これと整合させるため,以下では土地の価格を表現する場合,土地サービスの価格である地代を用いることにする。しかし,繰り返すことになるが,(3-1)式より,地代と地価とは一義的な関係があるので,地代が決まればそれに応じて地価も決まるのである。

2 土地市場の特殊性と価格決定

独占的市場

地代は土地サービスの価格であるから,それは他の財・サービスと同様,需要(者)と供給(者)が一堂に会する市場で決定される。周知のように,ほとんどの財・サービスは競争市場で,図3-2のように需要曲線と供給曲線が交わるところで,取引量とともに,均衡市場価格が決定される。地代も図3-2のメカニズムで決定されると考えられるで

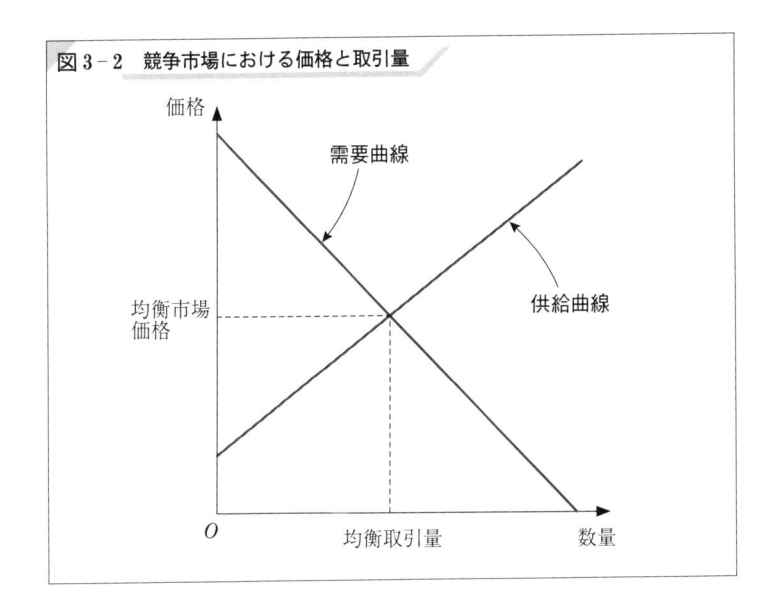

図 3-2　競争市場における価格と取引量

（価格を縦軸、数量を横軸にとり、右下がりの需要曲線と右上がりの供給曲線が交わる点で均衡市場価格と均衡取引量が決定されることを示す図）

あろうか。答えは否である。

　まず，土地市場は競争的といえるであろうか。

　多くの財・サービスは，供給主体（企業）が異なっても，彼らはほとんど同質の，同様の生産物をつくり供給している。だから，同一の市場で競争するわけである。しかし，土地はどうであろうか。仙台市青葉区中央1丁目1番地の1 m^2 の土地と，仙台市青葉区愛子3丁目5番地の1 m^2 の土地はまったく異なる質をもっている。たとえば，仙台駅からの距離が2分と35分，市役所までの距離が10分と30分，病院，デパート，学校などの施設までの距離，騒音，排気ガスなどの量はすべて異なる。したがって，これらの土地は同じ1 m^2 でも異なる土地として扱われ，その市場は異なるものと考えなければならない。

2　土地市場の特殊性と価格決定

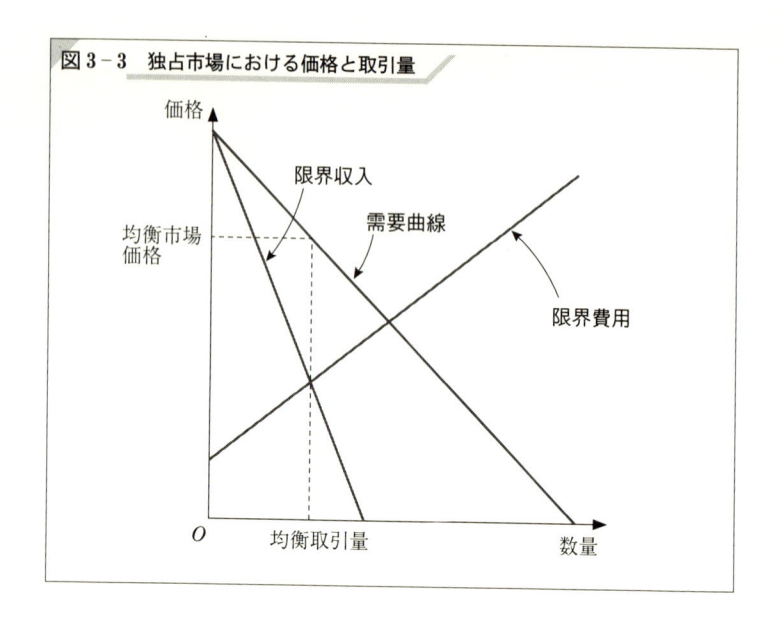

図3-3 独占市場における価格と取引量

縦軸：価格、横軸：数量。限界収入曲線、需要曲線、限界費用曲線が描かれ、限界収入と限界費用の交点に対応する需要曲線上の価格が均衡市場価格、その数量が均衡取引量として示されている。

　もちろん，中央1丁目1番地と2番地の隣り合う土地の質は似ているかもしれない。しかし，これらも異なる市場で取引されると考えたほうが便利である。端的にいえば，土地は，その立地点での市場で扱われる。ところで，1つの立地点（たとえば，その中央1丁目1番地）の土地の区画の所有者は，通常は1人である。それゆえ，その市場の供給者は1人なのであるから，それは独占市場である。これが土地市場の，第1の特殊性なのである。

唯一の需要者

　しかし，通常の財・サービスにも独占的に供給されるものがありえよう。そして教科書は，独占市場の価格と取引量は，**図3-3**のように決定されることを教えている。図3-3の供給者は，価格が高いときは，利潤が増加するので，供給量を増加することが前提とされている。これは，

（ほとんど質が同一の）製品の供給量をいつでも増加できることを意味する。

しかし，先の中央1丁目1番地の土地の区画は通常は1区画であり，いくらそこの価格が高くても，その供給量を増加させることはできないのである。つまり，ただ1人の需要者にその土地のサービスを売ることになる。これが土地市場における第2の特殊性である。要するに，土地市場は，土地の立地点ごとに開かれ，（通常は）ただ1人の売り手が1区画の土地をただ1人の買い手に供給する場所と想定される。このとき，独占供給者たる，土地所有者はどのようにして，1人の買い手と，価格を決定するのであろうか。

土地価格決定の方法

供給者は当然，利潤最大化を行うから，土地サービスの供給費用を無視する（あるいは，需要者によって変化しない）ならば，その1区画の土地をより高い価格で売る。しかし，法外な高い価格では誰も買わなくて，利潤はゼロになるので，誰かが買いうる最高の価格を決定することになる。

具体的には，あるときに，その土地サービスを購入したい需要者を，たとえばその土地の場所へ一堂に集め，「最大どれだけの価格を支払う用意があるか」という値（これを以後，**付け値**［bid-rent］と呼ぶ）を紙片に各人に書いて投票してもらい，開票して，最も高い付け値を提示した個人に，その付け値に等しい価格で（サービスを）売る（すなわち土地を貸す）ようにすればよいわけである。

以上が土地市場の特殊性と市場価格の決定方法の説明である。

Column ❸ 持ち家の土地の価格

持ち家で自分の土地に自分が住む場合（日本ではこの形態が6割以上である）も，自分で自分から借りていると解釈できる。つまり，自分の土地に対して最も高い付け値を提示したのは自分であり，その土地の所有者である自分が自分に貸したのである。さもなければ，仮に自分の土地に対して，自分よりも高い付け値を提示した他人がいるとすれば，自分はそれを他人に貸し，他の土地を借りることによって利益を得ることができよう。

地価（あるいは地代）は立地点ごとに決まり，その水準は時間とともに変化する。しかし，すべての立地点で毎年土地の取引が行われるわけではないから，経年的に地価のデータを得ることは実際には難しい。とくに持ち家の土地の地価（あるいは地代）はそれを購入したとき，あるいは売却するときの地価しかデータとしてはない。公表されている地価，たとえば「公示価格」はある特定の立地点について，たとえその土地が実際に取引されなくとも，近隣の取引事例を参考にして推定されたものである。相続税算出の基礎となる「路線価」や固定資産税額の算出基準となる「評価額」についても同様である。これらの推定値を決定する，公認された職業が不動産鑑定士である。

⇒練習問題

1 （3-1）式は，資本市場の裁定条件と呼ばれるが，（3-1）式が次のような裁定からも導出されることを示しなさい。

今期末 t に P_t で土地を購入し，1年間それを地代 r で賃貸し，その期末に P_{t+1} で売却する。このような経済行為は，今期に P_t だけの額の資本を利子率 i で銀行に預けたときの有利さとは同一である。

第4章 都市内土地利用と地代の決定

　第4章は本書の中心である。都市内の土地利用，地代，都市の大きさなどの都市の空間構造がどのように決定されるかを分析する。決定的に重要な働きをするのは「付け値」であり，付け値曲線に関する11の性質が導出されている。これらの性質を利用して，都市における均衡がどのようなものであるかが説明される。市場で達成される均衡での土地利用が，資源配分の観点からも効率的であることが示される。さらに，交通体系などの外的環境の変化が，都市の空間構造にどのような影響を及ぼすのかをみるための比較静学分析もなされる。

1 アロンゾ型都市モデル

> アロンゾ型モデル

都市経済分析の主要な課題は、都市内の**土地利用**（Land use：誰が何の活動に土地を用いるか）と地代がどの水準に決定されるか、そのメカニズムを解明することである。

以下で用いられる基本都市モデルは、*Location and Land Use* という本（Alonso [1964]）で、それをはじめて設定した都市経済学者アロンゾ（W. Alonso）の名前を取り、**アロンゾ型モデル**と呼ばれているものである。実際、このフレームワークは、これまで都市経済学者によって数多く用いられており、都市の空間構造を分析するための基本的モデルといえる。このモデルは、分析を単純化させるために次のようないくつかの仮定をもっている。

(1) 都市は、同質で特徴のない平野に形成される。
(2) 都市は円形で、その中心地点に中心業務地区（Central Business District：以下「CBD」と呼ぶ）があり、都市住民はすべてそこで働き、したがって、そこに通勤する。
(3) 都市内の交通はCBDからすべての方向に放射状に利用可能である。したがって、都市内のどこの地点からもCBDへの直線的交通が可能である。通勤のための交通費は、通勤する距離に比例する。
(4) 都市内の土地はすべて不在地主によって所有される。

> 仮定の意味

それぞれの仮定の意味を少し詳しくみてみよう。

(1)の「同質で特徴のない平野」というのは、場所によって（山、丘、川などによる）、地形上の差異がなく、また、気候や日照、風向きなど、都市が形成される範囲のなかでは、地点間で違いがないことを意味している。

(2)でいう円は完全な円ではなくともよく、細長い、たとえば新潟市や神戸市のように海岸に沿った直線形でもよいし、シカゴのような扇形でもよい。これは後述するように、分析を簡単にするためのものである。ここでのCBDは面積をもたない点である。もちろん、実際上は、業務地区として、オフィスと工場が建つための土地が必要なのだが、分析を簡単にするため、その面積を捨象している。現実の都市のなかで、業務地区が占める面積は住宅地に比べて、非常に小さいので、この仮定は第一次接近としては許されよう。

(3)も、現実の都市交通ではありえないことであるが、交通網が非常に密であれば、近似的には成立しえよう。この仮定によって、通勤費用はCBDと各地点との距離に依存することがいえる。

(4)についての注意点は、前章で述べたように、現在の住宅の半分以上は持ち家で、したがって土地の所有者が都市内に居住しているが、しかし、そこで述べたように、本書を通して、「地価」ではなく、土地サービスの価格としての「地代」の決定メカニズムを説明することにしたわけで、地代は土地のある期間の賃貸の価格なので、ここでは都市内のすべての土地は売買されて使用されるのではなく、賃貸され、使用されると考えるという点である。そのとき、その土地の所有者は、都市の外にいると仮定したほうが、分析の焦点が当てやすいのである（さもないと、ある都市住民は「地主」と「CBDへの通勤者」としての2つの側面をもつことになるのでややこしくなる）。

さて、仮定(1)〜(3)から、都市内の土地の属性は、唯一CBDから

図4-1 アロンゾ型円形都市

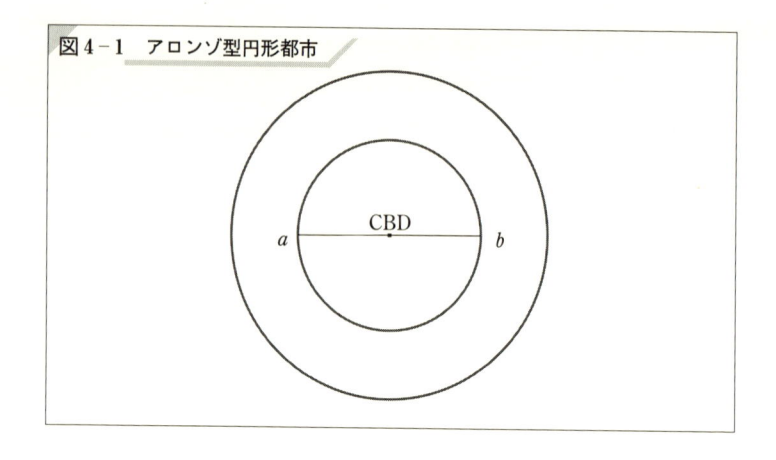

の距離であり,立地点が異なる土地の違いは,CBDからの距離の違いである。すなわち,図4-1のアロンゾ型都市について,CBDから等距離にある西のaと東のbの立地点にある$1\,\mathrm{m}^2$の土地はまったく同じ土地とみなされるのである。

2 家計の行動

効用関数と予算制約式　　この都市に住む家計の行動を考える。上の仮定(2)で,「すべての住民はCBDに通勤する」としているが,子供も老人も働くわけではない。ここでは,家計はたとえば4人家族からなり,そのうち1人のメンバーがCBDに通勤していると考える。家計の効用水準は,住宅地としての土地の広さqと,それ以外の財・サービスを一緒にした合成財zの水準に依存し,効用関数uは

$$u = u(z, q) \qquad (4-1)$$

と表される。合成財の考え方はすでにミクロ経済学のコースなどで学んだことであろう。これも分析の単純化のための手法であり、分析の焦点を当てる財（ここでは住宅地の広さ q）以外の財・サービスをまとめるアイディアで、わかりやすくいえば、大きなバスケットにさまざまの財・サービスが一定の比率で入っているとする（たとえば、リンゴ2個、ミカン3個、テレビ1台、自動車1台、洋服5着、音楽会のチケット3枚など）。以下では、このような合成財の価格を1として扱う。都市の家計は、都市のどこに住み、どれだけの広さの宅地を消費し、どれだけの合成財を消費するかを決定することになる。家計はCBDで働き、ある期間（たとえば1ヵ月）y だけの所得を得るとすると、CBDから t だけ離れたところに立地するときの予算制約式は次のように表される。

$$y = z + r(t)q + kt \qquad (4-2)$$

所得は3つの項目に支出される。第1項は合成財、第2項は住宅地費用で、$r(t)$は地点 t での1 m² 当たりの市場地代を表す。最後の項は通勤費用で、k は1 km 当たり交通費用とする。ここで、たとえば、1ヵ月を基本期間とし、1ヵ月22日間通勤するならば、t にかかるのは、22日間×2(トリップ/1日)×k のほうが正しいと思うかもしれない。その通りで、k を1 km 当たり22日×2トリップするための費用と解釈するのが正確である。$r(t)q + kt$ と書けるのは、先にも説明したように、アロンゾ型都市モデルの唯一の属性が、CBDからの距離 t だけであることによる。これが意味していることをもう一度確認することは重要である。

付け値の定義

繰り返すことになるが、地代は立地点ごとに異なるから、$r(t)$は立地点tの関数として与えられる。後述する都市構造の「均衡」で、各立地点の市場地代$r(t)$が決まるのであるが、今、CBDのすぐそば、すなわち$t=0$の立地点での市場地代が$r(0)$として与えられる状態から出発してみよう。CBDのすぐ隣に居住しようとする家計は、効用を最大にするためにどのような消費選択を行うであろうか。これは、通常の、ミクロ経済学の消費者行動とまったく同一である。CBDのすぐそばは$t=0$であるから、通勤費はかからない。したがって、その家計は、予算制約$y=z+r(0)q$の下で、$u=u(z,q)$を最大にするように、zとqを選択する。これは周知の無差別曲線の図によって分析されよう。

図4-2で傾きが$-r(0)$である予算線とある無差別曲線が接する$E(0)$点が、最適な組合せであり、家計は合成財を$z(0)$、住宅地の広さを$q(0)$だけ需要する。最善の選択をしたときに達成される効用水準は$u(z(0), q(0))$として求められるが、その水準をu_0とする。

次のステップに、この家計が半年後に、たとえば、都心から5km ($t=5$) 離れた郊外地に引っ越すことを考えていると想定する。しかし、彼（あるいは彼女）は、そこに引っ越して、新しい立地点での生活が、これまでの水準より下がるならば、そのような移動を行わないであろう。換言すれば、$t=5$の立地点で得られる効用水準は、低くともu_0でなければならないと考えるのである。家計は$t=5$に引っ越した後もCBDに通勤しなければならず、今度は$k\times5$だけの費用が余分にかかるので、可処分所得は、以前より減少してしまう。合成財の価格は1で不変なのだから、$t=5$での住宅地の地代が$r(0)$と同じだったら、この家計は、以前に達成していた効用

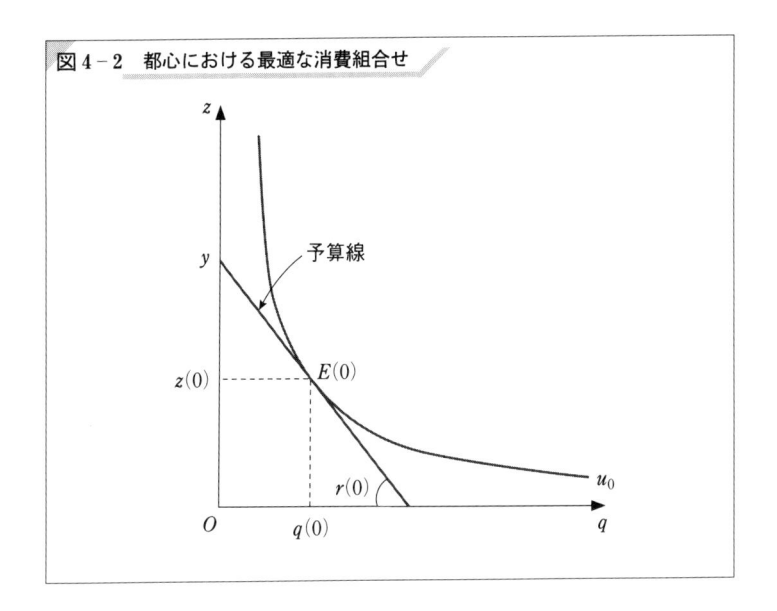

図4-2 都心における最適な消費組合せ

水準 u_0 を達成できないのは、明らかである。u_0 の効用水準を保つためには、したがって、$t=5$ の立地点での土地 $1\,\mathrm{m}^2$ に対する支払いを $r(0)$ より低くする必要がある。このことを、図を用いて詳しくみてみよう。**図4-3**には、図4-2の状況も再現してある。

$t=5$ の地点に引っ越そうとしている家計の目標効用水準は、これまで達成してきた水準と同じ u_0 である。先に述べたように、家計の可処分所得は $y-k\times5$ である。これを用いて u_0 を達成するとき、土地 $1\,\mathrm{m}^2$ に対して「支払うことができる最高の地代」はいくらであろうか。前章で述べた通り、これを付け値（bid-rent）と呼ぶ。たとえば、この家計が以前に消費していた組合せ $E(0)$ を購入するためには、z 切片（$y-k\times5$）から $E(0)$ を通る直線を引くと、それは横軸と A 点で交わるが、その傾きを r_A とすれば、このことは、

2 家計の行動 47

図4-3 郊外地における付け値

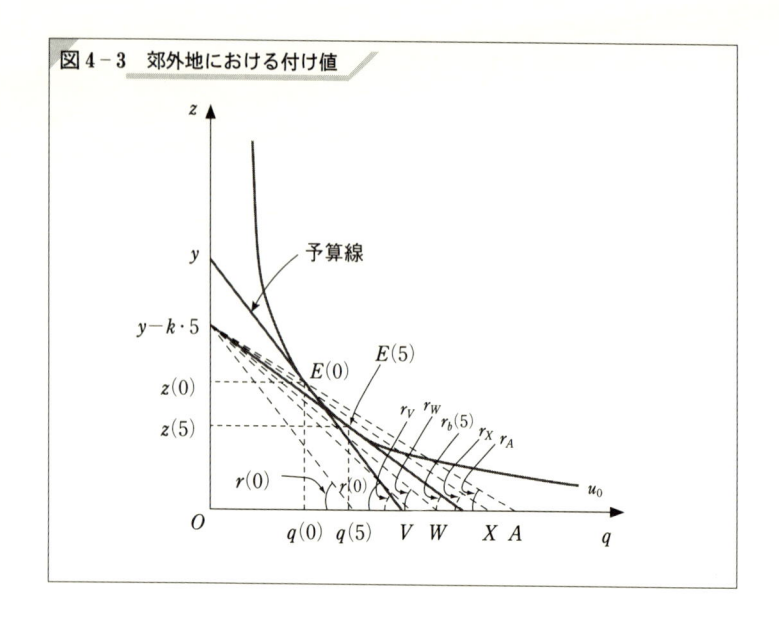

もし $t=5$ での地代が r_A だったら,彼は u_0 の効用水準を達成できる。しかし,これは「支払うことのできる最高の価格」ではない。なぜなら,r_A よりも高い r_X でも u_0 を達成できるからである。そして,この u_0 も付け値ではないことは図から明らかであろう。

一方,非常に高い地代 r_V の場合,$y-k\times 5$ と V を結ぶ直線は u_0 の無差別曲線と交わらなく,目標効用水準を達成できないので,付け値にはなりえない。それよりも少し低い r_W も u_0 を達成するためには高すぎるのである。したがって,付け値は r_X と r_W の間にあるが,正確にそれを求めるためには,これまでの議論からわかるように,たとえば,r_W から少しずつ価格を低くしていき,u_0 の無差別曲線と最初に交わる水準を求めればよい(あるいは r_X から少しずつ価格を高くしていき,z 切片 $y-k\times 5$ からの直線が u_0 と最後に交わる水準)。

これは明らかに、$y-k\times 5$ の切片から引く直線が u_0 と接するときである。すなわち、図4-3の $E(5)$ で u_0 と接する直線の傾きが付け値であり、それを $r_b(5)$ と表す。下の添字の b は bid-rent の意味であり、括弧内の5は $t=5$ 地点での値を表す。この $r_b(5)$ が「支払う最高の価格」であることは、これよりも少しでも高いならば、もはや u_0 を達成できないことを確かめれば十分である。

ところで、図4-2で $r(0)$ は $t=0$ での市場価格で、与えられたものとして考えてきたが、この家計がCBDの隣に住むとき、「効用 u_0 を目標とする場合、$t=0$ の $1\,\mathrm{m}^2$ に支払える最高の価格は？」と聞かれるならば、図4-3の議論から明らかなように、やはり $r(0)$ の値であろう。したがって、実は、$r(0)$ の値が $t=0$ での付け値 $r_b(0)$ であることがわかる。

また、図4-3で求めた $r_b(5)$ が、もし、市場地代に等しいならば、効用を最大化する家計は必ず $E(5)$ を選択することもわかるであろう。

図4-3で注目すべきは、$q(5)>q(0)$ で、郊外に引っ越すことにより、同一の効用水準を達成するためには、より広い宅地を需要する必要がある（2つの財しかないので、同一の無差別曲線上では $z(5)<z(0)$ になる）。

> **付け値曲線とその形状**

さて、図4-3の議論を一般化する。一般化とは、$t=0,\ 0.3,\ 1,\ 1.5,\ 3.2,\ 5,\ 6.5,\ 8.5,\ \cdots$ というように任意に、家計の引っ越す立地点を変えて、そこで、目標効用水準 u_0 を達成するときの付け値 $r_b(0),\ r_b(0.3),\ r_b(1),\ r_b(1.5),\ \cdots$ を求めるとき、それはどのような性質をもつかを考察することである。

図4-4より、$t=0,\ 0.3,\ 1,\ 1.5,\ 3.2,\ 5,\ 6.5,\ \cdots$ と立地点が

2 家計の行動

図4-4 CBDからの距離と付け値

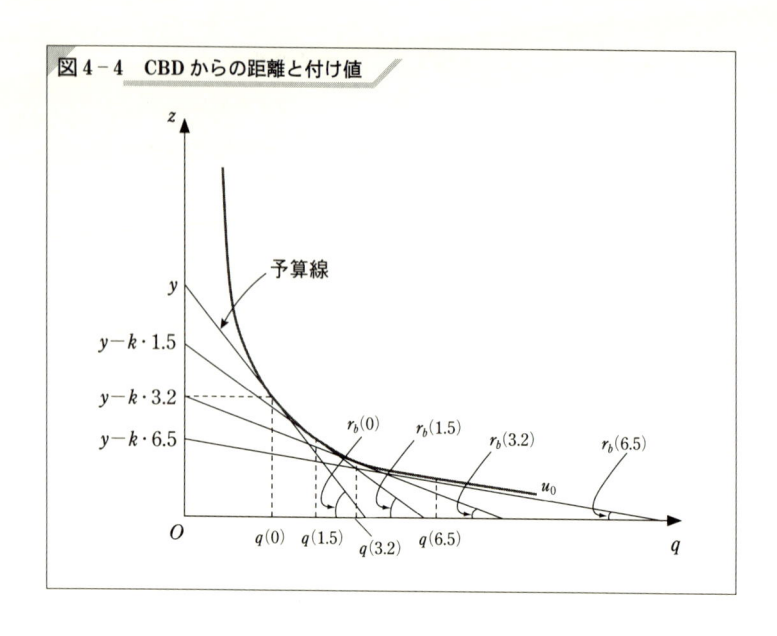

(縦軸 z、横軸 q。予算線、y、$y-k\cdot 1.5$、$y-k\cdot 3.2$、$y-k\cdot 6.5$、$r_b(0)$、$r_b(1.5)$、$r_b(3.2)$、$r_b(6.5)$、u_0、$q(0)$、$q(1.5)$、$q(3.2)$、$q(6.5)$)

図4-5 付け値曲線

(縦軸 付け値 $r_b(t)$、横軸 CBDからの距離 t。$r_b(0)$、$r_b(1.5)$、$r_b(3.2)$、$r_b(6.5)$、1.5、3.2、6.5)

50 第4章 都市内土地利用と地代の決定

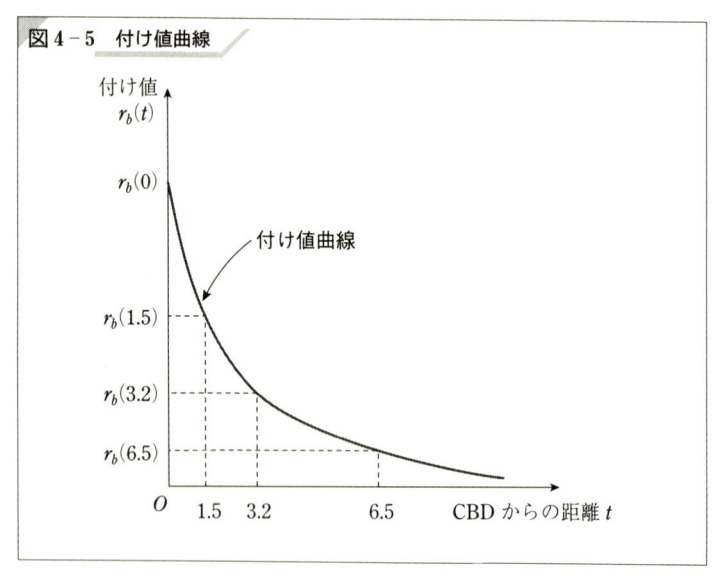

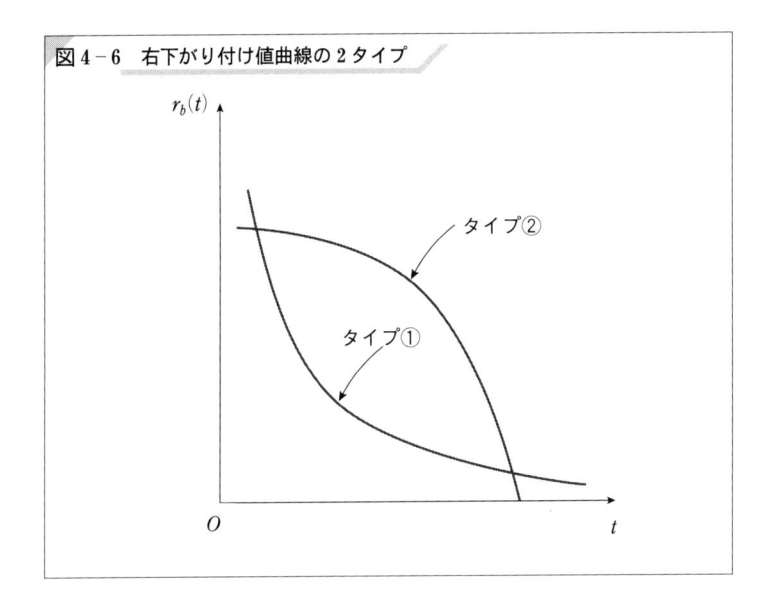

図 4-6 右下がり付け値曲線の 2 タイプ

[図：横軸 t、縦軸 $r_b(t)$ の座標に、原点に向かって凸の「タイプ①」と、原点に向かって凹の「タイプ②」の 2 本の右下がり曲線が描かれている]

CBD から離れるに従い，付け値 r_b はより小さくなり，宅地の広さ q はより大きくなることが確認できる。したがって，「一般化」として，CBD からの距離 t と付け値 $r_b(t)$ の関係として，**図 4-5** を得ることができる。

図 4-5 の曲線，$r_b(t)$ は**付け値曲線**（bid-rent curve）と呼ばれ，以下で頻繁に言及される。

性質①：付け値曲線は右下がりである。

付け値曲線の右下がりについてはすでに確認したが，右下がりにも大別して，**図 4-6** に示すように 2 つの型がある。

すなわち，タイプ①は原点に向かって凸，タイプ②は原点に向かって凹である。付け値曲線はどちらの性質をもっているのであろうか。それをみるために，家計の予算制約式に戻ろう。任意の立地点

t での付け値 $r_b(t)$ は，図 4-3（あるいは図 4-2）で説明した方法で得られ，そのときの財・サービスの消費組合せを $z(t)$, $q(t)$ とすると，次の所得制約式が成立する。

$$y = z(t) + r_b(t)q(t) + kt \qquad (4-3)$$

次に，この地点より少し郊外の地点 $t+\Delta t$ でも同様に，付け値，消費の組合せを求めると，

$$y = z(t+\Delta t) + r_b(t+\Delta t)q(t+\Delta t) + k(t+\Delta t) \qquad (4-4)$$

を満たす。(4-4) 式から (4-3) 式を引くと，

$$\begin{aligned}0 = &\{z(t+\Delta t) - z(t)\} \\&+ \{r_b(t+\Delta t)q(t+\Delta t) - r_b(t)q(t)\} + k\{(t+\Delta t) - t\}\end{aligned} \qquad (4-5)$$

Δt が非常に小さく，その結果，最適な消費組合せも前とほとんど変わらず，$z(t+\Delta t) \approx z(t)$，$q(t+\Delta t) \approx q(t)$ が近似的に成立するならば，(4-5) 式は

$$\{r_b(t+\Delta t) - r_b(t)\}q(t) + k\Delta t = \Delta r_b(t)q(t) + k\Delta t = 0$$

となり，これより

$$\frac{\Delta r_b(t)}{\Delta t} = -\frac{k}{q(t)} \qquad (4-6)$$

が得られる。(4-6) の左辺は付け値曲線の勾配を表し，それが右辺 $-k/q(t)$ に等しいことになる。次に図 4-4 に戻ると，$q(t)$ は t が大きくなるにつれて，大きくなっている。それゆえ，付け値曲線の勾配の絶対値は，(4-6) の右辺の分母が t とともに大きくなるのだから，t が大きくなるにつれて，小さくなることを意味する。すなわち，付け値曲線の勾配は t とともに緩やかになる。さて，

図4-6のタイプ①, ②でこの性質を満たすのは, タイプ①である。それゆえ, 性質②として次のように書くことができる。

性質②：付け値曲線の勾配は $-\dfrac{k}{q(t)}$ に等しく, 付け値曲線は原点に向かって凸である。

―――――――――
目標効用水準と付け値の関係
―――――――――

図4-5の付け値曲線は, 本章の分析において, 決定的に重要な役割を果たすが, それは図4-2から図4-4に示される家計の行動から導出されることをいつも頭に入れておくべきである。換言すれば, 図4-2（あるいは図4-3, 図4-4）と図4-5をワンセットとして考え,「付け値」のタームが目に入ったら, 即座にこのワンセットを思い浮かべるべきである。このことが, なぜ必要かを次に説明しよう。

たとえば, 図4-4の目標効用水準は u_0 である。そこで, 導出された付け値 $r_b(0)$, $r_b(1.5)$, $r_b(3.2)$, $r_b(6.5)$, …を結んだものが, 図4-5の付け値曲線なのである。ところで, 図4-4での目標効用水準をより高い $u_1 (>u_0)$ としよう。家計の効用は時間とともに一定なのではなく, 一般に, 生活水準が向上するのであるから, 目標とする効用水準も高くなるのが通常である。**図4-7**には, 立地点 $t=5$ での目標効用水準が u_0 の場合と u_1 の場合の付け値が求められている。

目標効用水準 u_1 のときの付け値も前と同様に求められるから, 同じ z 切片から無差別曲線 u_1 に接線を引いて求められる。z 切片が同一で $u_1>u_0$ だから, 必ずその接線の勾配は緩やかになるので, u_1 の場合の付け値は u_0 の場合の付け値に比べて小さくなっている。

図 4-7 目標効用水準の上昇

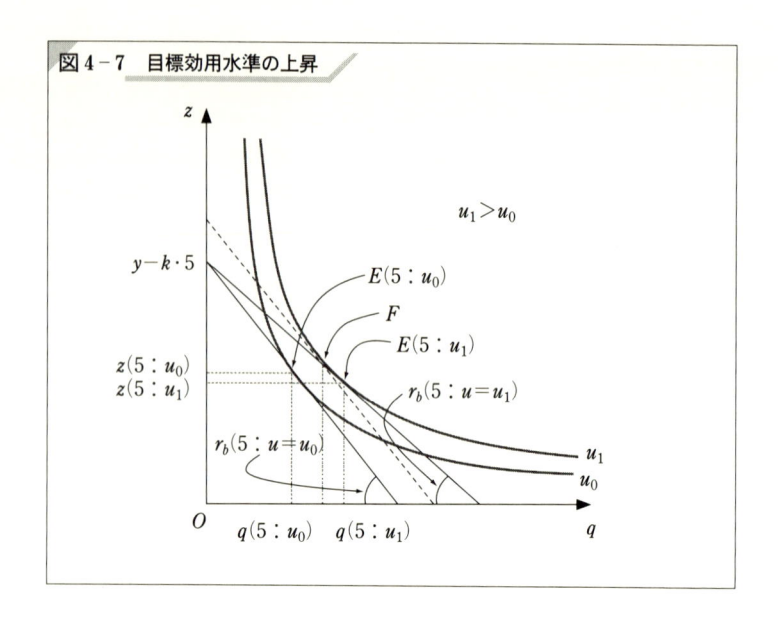

(図中の記号) z, $u_1 > u_0$, $y - k \cdot 5$, $E(5:u_0)$, F, $E(5:u_1)$, $z(5:u_0)$, $z(5:u_1)$, $r_b(5:u=u_1)$, $r_b(5:u=u_0)$, u_1, u_0, O, $q(5:u_0)$, $q(5:u_1)$, q

この性質は，$t=2$であろうと$t=6$であろうと，いかなる立地点でも成立する。このように，同じ立地点に住む場合でも，目標効用水準が異なれば，そこの土地への付け値は異なる。したがって，付け値は$r_b(t)$よりは$r_b(t:u)$と表すべきである。括弧内のコロンの右のuとあるのは，ある立地点tにおける付け値は目標効用水準に依存することを意味する。図4-7の考察から，すべてのtについて，$r_b(t:u_1) < r_b(t:u_0)$であることがわかる。したがって，図4-5の付け値曲線は，**図4-8**のように表され，また，性質③としてまとめられる。

性質③：より高い目標効用水準に対応する付け値はより低い。

ところで，図4-8の任意の立地点$\bar{t}$でのA_0，A_1での勾配を比較してみよう。性質②より，付け値曲線の勾配の絶対値はk/qで

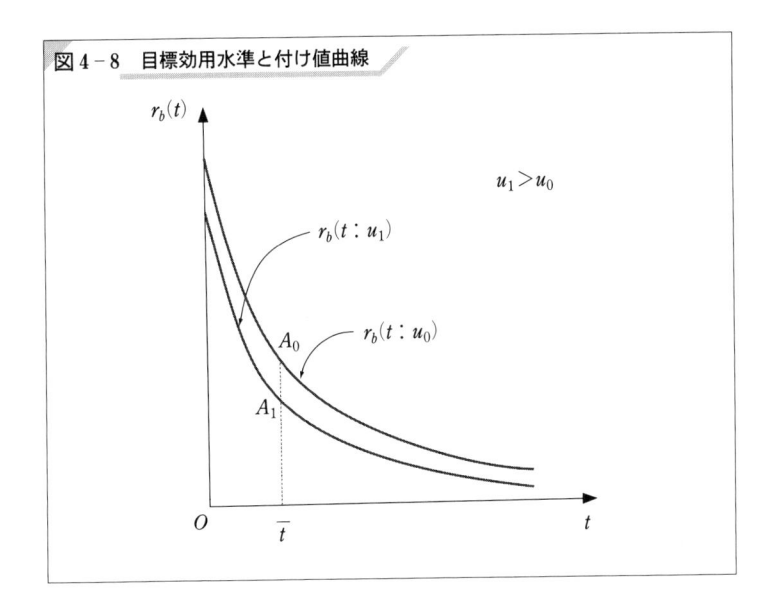

図4-8 目標効用水準と付け値曲線

ある。図4-7は、目標効用水準が大きいu_1のとき、宅地の広さqは大きい、すなわち

$$q(5:u_1) > q(5:u_0)$$

であることを示す。だから、A_0の勾配がA_1のそれよりも大きい。このことは一般に成立すると考えてよいのであろうか。答えはイエスである。

今、土地の広さは家計にとって下級財ではないとする。したがって、所得が増加すると、住宅地は広くなる。この下で、図4-7で、$r_b(5:u_0)$と平行の点線が無差別曲線u_1と接する点をFとすると、このFは$E(5:u_0)$よりも右側にならなければいけない。それよりも緩やかな勾配をもつ$r_b(5:u_1)$と無差別曲線の接点$E(5:u_1)$は、Fよ

2 家計の行動 55

りも右になる（無差別曲線の勾配は q が増加するにつれて，緩やかになるから）。したがって，$q(5:u_1)>q(5:u_0)$ が成立するのである。

以上のことは，次にまとめることができる。

性質④：$u_1>u_0$ のとき，付け値曲線 $r_b(t:u_0)$ の勾配は，$r_b(t:u_1)$ の勾配より急である。

性質④は少し技術的であるが，この性質は後の議論で用いられる。

所得水準と付け値の関係

次に，目標効用水準は u_0 であるが，家計の所得水準が y_0 から y_1 に増加する状況を考えよう。

現実でも，家計の所得水準は，時間とともに増加するであろう。

図4-9では，立地点 $t=5$ において，目標効用水準は共通の u_0 で，異なる所得水準 y_0, y_1 のそれぞれでの付け値を求めている。所得 y_1 に上昇すると，切片は大きくなり，同じ無差別曲線に接線を引くと，必然的にその勾配は大きくなり，それゆえ付け値はより大きくなる。すなわち

$$r_b(5:u_0, y_1) > r_b(5:u_0, y_0)$$

付け値関数のコロンの後に，u_0 に加え，y_0, y_1 が入るのは，同じ立地点（$t=5$）で，目標効用水準が同じ（$u=u_0$）でも，所得水準が異なれば，付け値が異なるからである。

図4-9で，所得水準が高いときのほうが，住宅地が狭くなる（$q(5:u_0, y_0) > q(5:u_0, y_1)$）のは奇異に思うかもしれない。しかし，これは同じ無差別曲線に高い切片から接線を引くのだから，必ずこのようになる（その代わり，合成財の消費量はより大きくなっている $[z(5:u_0, y_1) > z(5:u_0, y_0)]$）。

図4-9で得られる性質はすべての t において成立することがわ

図 4-9 所得水準と付け値

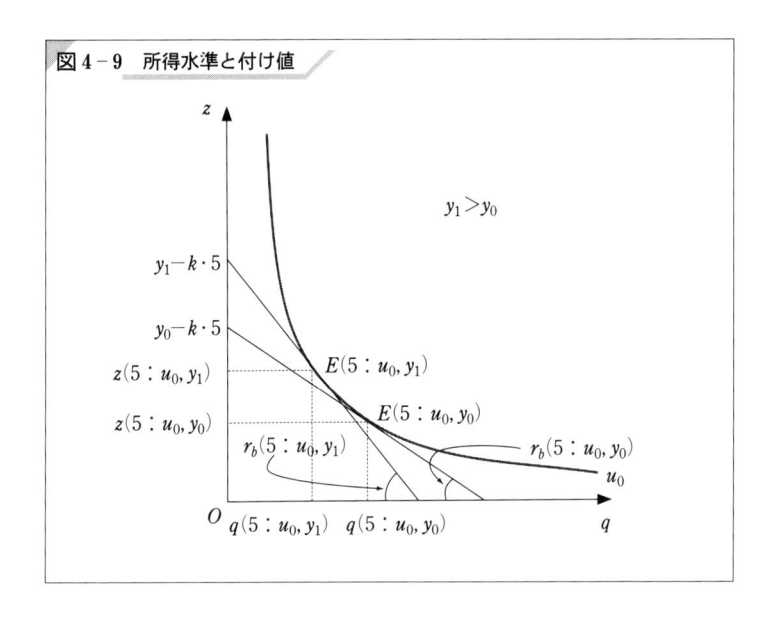

縦軸: z、横軸: q

$y_1 > y_0$

$y_1 - k \cdot 5$
$y_0 - k \cdot 5$
$z(5 : u_0, y_1)$
$z(5 : u_0, y_0)$
$E(5 : u_0, y_1)$
$E(5 : u_0, y_0)$
$r_b(5 : u_0, y_1)$
$r_b(5 : u_0, y_0)$
u_0
O $q(5 : u_0, y_1)$ $q(5 : u_0, y_0)$

図 4-10 所得水準と付け値曲線

縦軸: $r_b(t)$、横軸: t

$y_1 > y_0$

$r_b(t : u_0, y_0)$
$r_b(t : u_0, y_1)$
B_1
B_0
O $\bar{t}$

2 家計の行動

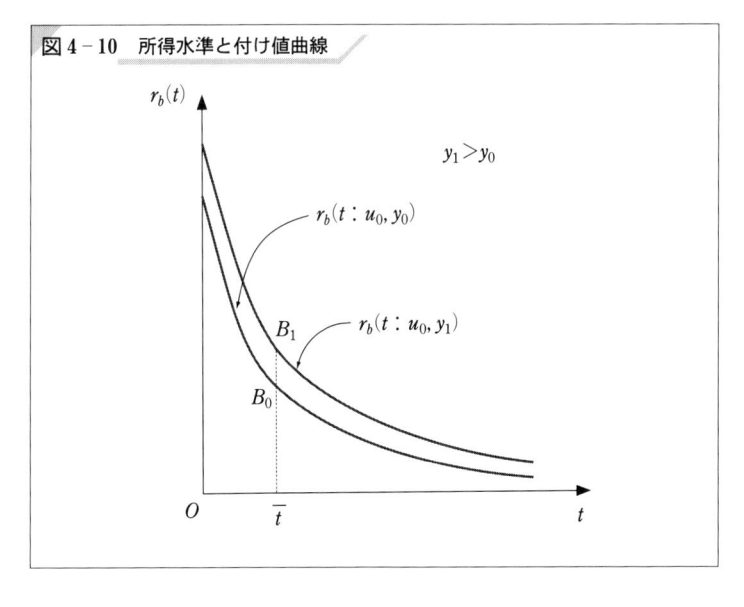

かる。したがって、**図4-10**のような付け値曲線群が得られる。

性質⑤：より高い所得水準に対応する付け値はより高い。

図4-8と同様、図4-10の任意の立地点 $\bar{t}$ での B_0, B_1 での勾配を比較すると、図4-9から明らかなように

$$\frac{k}{q(\bar{t}:u_0, y_1)} > \frac{k}{q(\bar{t}:u_0, y_0)}$$

であり、B_1 における勾配が B_0 のそれよりも大きい。したがって、

性質⑥：$y_1 > y_0$ のとき、付け値曲線 $r_b(t:u_0, y_1)$ の勾配は $r_b(t:u_0, y_0)$ の勾配より急である。

交通費と付け値の関係

図4-2から図4-4、図4-7、図4-9での導出過程から、ある地点の土地への付け値は、家計の行動を規定するパラメーターに依存する。そのパラメーターの値は付け値関数 r_b の括弧内のコロンの後に示される。これまでは、パラメーターのうち、目標効用水準、所得水準の変化を扱ったが、もう1つ、重要なパラメーターとして、交通費 k がある。効用水準が u_0、所得水準が y_0 で、以前と同一でも、都市内交通体系の改善の結果、単位交通費が k_0 から k_1 (**図4-11**参照) と低くなったら、付け値は変化する。

図4-12と図4-8、図4-10の違いは、CBDのすぐ側 $t=0$ ではもともと通勤費は発生していないので、k が変化しても付け値は変化しないことである。

したがって、より一般的には、立地点 t における付け値関数は $r_b(t:u, y, k)$ と書くべきであろう。しかし、以下ではしばらく、効用と所得の変化にのみ注目するので、付け値関数は $r_b(t:u, y)$ の形で表すことにする。u と y が異なれば、同じ地点でも付け値は変化するのだから、たとえば図4-10の平面上には無数の付け値曲線が描

図 4-11 交通費と付け値

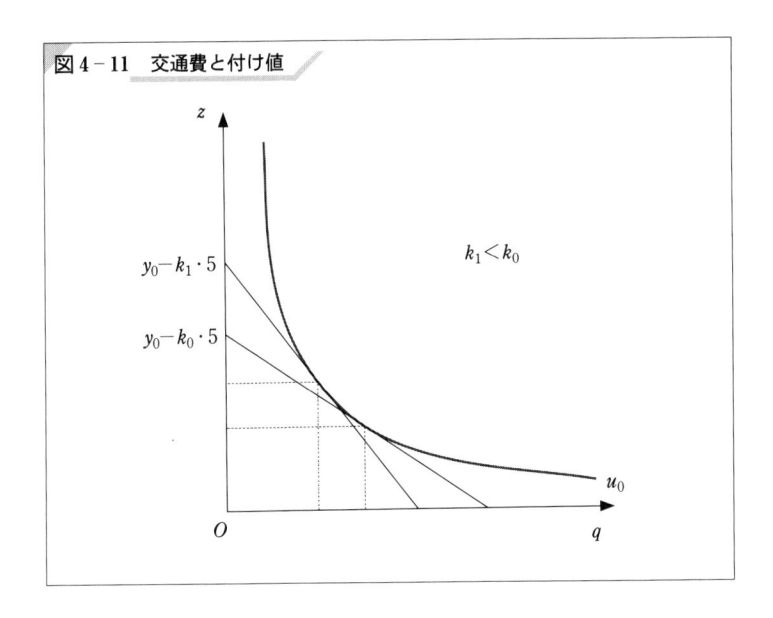

$y_0 - k_1 \cdot 5$

$y_0 - k_0 \cdot 5$

$k_1 < k_0$

u_0

図 4-12 交通費と付け値曲線

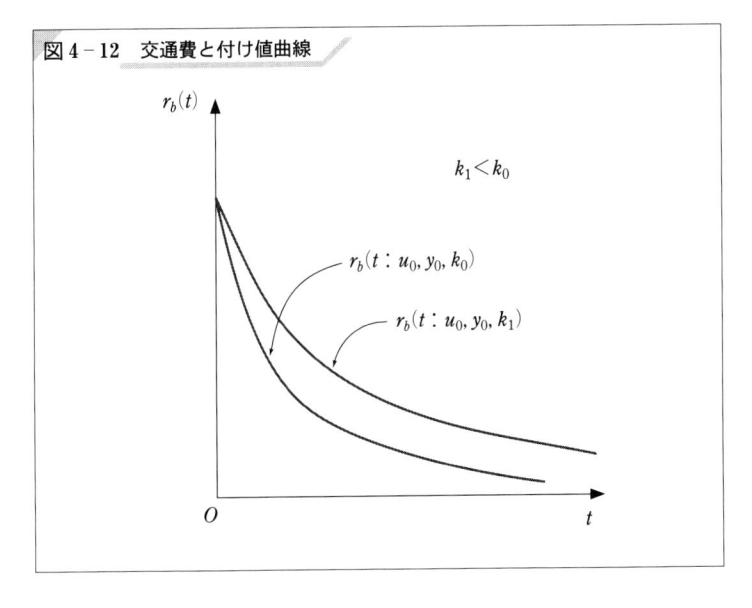

$k_1 < k_0$

$r_b(t : u_0, y_0, k_0)$

$r_b(t : u_0, y_0, k_1)$

2 家計の行動

かれることになる。ここでは、目標効用水準が u_0, u_1, 所得水準が y_0, y_1, それぞれ2通りの値をとりうると想定する。そうすると、(u_0, y_0), (u_0, y_1), (u_1, y_0), (u_1, y_1) の4通りの組合せがありうるが、すでに、前の3つの組合せについては付け値曲線を求めている。すなわち、図4-8と図4-10を総合して、**図4-13**に表してみよう。

性質③と性質⑤から、図4-13の3本の付け値曲線はけっして互いに交わらないことがわかる。問題は $r_b(t:u_1, y_1)$ が図4-13ではどのように表されるかである。性質③から $r_b(t:u_1, y_1)$ は、$r_b(t:u_0, y_1)$ より下に位置し、性質⑤から $r_b(t:u_1, y_0)$ より上に位置することがわかる。それは、$r_b(t:u_0, y_0)$ とどこかで交わる可能性がある。なぜならば、目標効用水準も所得も互いに異なるからである。

たとえば、$t=\bar{t}$ で交わるとしよう。図4-13で、付け値曲線が交わることは $r_b(\bar{t}:u_0, y_0)=r_b(\bar{t}:u_1, y_1)$ が成立していることを意味する。**図4-14**には2つの付け値の導出過程を示すが、2つの付け値が等しいことは、図4-14での $y_0-k\cdot\bar{t}$ から u_0 への接線と、$y_1-k\cdot\bar{t}$ から u_1 への接線が平行であることを意味する。

ここで、先に説明したように、住宅地が下級財ではないとすると、必ず $q(\bar{t}:u_1, y_1)>q(\bar{t}:u_0, y_0)$ が成立する。したがって、性質④より、$r_b(t:u_1, y_1)$ の勾配が $r_b(t:u_0, y_0)$ のそれよりも小さくなり、このことは $r_b(t:u_1, y_1)$ と $r_b(t:u_0, y_0)$ が $\bar{t}$ で交わるとすれば、**図4-15**のような交わり方になることを意味する。

$r_b(t:u_1, y_1)$ は $r_b(t:u_0, y_0)$ に下から交わるので、図4-15の点線のように上から交わることはない。

> **性質⑦**:$u_1>u_0$ で $y_1>y_0$ のとき、$r_b(t:u_0, y_0)$ と $r_b(t:u_1, y_1)$ が $\bar{t}$ で交わるならば、$r_b(t:u_1, y_1)$ は $r_b(t:u_0, y_0)$ の下から交わる。

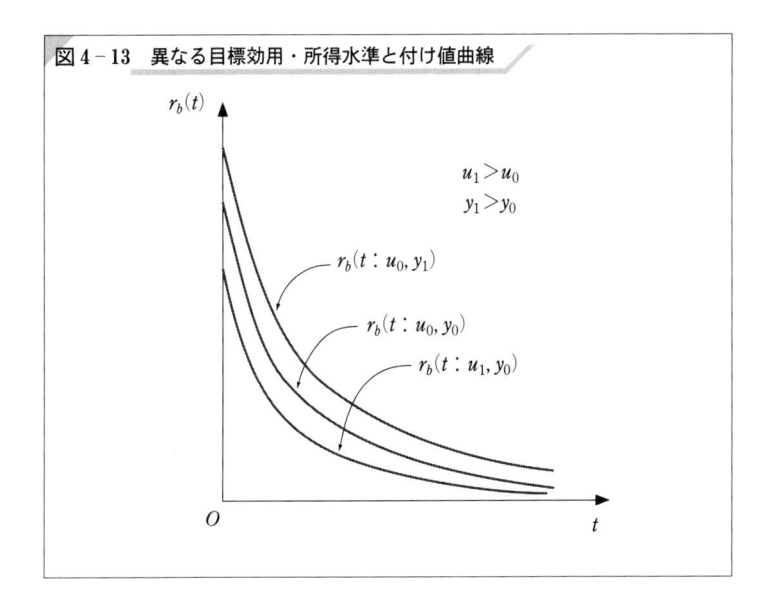

図4-13 異なる目標効用・所得水準と付け値曲線

$r_b(t)$

$u_1 > u_0$
$y_1 > y_0$

$r_b(t : u_0, y_1)$
$r_b(t : u_0, y_0)$
$r_b(t : u_1, y_0)$

O　　　　　　　　　　　　　t

　性質⑦のような，2つの曲線の位置関係は，都市の経済分析に関係ないと思うかもしれないが，後で都市の均衡を論ずる際に，大きな力を発揮する。

　さて，以上で，前章第2節「土地市場の特殊性と価格決定」で導入された，付け値について1通りの説明を終えた。繰り返すが，この付け値の概念こそ，都市の構造の均衡を分析するのに，中心的役割を果たすものである。この概念を理解することなしに，都市の経済分析を理解することはできないといっても過言ではないので，何度も読んで理解を深めてもらいたい。

図4-14　2つの付け値の導出

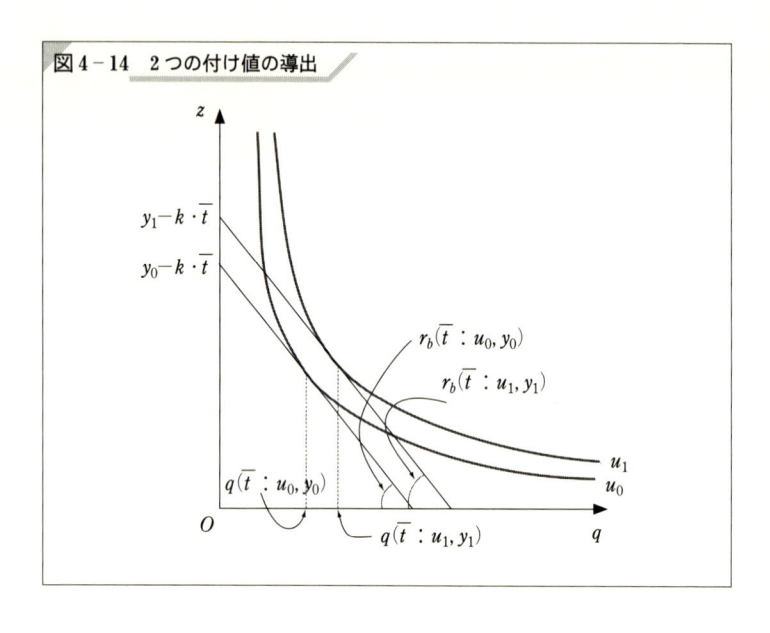

$y_1 - k \cdot \bar{t}$
$y_0 - k \cdot \bar{t}$

$r_b(\bar{t} : u_0, y_0)$
$r_b(\bar{t} : u_1, y_1)$

u_1
u_0

$q(\bar{t} : u_0, y_0)$
$q(\bar{t} : u_1, y_1)$

図4-15　2つの付け値曲線の交わり方

$r_b(t)$

$r_b(t : u_0, y_0)$
$r_b(t : u_1, y_1)$

$\bar{t}$

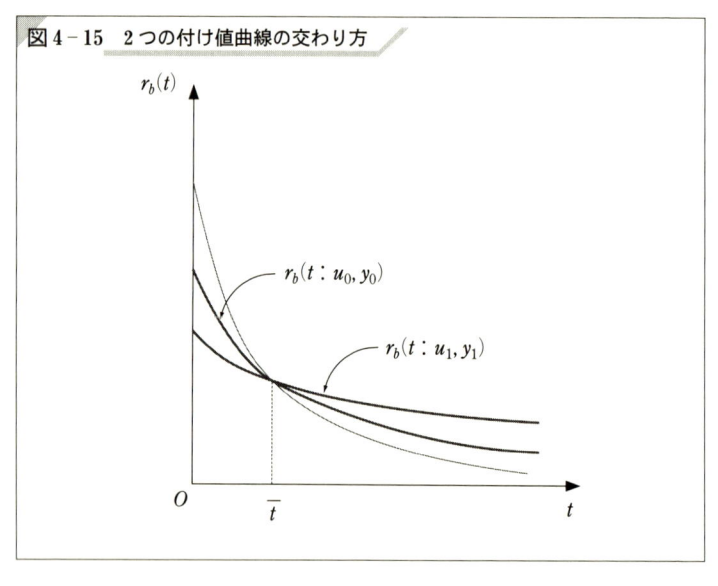

3 市場地代の決定

均衡と市場地代　前節でも述べたように，ある立地点の土地の所有者は，その土地を使用し（＝借り）たいと考えている家計を一堂に集め，付け値を各々に提示させ，そのなかで最も高い付け値を提示した家計に，その付け値に等しい地代で貸すことになる。したがって，立地点 t の**土地の市場地代**（market land rent）は次のように決定される。

$$r(t) = \text{Max}\{r_b^1(t:u^1,y^1), r_b^2(t:u^2,y^2), \cdots, r_b^i(t:u^i,y^i),$$
$$\cdots, r_b^N(t:u^N,y^N)\} \qquad (i=1,\cdots,N)$$

この式の解釈として注意すべきことがいくつかある。

まず，添字 b がない左辺の $r(t)$ は実際に取引される市場地代である。右辺括弧内は1番目から N 番目の家計の付け値が並べられており，u や y の上付きの添字は家計を表し，たとえば u^1 は1番目の家計における，その土地の取引を行うことによって達成できる効用水準，y^1 は1番目の家計の所得である。右辺 $\{\ \}$ の外にある Max という記号は，$\{\ \}$ のなかで最も大きい値をとるという意味である。それゆえ，上式は，立地点 t の土地の地代は，最大の付け値に等しいことを表している。

ところで，上式は常に成立しうるのであろうか。今，CBDからかなり離れた地点，たとえば $t=30$（km）の付け値は，どの家計の付け値も低いことになる可能性がある。そのなかでも最大の値はたとえば1 m² 当たり100円であるとする。ところが，近隣の農家

(都市には住んでいない)が，そこの土地を使い，農業活動を行うと，その土地に対し 1 m² 当たり 200 円支払ってもよいと考えているとしよう。そうすると，$t=30$ の土地所有者は，都市住民に貸すよりは農家に貸したほうが得策である。したがって，土地所有者はその供給者を都市住民に限定せず，農業用にも供給する可能性をもつとすると，地代の決定式は

$$r(t) = \text{Max}\{r_b^1(t:u^1,y^1), r_b^2(t:u^2,y^2), \cdots, r_b^i(t:u^i,y^i), \cdots, r_b^N(t:u^N,y^N), s\} \quad (i=1,\cdots,N) \quad (4-7)$$

と表される。(4-7)の右辺 { } 内最後の項 s は農業活動の付け値で，**農業地代**と呼ばれる。t が非常に大きいところでは，たぶん $r(t)=s$ が成立し，それゆえ，そこの土地が農業に利用されていると考えられよう。

土地利用の均衡では，(4-7) 式がすべての立地点で成立することが必要である。しかし，「都市構造の均衡」を実現するためには，(4-7) 式だけでは不十分である。たとえば，(4-7) で $r(t)=r_b^1(t:u^1,y^1)$ であり，第 1 番の家計がその土地を利用するとしよう。このとき，u^1 の水準はどのようにして決定されるのであろうか。

人なら誰でも効用水準は高ければ高いほどよいが，効用水準は無限に大きくなることはなく，ある効用水準 u^1 に決まるのである。よって，その決定メカニズムを説明するシステムが必要なのである。また，この都市には何人の住民が住むことになるのだろうか。都市は際限なく大きくはならず，ある人口数に決まる。さらに，都市の面積も無制限には広がらず，ある大きさに決まる。しかし，実は，家計の効用水準と，1 つの都市の総人口双方を同時に決定するのはなかなか難しいのである。それは，人々が都市間を自由に移動する

ならば，その移動行動を定式化しなければならないからである。すなわち，どのような動機である都市から他の都市へ移動するのかを分析する必要がある。ここでは都市内部の移動は考えているが，都市の外の地域との移動は考えてはいない。この問題は，第7章の「都市規模と都市システム」で扱われる。

1つの都市だけに注目するとき，その都市を2つのタイプに分類する。1つは**閉鎖都市**（closed city）で，もう1つは**開放都市**（open city）である。その違いは次の通りである。

閉鎖都市 閉鎖というのは文字通り，外の地域との交流が閉鎖されていることを指すのであるが，ここではとくに，その都市の人口が与えられており，環境が変化しても，外の地域からの人口の流入や，外への流出がないことを意味している。

もちろん，現実にはこのようなことはありえないわけであるが，ここでの閉鎖都市を定義する意味は，都市人口は与えられていて，所得，交通量などの環境の変化によって決まるのが，都市住民の効用水準であるということを主張することにある。つまり，閉鎖都市の住民の効用水準は，外の地域とは独立に決定されるから，実際にこのような状況が当てはまるのは，先進国の大都市ということになろう。発展途上国の大都市の場合は，周知のように，農村部からの人口流入が絶え間なく行われる。

開放都市 閉鎖都市とは逆に，他地域との間の人口の移動が完全である。完全という意味は，当該都市の効用水準が他地域よりも高いならば，他地域に住む人々がこの都市に大量に移住しようとする。そうなると，予想のつくことは，この都市の土地への需要が著しく増加するわけであるから，地

代も上昇して,結局はこの都市の住民の効用水準も低下し,他地域のそれと同じようになってしまう。逆に,この都市の住民の厚生水準が他地域よりも低いならば,当該都市の住民が大量に流出する。その結果,この都市の土地への需要は大幅に減少し,地代も低下し,効用水準が増加し,他地域と同じ水準になる。つまり,人口移動が完全であれば,国のなかの都市間の効用水準は同じになる。

これも,実際に移動には金銭的,心理的費用が伴うから,現実には満たされないわけであるが,開放都市を定義する意味は,ある都市の住民の効用水準が(他地域の住民の効用水準に等しく)与えられた下で,環境の変化によって決定されるのは,そこに住む人口であることを主張することにある。このような開放性が妥当であるのは,中・小規模の都市ということになる。

都市の均衡

ある程度の長い期間のなかでは,人々がより高い効用を追求して移動するので,開放都市が現実的であろう。一方,短期間のなかでは,移動の金銭的,心理的費用が相対的に高く,人々の移動を制限するので,閉鎖都市がよく当てはまると考えることもできる。

したがって,都市の均衡を論ずる際には,どちらのタイプの都市かを明確にする必要がある。分析の難易度も異なり,閉鎖都市の分析のほうがより複雑である。しかし,住民の厚生水準はやはり,都市政府にとっても大きな関心であるので,それが決定される閉鎖都市を前提として,均衡の説明をする。

上で説明した(4-7)式に戻ってみよう。(4-7)式では,N人の家計の所得水準や効用水準がまちまちである。つまり,都市の住民1人1人がまったく違う属性をもつとき,都市の均衡を叙述することはほとんど不可能である。したがって,ここでは非常に単純化

された2つのケースを順次分析していく。

> **ケース①：都市住民が同質の場合**

N人の住民がすべて同一の所得yをもち、同一の嗜好（同じ効用関数）をもつ、すなわち都市住民はみな同質であるとする。顔だけ違って、まったく同じタイプの家計であるから、均衡ではN人が達成する効用水準は等しくなければならない。均衡の定義はすでに学んでいると思うが、念のため確認すると、それは「誰一人として、その状況を変えようとする動機をもたない状態」である。なぜ変えようとしないかというと、それ以上変えても、現在より良い状態に移ることはできないからである。この定義を思い起こせば、自分とまったく同じ人間が、自分よりも高い効用を達成しているならば、必ず何らかの方法によって、自分もそれと同じ効用水準を達成できるはずだと考え、現況を変えようとするであろう。したがって、均衡ではN人の効用水準は等しくなければならない。私たちはここから出発しよう。効用がN人の間で等しいといっても、それがu_0であるのか、u_1なのか、またはu_2なのかはまだ決まっていない。以下では、これがどの水準に決定するかをみていこう。

(4-7) 式は均衡で成立することを説明したが、この同質のケースでは (4-7) は次のように表されることがわかろう。

$$r(t) = \text{Max}\{r_b(t:u,y), s\} \qquad (4-8)$$

ここでは、uとyが同じだったら、そのときの付け値も同じであるから、代表して1人だけの付け値$r_b(t:u,y)$を考えればよい。

図4-16には、3つの異なる効用水準に対応する付け値曲線と、農業地代の水準が描かれている。性質③より、3つの効用水準の間には$\bar{u} > u^* > \underline{u}$の大小関係が成立している。

図4-16　均衡地代と都市境界の決定

縦軸: $r_b(t)$、横軸: t

$\bar{u} > u^* > \tilde{u}$

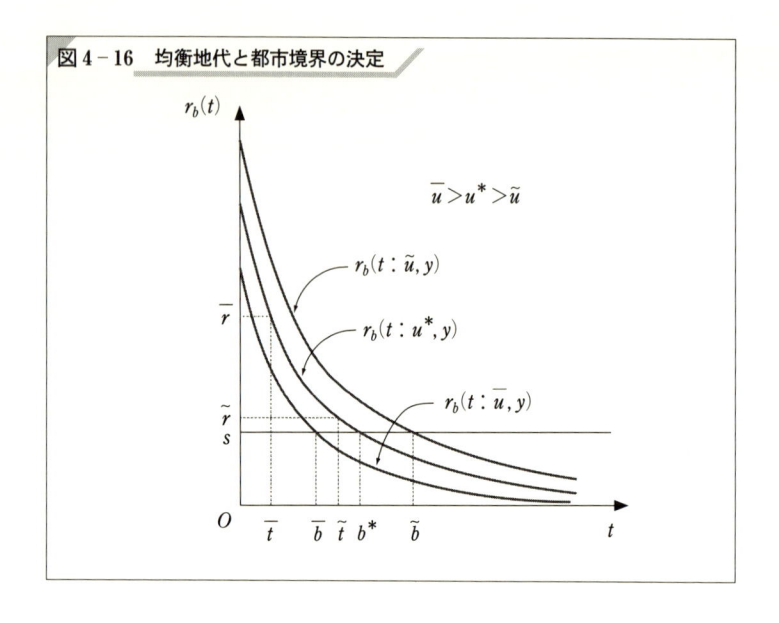

曲線（上から）:
- $r_b(t : \tilde{u}, y)$
- $r_b(t : u^*, y)$
- $r_b(t : \bar{u}, y)$

縦軸の値: $\bar{r}$, $\tilde{r}$, s
横軸の値: $\bar{t}$, $\tilde{t}$, b^*, $\tilde{b}$

　図4-16の b は boundary（境界）の b で，都市の端の地点を表す。すなわち，円形の都市の総面積は πb^2 である。なぜ，b が都市の端になるかは（4-8）をみればわかるであろう。それは，b を超えた地点では，$s > r_b$ となるから，そこの土地所有者は土地を農業部門に貸すことになり，都市住民は住めないからである。

　さて，3つの効用水準のうち，どれが均衡で達成されているのであろうか。今，水準の高い $\bar{u}$ と想定してみよう。そうすると，都市の面積は小さく $\pi \bar{b}^2$ だけである。図4-7などからも明らかなように，効用水準が高いと，各地点が需要される住宅地の面積も広くなる。そうすると，N 人によって需要される土地面積の総和は $\pi \bar{b}^2$ より大きくなってしまう。このような状態では，都市に住めなくなる住民も出てくるから，均衡ではありえない。実際，都市に住めな

68　第4章　都市内土地利用と地代の決定

い人は，たとえば，図4-16の立地点$\tilde{t}$の土地所有者の所へ行き，「自分は$r_b(\tilde{t}:\bar{u},y)$よりも高い$\tilde{r}$を支払うから，自分にその土地を貸してくれないか」と申し出よう。土地所有者はそのほうが得であるから，その人に貸そうとするであろう。そうなると，そこに住むことになっていた人が住居を失うことになるから，$\tilde{r}$の支払いに同意する。そのようなことが他の各立地点において起きると，都市住民の目標効用水準が下げられ，u^*になる。そのとき，都市のサイズは大きくなり，πb^{*2}となる。ここで，u^*の下で需要される土地面積は図4-7のように減少し，そして，N人によって需要される土地面積がπb^{*2}に等しくなるとすれば，N人すべての人がその都市に住むことができ，誰も不満がなく，その状態を変える動機をもたないので，均衡が実現されよう。

　他方，効用水準が低い$\bar{u}$のときはどうであろうか。図4-7からもわかるように，$\bar{u}$の下では，個々の住宅地の広さは小さい。一方，$\bar{b}$は非常に大きいのでN人の土地面積の需要総計は$\pi\bar{b}^2$より小さくなるであろう。このことはたとえば，$\tilde{t}$と$\bar{b}$の間は住宅地としては利用されずに，空き地となり農業に利用されることを示している。このとき，たとえばある都市住民A氏が，$\tilde{t}$よりも少し郊外の地点の土地所有者に，「自分は$\tilde{r}$を支払うから，土地を貸してくれないか」と申し出たとしよう。そこの地主はsよりも高い$\tilde{r}$で貸すことは，利益が大きくなるので，もちろん，申し出に応ずるであろう。A氏はこのようにして，$\bar{u}$よりも高い効用水準u^*を達成することができる。それをみたB氏，C氏…らが同じようにして$\tilde{t}$よりも少し郊外に出る。このように，内部の土地の需要が減少し，結局，都市の地代が全般的に低下し，住民の効用がu^*と高くなり，都市の面積がπb^{*2}となり，もはや空き地は生じなくなり，均衡が達成

されることになる。このように、N 人のすべてがその都市内に過不足なく、居住できるように、効用水準と同時に都市の規模が決定されるのである。

> ケース②：都市住民間で所得に差のある場合

都市に住むすべての家計が同質というケース①の仮定は、非常にきつく、実際は所得水準や選好の異なる住民が居住している。このケースでは、異なる住民が混在する状況を扱うが、そのうち最も単純な場合を扱う。すなわち、2つのグループの家計は所得水準が異なるが、同じ効用関数をもつとする。ここでは2つのグループにおいて、高所得 y_h の人が N_h 人、低所得 y_l の人が N_l 人居住するとしよう。

これら2つのそれぞれグループ内で達成される効用水準は等しく、それを u_h, u_l と表そう。均衡で達成される地代は (4-8) に代えて

$$r(t) = \mathrm{Max}\{r_b(t:u_l, y_l), r_b(t:u_h, y_h), s\} \qquad (4-9)$$

と表せる（図4-17）。

ここで、注意すべきことがある。N_h および N_l 人の住民が、均衡においてすべてこの都市に住めなくてはならないということは、(4-9) を考慮すると、均衡では必ず2つのグループの付け値曲線はある t で交わることを意味している。さもなければ、どちらかのグループの家計の付け値曲線が、常に他の家計の付け値曲線の右上方にあり、それゆえ左下方にある付け値曲線をもつ家計はこの都市の土地を借りることもできず、居住できなくなる（図4-18参照）。

性質⑧：2つの異なるグループの家計が都市に居住するとき、均衡で達成される効用水準に対応するそれらの付け値曲線は、

図 4-17 異なる所得グループの混在と均衡地代

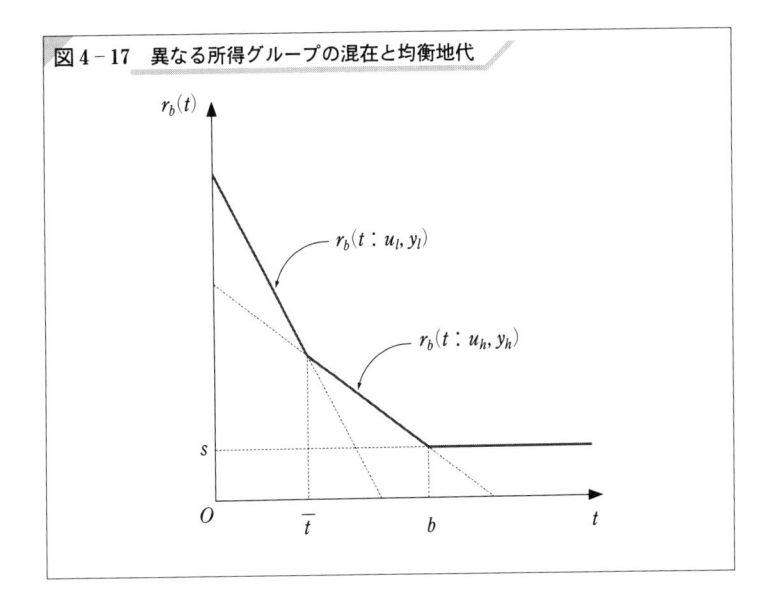

$r_b(t:u_l, y_l)$

$r_b(t:u_h, y_h)$

s

O $\bar{t}$ b t

図 4-18 異なる所得グループが混在できない状況

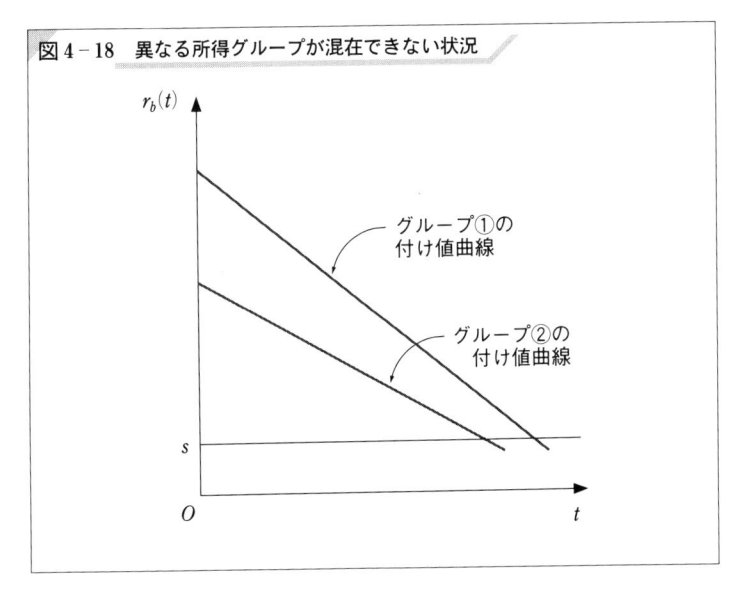

グループ①の付け値曲線

グループ②の付け値曲線

s

O t

3 市場地代の決定

都市境界 b の範囲内で必ず交わる。

したがって，均衡では，図4-17のように $t=\bar{t}$ で2つの付け値曲線は交わるが，次の問題はどちらの付け値が交点において急な勾配をもつかである。この答えはすでに性質⑦として得ている。

均衡で達成される効用水準を比較すれば，必ず $u_h > u_l$ となっているはずであるから（図4-14で確かめよ），図4-17のように，高所得の家計の付け値曲線が，低所得のそれの下から交わるのである。すなわち，交点では低所得の付け値曲線の勾配が高所得のそれよりも大きい。図4-17と(4-9)式を対照するならば，太線が均衡地代の水準を表すから，$t \leq \bar{t}$ である都市中心に近い内側には，低所得グループの家計が居住し，$t \geq \bar{t}$ のより郊外部に高所得グループの家計が居住することになる。以上の議論は次のようにまとめられる。

性質⑨：2つの異なるグループの家計が都市内に居住するとき，交点での勾配がより急な付け値曲線をもつグループが都市の内側に住む。

<u>分離居住</u>　都市の内側に低所得者が住み，中心から遠い郊外地に高所得者が居住するパターンは，日本の都市における住宅立地の現実を考えるとき，当てはまらないと考えるかもしれない。都心に近い便利な立地点には，低所得階層はなかなか住めない現状があるからである。高所得者の郊外居住が成立するのは，図4-17で，交点 $\bar{t}$ において高所得階層の付け値曲線の勾配が緩やかだからである。もし，（時間費用も含めた）交通費が，低所得のそれよりも高いならば，このことは必ずしも成り立たないかもしれず，このとき，高所得階層はかえって都市の内側に住むことになろう。

ただし，それはアメリカの多くの大都市においては驚くほど妥当

する結果となっているのである。アメリカの大都市中心部は，学校の教育水準の低さや，犯罪率の増加を背景に，中・高所得階層が，郊外に移り，結局は低所得者層が残るのである。いわゆる，**分離居住**（segregation）が典型的にみられるのである。低所得階層は大きな通勤費を負担できないので，郊外へ移動することができないのである。

ところで，性質⑧，⑨は，2つのグループだけに適用されるのではなく，複数のいかなるグループの場合にも当てはまる，一般的な性質なのである。

4 土地利用の効率性

上で2つのケースについて，どの住民がどこに，どれだけの広さの住宅を需要するかという，均衡で実現する土地利用を分析した。この土地利用は，たとえば政府などがいっさい介入せず，土地の供給者（＝土地所有者）と土地の需要者（＝家計）が土地市場で互いに納得するように決められたものである。このように市場メカニズムによって決定された土地利用は「効率的」であろうか。ここで，「効率的」というのは「与えられた資源が社会の構成員の厚生を最も大きくなるように使われる」という，パレート効率の意味である。

経済主体は，都市住民と土地所有者たる（不在）地主である。厳密にいうと，合成財を供給する企業，交通サービスを供給する企業があるが，これらの企業は一次同次の生産関数によって，財・サービスを生産し，その平均費用（＝限界費用）に等しい価格（合成財の価格＝1，交通サービスの価格＝k）で供給しているので，利潤はその

供給量にかかわらず0であると考える。したがって，土地利用の変化によって，これらの企業の厚生が影響を受けないので無視する。「与えられた資源」は不在地主の所有する土地である。この土地は，住民の住宅地か農地として用いられる。住民の厚生は，文字通り効用水準によって測られる。一方，地主の厚生は，土地からの地代収入によって計測される。この2つの主体の厚生（効用と地代収入）を加算することはできないし，意味がない。パレート効率かどうかをみるためには，一方の主体の厚生水準を与えた下で，他方の主体の厚生水準が最大になっているかどうかをみる。前節のケース①で説明した市場均衡では，住民の効用水準はu^*であった。図4-16の均衡地代と都市境界を再現すると，**図4-19**のようになる。

b^*の外側は農地として利用される。この均衡土地利用で土地所有者の得る地代総額は，

$$土地の総量 \times s + \triangle AsB$$

である。今，住民の効用水準をu^*に保ったまま，土地利用を仮想的に市場均衡の状態から変えてみよう。$[\tilde{t}, b^*]$の区間に住んでいる人を$[b^*, \hat{t}]$に移動させる。図4-19のr_bはu^*を目標効用水準とするときの付け値曲線であるから，$[b^*, \hat{t}]$に移動した人々が支払う地代は四角形$Bb^*\hat{t}D$である。一方，$[\tilde{t}, b^*]$は，もはや住宅地としては利用されず，農地として利用されるから，そこからの地代収入は四角形$E\tilde{t}b^*B$となる。$\hat{t}$の外側は前と同様に農地として利用される。したがって，市場均衡の土地利用に比べて，土地所有者の受け取る地代収入は$\triangle CEB + \triangle BDF$の分だけ少なくなることがわかる。同様にして，市場均衡からのいかなる変化も，地代収入を減少させることを確かめることができる。それゆえ，市場均衡の土地利用は効率的といえる。

図 4-19 均衡地代と都市境界

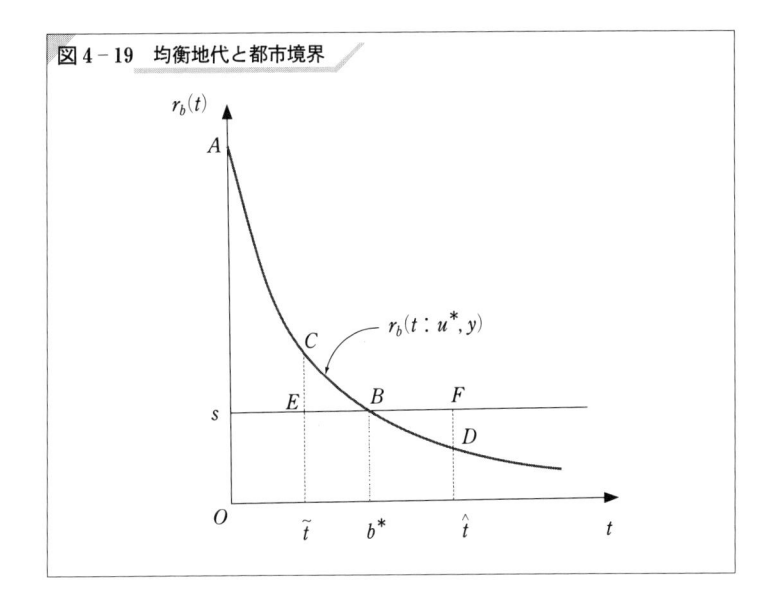

グラフ: 縦軸 $r_b(t)$、横軸 t。点 A から始まる減少曲線 $r_b(t:u^*,y)$。水平線 s が曲線と点 B で交わり、横軸上の b^* に対応。$\tilde{t}$ で曲線上の点 C と水平線上の点 E、$\hat{t}$ で水平線上の点 F と曲線上の点 D。

ケース②の場合は,それぞれのグループの住民の効用を市場均衡で達成される u_l, u_h にそれぞれ固定して,図 4-17 で得られる土地利用の変化が,地代総収入を減少させることを示せばよい(上と同じようにして確かめられる)。

5 交通体系改善の効果

上で説明した,住民の効用水準や都市の大きさによって表現される都市の均衡の状態は,環境の変化によって影響を受ける。この都市モデルのなかで,最も重要なパラメーターは k によって表される交通費である。現実の都市政府にも,「交通局」あるいは「交通

部」という重要なセクションが存在し，それらは都市内交通体系に関する政策を立案している。実際，本書の冒頭でも述べたように，現実の都市が直面している大きな問題の1つが，交通問題であり，その改善は重要な政策なのである。そしてその政策効果を評価することは，よりよい政策を立案するために必要なのである。

ここでは，都市内交通体系が改善されて，通勤のための交通費 k が低下するとき，都市にどのような影響を及ぼすのかを分析する。このような，パラメーターの変化が均衡に及ぼす効果の分析を，**比較静学分析**（comparative statics）という。

この比較静学分析を先のケース①の場合について行う。交通費 k が低下し，他のパラメーター（人口や所得水準も）の値は変化せず，他に不利なことは生じていないから，都市住民の効用 u は増加するであろう。もし減少するならば，都市住民は前と同じ交通費を払い，前と同じ地代を払い，前と同じ所に住み，前と同じ量の合成財を消費することによって，この減少を避けるはずである。

図4-20では，交通費の変化前の地代曲線が描かれている。均衡での都市境界は $\bar{b}_0$ である。今，CBDの地点に居住している家計に注目しよう。この場合，交通費が低下しても彼は通勤しないのであるから，その恩恵はない。しかし，彼の効用は増加しなければならない。所得水準も増加していないのだから，それを可能にするためにはCBD地点の地代が低下していなければならない。したがって，変化後の均衡地代曲線は A_0 より下の A_1 から始まる。次に都市の規模は拡大するであろうか。ここで，図の $\bar{b}_1$ が前よりもかえって小さくなる状況を想定しよう。このとき，図の破線が新しい地代曲線であるが，前に比べてすべての地域で地代が低下することになる。そうすると，効用が高く，地代が低下しているのだから，図4-7

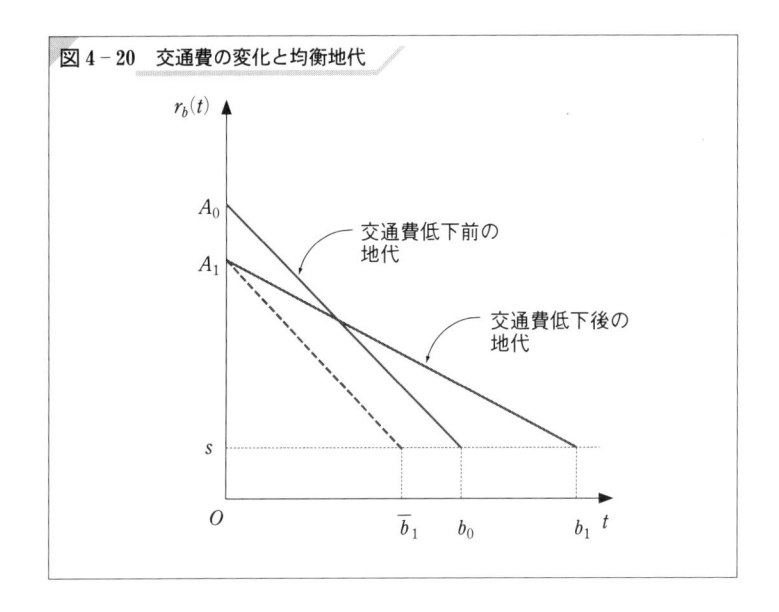

図 4-20 交通費の変化と均衡地代

でみたように、住宅地の面積が広くなる。これがすべての地点で生じるわけで、人口は変化しないのであるから、都市面積は増加していなければならない。しかし、$\bar{b}_1$ が都市境界であるとすると、それは矛盾しているので、このような状態は起こりえない。結果として、図の b_1 のように、都市境界は増加することになる。つまり、都市内交通費が低下すると、住民の効用が増加し、都市面積は拡大し、CBD 近くの地代は低下することになる。

6 都市人口増加の効果

次章の主題に関連するもう 1 つのパラメーターについて、比較静

学分析を行おう。それは都市人口の増加の効果である。とくに人口増加が都市住民の効用水準に与える影響について考察する。

図4-21には，人口増加前の地代曲線が$A_0 b_0$として描かれている。ここで都市境界はb_0である。人口が増加するとき，新しい均衡の下での地代曲線が$\bar{A}\bar{b}$となることはありうるであろうか。$\bar{b}<b_0$であるから，都市の規模は小さくなっている。変化前に比べて，すべての地点で地代が低下している。個人の所得水準や交通費は変化していないのだから，明らかに住民の効用水準は増加している。また，地代が低下しているのだから，各個人の住宅地qは大きくなっている。それゆえ，住民全体の土地需要は増加している。それは人口が増加しているのだから，なおさらである。それを満たすためには，都市の面積は増加しなければならないが，$\bar{b}<b_0$であり，矛盾が生じている。したがって，$\bar{A}\bar{b}$が均衡地代になりえないことがわかる。

次に新しい均衡地代曲線として$\bar{A}\bar{b}$のような，人口増加前の地代曲線と交わる可能性について考える。このケースでは$\bar{b}>b_0$ということから，都市の面積は拡大している。2つの地代曲線が交わる地点$\bar{t}$に居住する個人はどのような消費を行うであろうか。所得，交通費，地代は以前と同一なのであるから，効用を最大にするためにまったく同じ量の合成財zを消費し，同じ広さの住宅地qを受容することになる。それゆえ，効用水準も同じである。ところで性質②より，付け値曲線の勾配は$\bar{t}$で同一でなければならず，図4-21のように$\bar{A}\bar{b}$と$A_0 b_0$が交わることはありえない。したがって，このような可能性もない。

それゆえ，残る唯一の可能性は，人口増加の結果，新しい地代曲線が$A_1 b_1$のような位置になることであり，都市のすべての領域で

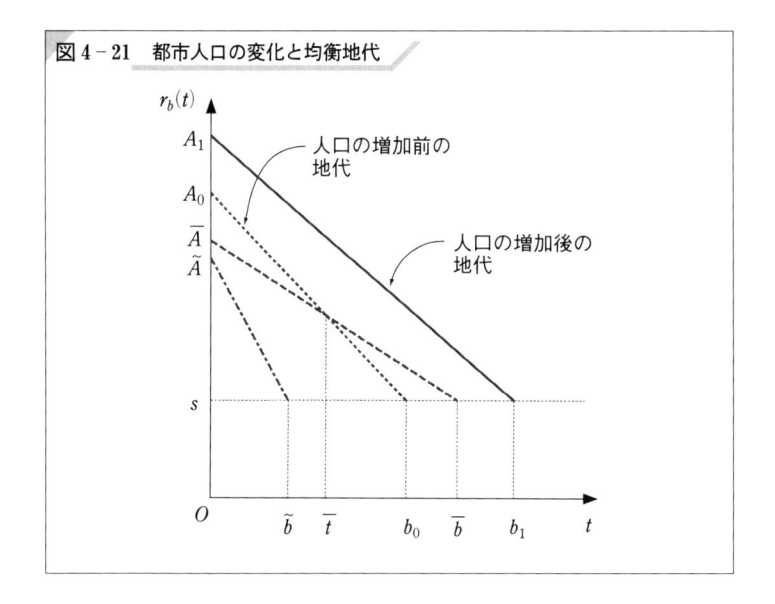

図 4-21 都市人口の変化と均衡地代

地代は上昇し，都市の面積も拡大する。この結果，住民の効用水準 u は低下する。実際，人口の増加は土地に対する需要を増加させ，地代を引き上げるように働くので，この結果は直観的にも受け入れられるのである。

7 企業の立地行動

CBD 内の土地利用　これまでは，都市の住宅の立地行動と住宅の地代の構造に焦点を当ててきた。想定された都市の中心にある CBD は点として表され，企業がどこでどのような行動をとるかは考察されなかった。しかし，現実の都市には，

住宅地に比べて面積は小さくとも,生産活動が行われる工業地帯,オフィス地帯,商業地などの業務地区が存在し,企業,オフィス,商店は地代を支払い,その地区の土地を利用しているのである。日本の都市部の地価が高いということが問題となるとき,それはむしろ業務地区の地価が高いのである。したがって,業務地区の地代決定メカニズムについても言及する必要がある。

とはいっても,その原理はこれまで詳しくみてきた,住宅地の地代決定のメカニズムとまったく同じである。ただ,主体が家計ではなく,企業であり,目標とするのは効用ではなく,利潤であるという点だけが変わる。したがって,ここでは,製造業企業とオフィス企業の場合についてだけ,ごく簡単な説明をする。

製造業企業の行動 　製造業産業の企業は,土地と他の要素(資本・労働)を用いて,生産を行い,その生産物を都市の中心地点まで輸送すると考える。都市の中心地点にはその生産物を取引する市場があるか,あるいはそこには他地域へ輸送するための交通の結節点(鉄道駅,高速道路のインターチェンジ,港あるいは空港)があるために,必ず工場の立地点から中心点まで輸送されるのである。その輸送費は企業が負担するから,企業はどこに立地して活動を行うかが重要な決定事項なのである。

そこで,製造業企業の利潤は,

$$\text{企業の利潤} = (\text{価格} \times \text{生産量}) - (\text{土地への支払い}) - \begin{pmatrix}\text{土地以外の生産}\\\text{要素への支払い}\end{pmatrix} - \begin{pmatrix}\text{中心までの}\\\text{輸送費}\end{pmatrix} \quad (4-10)$$

と,定義されよう。今,都市中心から t km だけ離れた立地点で,生産を行うとする企業を考える。(4-10) 式に記号を当てはめるとすると,利潤を π,企業の需要する土地面積を L^M,生産量を

$F(L^M)$，価格を P，土地以外の生産要素への支払いを C^M，中心への輸送費を $g \times t \times F(L^M)$ とすると，(4-10) は，

$$\pi = PF(L^M) - r(t)L^M - C^M - gtF(L^M) \qquad (4-11)$$

その際に，説明をわかりやすくするために，資本・労働以外などの土地以外の生産要素の投入量を固定して考えよう。それゆえ C^M は定数である。(4-11) で $r(t)$ は地点 t の市場地代である。企業にとって目標は (4-11) の左辺，利潤をできるだけ大きくすることである。しかし，家計が効用を際限なく大きくすることができないと同様に，企業も利潤を際限なく大きくすることはできない。それは，生産を行うために，土地を利用しなければならず，その土地を所有者から借りるために，他の企業と競争しなければならないからである。非常に低い付け値を提示したら，期待利潤は高くなるが，それは実現されないのである。企業も土地を利用するために付け値を提示するが，それは目標利潤の水準によって異なってくる。目標利潤が与えられるとき，企業の付け値がどのような値になるかを，**図 4-22** を用いて説明しよう。(4-11) 式の π を右辺に，$r(t)L^M$ を左辺にそれぞれ移項すると，

$$r(t)L^M = PF(L^M) - C^M - gtF(L^M) - \pi \qquad (4-12)$$

図 4-22 の横軸に土地の広さ L^M をとり，縦軸には土地への支払額をとっている。目標利潤が π_0 のときと，π_1 ($\pi_1 > \pi_0$) におけるときの (4-12) の右辺のグラフが図 4-22 に示されている。(4-12) の右辺は目標利潤を達成するときの土地への総支払額である。企業はこの立地点の土地を用いるために，土地所有者に土地単位面積当たりできるだけ高い付け値を提示する。図の π_0 に対応する S 字型

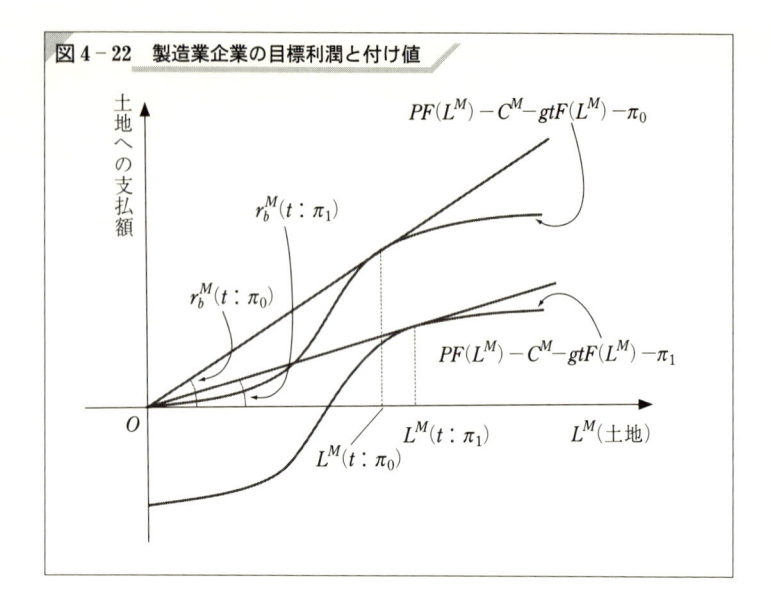

図4-22 製造業企業の目標利潤と付け値

（図：縦軸「土地への支払額」、横軸「L^M（土地）」。曲線 $PF(L^M)-C^M-gtF(L^M)-\pi_0$、$PF(L^M)-C^M-gtF(L^M)-\pi_1$、および接線 $r_b^M(t:\pi_0)$、$r_b^M(t:\pi_1)$、接点 $L^M(t:\pi_0)$、$L^M(t:\pi_1)$）

の曲線上ではどこでも目標を達成できるが,この曲線上1 m²当たり最も高い地代をつけられるのを探す。それは

$$\frac{PF(L^M)-C^M-gtF(L^M)-\pi_0}{L^M}$$

を最大にすればよいから,図4-22で原点から曲線へ接線を引けばよい。その接線の傾きが付け値 $r_b^M(t:\pi_0)$ である。同様に,目標利潤がより大きい π_1 のときの付け値 $r_b^M(t:\pi_1)$ も求められる。図から明らかなように,$r_b^M(t:\pi_0)>r_b^M(t:\pi_1)$ である。

性質⑩:より高い目標利潤に対応する企業の付け値はより低い。

この企業が中心からより遠い地点 $t_1>t_0$ で操業するとしたらどうであろうか。目標利潤は π_0 で変わらないとしても,都市中心部までの輸送量が増加することから,(4-12)式右辺を表すS字曲線

図4-23 異なる立地点と付け値

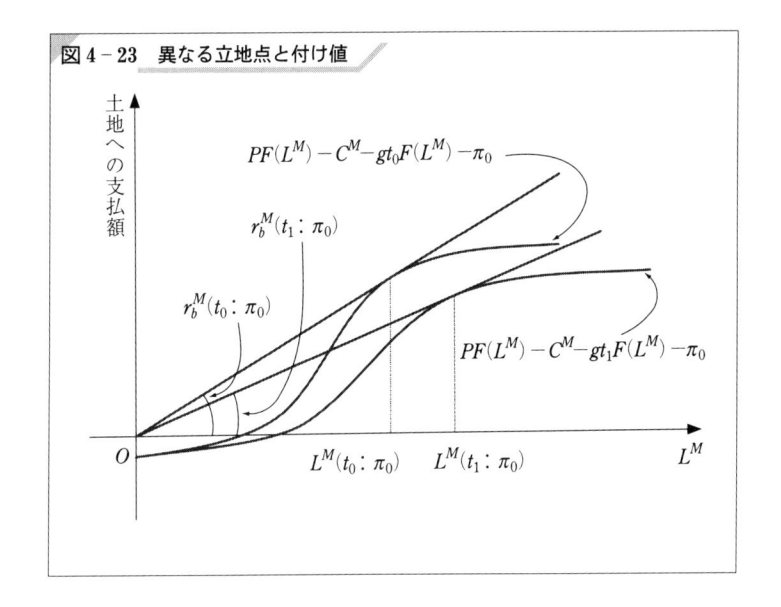

$PF(L^M) - C^M - gt_0 F(L^M) - \pi_0$

$r_b^M(t_1 : \pi_0)$

$r_b^M(t_0 : \pi_0)$

$PF(L^M) - C^M - gt_1 F(L^M) - \pi_0$

$L^M(t_0 : \pi_0)$　$L^M(t_1 : \pi_0)$　L^M

は下方に移動する（**図4-23**参照）。したがって，原点からの接線への勾配も小さくなり，付け値は低下する。

図4-23から，中心から離れて立地する企業ほど，より広い土地を利用することがわかる。性質①と同様に，次の性質を得る。

性質⑪：企業の付け値曲線は右下がりである。

オフィス企業の行動　次にオフィス企業の行動分析に移ろう。製造業企業が物的な財を生産するのに対し，オフィス企業は，労働，資本，土地の生産要素を用い，サービスを生産し供給する。製造業企業は，その生産物を市場や交通結節点のある都市中心に輸送した。オフィス企業の場合はどうであろうか。オフィス企業の顧客は一様ではなく，それゆえ，供給すべきサービスの内容も一様ではないので，それを決めるには，顧客と直接会っ

て，十分なコミュニケーションを行うことが必要である。また，常に社会経済の動向を見極めて，よいサービスを提供するためには，同業他企業，他産業の企業，あるいは役所などの人々と会って情報を交換することが必要である。たとえば，金融，証券，コンサルタントなどの典型的なオフィス産業を考えれば，いわゆる〈フェイス・トゥ・フェイス〉のコミュニケーションがたいへん重要なことだということがわかるであろう。

このような，顧客や他組織の人々と直接会う場所が，たとえば，ホテルや産業会館や市役所などであるならば，それらは都市の中心にあり，それゆえオフィス産業の企業も，都市中心部に〈旅行〉をしなければならないのである。製造業の場合には生産物を中心に輸送するための交通なのであるが，オフィス産業のときは，コミュニケーションや情報収集，伝達のための交通であり，物ではなく人間が移動する。この場合，とくに顧客との調整は大事であり，紋切型の交渉ではないので，企業のかなり責任あるポジションの人間がトリップを行うことになる。

以上を考慮すると，(4-11)に対応するオフィス企業の利潤は

$$\pi = qG(L^O) - r(t)L^O - C^O - htT \qquad (4-13)$$

ここで，q はサービスの価格，T はオフィス企業の重役がコミュニケーションのために都市中心部にトリップを行う回数，h は1km当たりの重役のトリップ費用，L^O はオフィス企業の土地需要，C^O は土地以外の生産要素の費用，$G(L^O)$ はサービスの生産量，である。

オフィス企業の立地点 t における付け値を求めるための式は，前と同様に以下の (4-14) である。

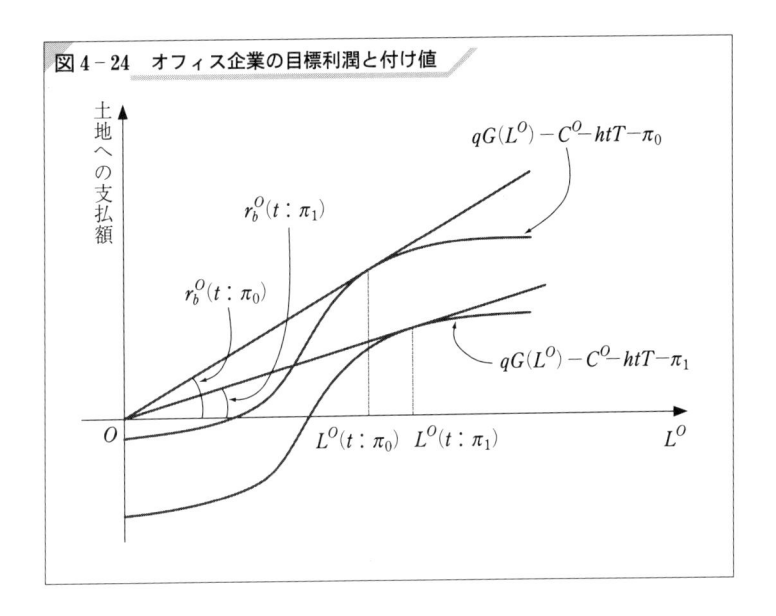

図4-24 オフィス企業の目標利潤と付け値

縦軸: 土地への支払額, 横軸: L^O

曲線・直線のラベル:
- $qG(L^O) - C^O - htT - \pi_0$
- $qG(L^O) - C^O - htT - \pi_1$
- $r_b^O(t:\pi_1)$
- $r_b^O(t:\pi_0)$
- $L^O(t:\pi_0)$, $L^O(t:\pi_1)$

$$r(t)L^O = qG(L^O) - C^O - htT - \pi \qquad (4-14)$$

図4-23と同じように，$qG(L^O)$がL^Oに対して，S字型をとるとすると，**図4-24**のように異なる利潤水準について，原点からの接線によって付け値を求めることができる。

オフィス企業の付け値についても，性質⑩，⑪が成立することは容易に確かめられよう。

企業の付け値曲線の勾配

次の問題は，製造業企業とオフィス企業のどちらが，より都市の中心に近い土地を利用するのであろうかという点である。これに答えるために性質⑧，⑨を用いればよい。2つの産業の企業が都

市で操業する限り，性質⑧より均衡では2つの企業の付け値曲線は必ず交わる。性質⑨より，その交点で急な勾配をもつほうが，より中心に近い地点に立地する。交点の立地点を t とするとき，製造業企業の付け値曲線の勾配の絶対値は $\frac{gF(L^M)}{L^M}$，オフィス企業のそれは $\frac{hT}{L^O}$ である。これから直ちに，どちらが大きいかをいうことはできないが，それを判断する材料について考えてみよう。

まず，製造業企業はオフィス企業に比べて，大きいスペースを必要とするだろう。すなわち，$L^M > L^O$。また，オフィス企業の都市中心へのトリップは，若い社員ではなく，重役などの社員である。このことは，彼らの貨幣的な交通費は若い人と同じである（たとえば，電車代，バス代）が，機会費用たる時間費用が非常に高い。すなわち，そのような重役が会社に残って仕事をすれば，大いに収益が上がるはずだが，それを犠牲にしてしまうために，時間費用を含めた交通費 h は非常に高い。この2点から，$\frac{hT}{L^O} > \frac{gF}{L^M}$ ということがわかるであろう。したがって，オフィス企業が製造業企業に比べて，都市のより内側に立地する。現実の都市の土地利用もそのようになっているのである。すなわち，業務地区の中心には，金融，保険，シンクタンクなどのオフィス産業企業が立地し，製造業企業はより外側で操業している（実際，いくつかの都市では，より広い工場敷地を確保するため，製造業企業は郊外に立地している）。

いずれにせよ，さまざまな主体が同じ都市内に立地し活動することは，性質⑧，⑨が成立していることを意味する。これまで，家計の住宅，オフィス企業，製造業企業の3つだけを取り上げたが，その他に商業もあり，家計にも，働く人の数や年齢などに応じて，さまざまなクラスがある。それらの主体の土地利用の構造の1つの例は**図4-25**に示される。

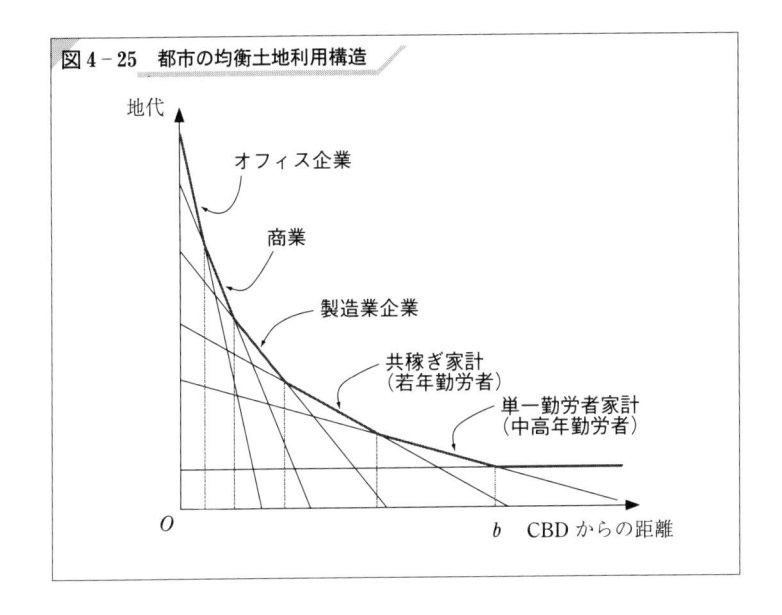

図4-25 都市の均衡土地利用構造

(縦軸: 地代, 横軸: CBDからの距離)

曲線ラベル: オフィス企業, 商業, 製造業企業, 共稼ぎ家計（若年勤労者）, 単一勤労者家計（中高年勤労者）

 以上，都市内の土地利用，地代の空間的構造がどのように決定されるかを説明してきた。そこでは付け値という概念がいかに重要であるかを学んだことと思う。

8　業務地の外部不経済

外部性と付け値

　前節までの議論に従えば，住宅地の地代は企業が集積しているCBDの付近で最も高く，そこから離れるにつれて低下する。しかし，現実の都市では，しばしば，最も地代（地価）が高い住宅地は業務地からある程度離れた立地点である。このことはどのように説明すればよいのであろ

うか。

1つの仮説は、業務地がもつ**外部性** (externality) である。すなわち、中心業務地は、大気汚染や騒音があり、その家計に及ぼす影響はCBDからの距離が短いほど大きく、逆にCBDから遠く離れるにつれ、大気汚染や騒音などの外部不経済は小さくなるとする。議論を単純にするために、次のような状況を考える。大気汚染や騒音による被害を防ぐために、家計は空気の清浄機、防音装置の購入のための支出をしなければならないとし、その支出額を E とすると、それはCBDからの距離に対して**図4-26**のような形をとる。

家計の予算制約は (4-2) に代えて、

$$y = z + r(t)q + kt + E(t) \qquad (4-15)$$

となる。この状況の下で $t=0$、すなわちCBDのごく近くに住む家計の付け値を求めてみる。

$t=0$ では、外部不経済の影響が非常に大きいので、それを防ぐための支出 $E(0)$ も非常に大きい。したがって、**図4-27**での付け値を求めるための切片 $y-E(0)$ は y のかなり下方にある。それゆえ、付け値 $r_b(0)$ は図4-3の $r_b(0)$ よりもかなり低い。次にCBDから1km離れた地点の付け値を求める。図4-26からわかるように、1km離れると外部性の影響がかなり減少し、それゆえ防御支出も $E(0)$ から $E(1)$ に大きく減少する。その減少額は、通勤費の増加額 k よりも大きいであろう。そうすると、$y-(k+E(1))$ は $y-E(0)$ よりも大きくなる。それゆえ、$t=1$ における付け値 $r_b(1)$ は図4-27のように、$r_b(0)$ よりも高くなる。すなわち、性質①とは異なり、t が $[0,1]$ の間では付け値曲線は右上がりになる。このような右上がりの範囲は少し郊外に移動したとき、通勤費の増加額以上に外部不経

図4-26 CBDからの距離と外部不経済防御支出

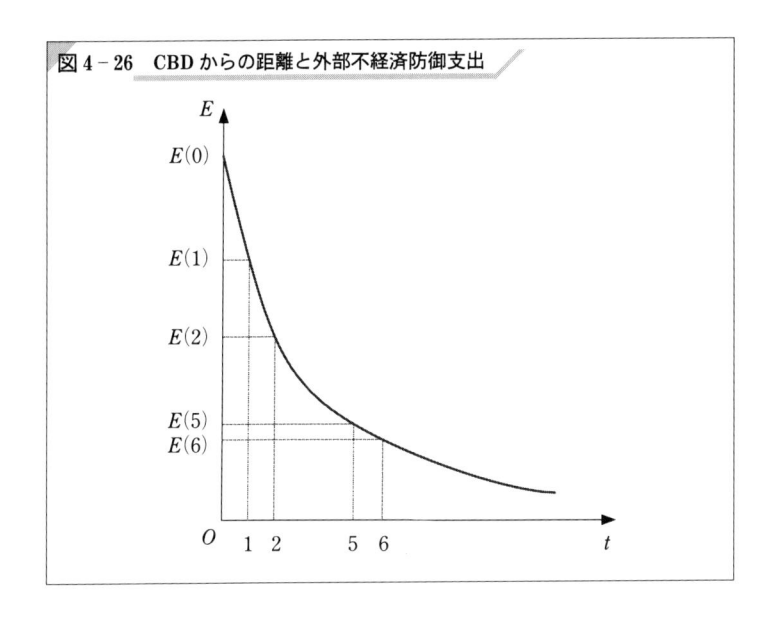

図4-27 外部不経済と付け値

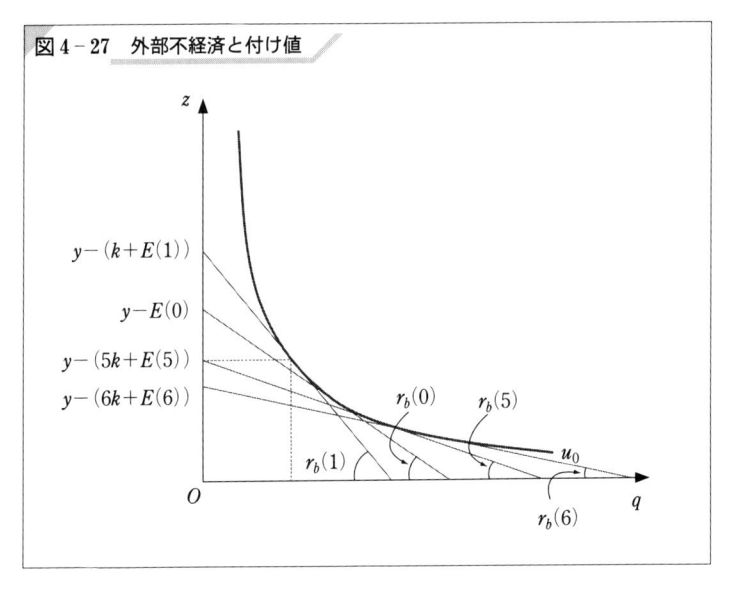

8 業務地の外部不経済

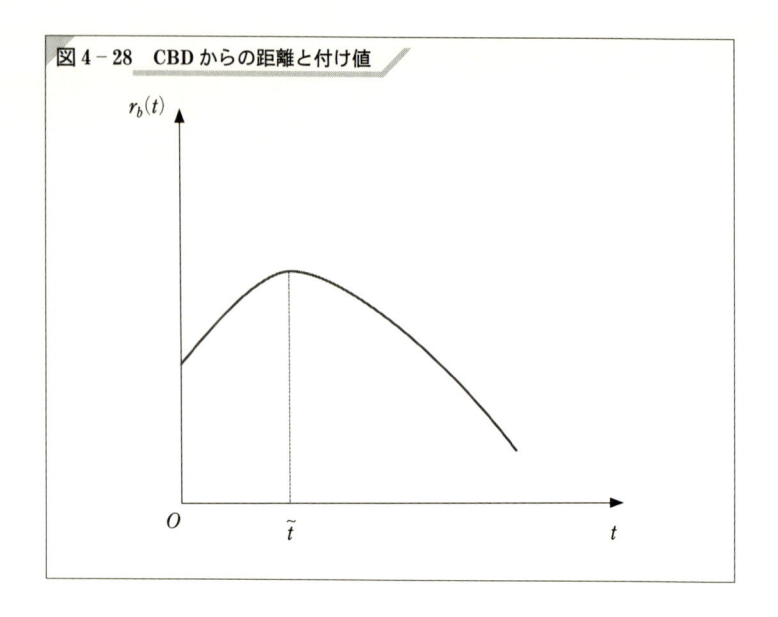

図 4 – 28　CBD からの距離と付け値

済防御支出が減少する限り続く。しかし，図 4 – 26 の $t=5$ から $t=6$ に移動することによる防御支出の減少分 $E(5)-E(6)$ はわずかであり，通勤費の増加分 k よりも小さいであろう。この場合，図 4 – 27 のように，$r_b(6)$ は $r_b(5)$ より低く，t の区間 $[5, 6]$ では右下がりになる。

したがって，ある目標水準の効用に対して，付け値曲線は**図 4 – 28** に示すように最初は CBD から離れるにつれて右上がりとなり，ある距離を越えると右下がりになる。

よって，第 3 節のケース①のように，住民が同質的な下では CBD から $\tilde{t}$ km 離れた地点の住宅地の地代が最高になるのである。

Column ④ 分離居住の妥当性

本章で説明したように,雇用の場がある CBD の近くには低所得階層が,CBD から遠く離れた郊外部には高所得階層が住むという「分離居住」はアメリカの大都市でみられる共通の現象である。本書ではこの「分離居住」の必然性を理論的に説明したのだが,それは個人の効用関数が所得水準にかかわらず同一であることと,単位距離当たりの交通費用は所得水準にかかわらず同じであるという仮定に基づいている。前者の仮定はともかくとして,後者の仮定は交通の時間費用をも考慮した場合は当てはまりにくい。

一般に高所得の人の時間価値,すなわち時間の機会費用は高い。たとえば,1時間の通勤の時間費用は,弁護士などの場合,2万円程度であり,単純労働だけを提供する場合は2000円程度である。通勤のための交通費用を,運賃などの貨幣的費用と通勤時間に依存する時間費用の和とすれば,地点 t に住む人の交通費は $(k+w/s)t$ と表すことができる。ここで s は交通機関のスピード,w は個人の時間価値である。この w は個人間で異なりうる。そうすると,本章の性質②で導出した付け値曲線の勾配は $\frac{k+w/s}{q}$ と表せる。高所得,低所得グループの付け値曲線の交点で,それぞれのグループの付け値曲線の勾配を比べるならば,この場合どちらが大きいということを一概にいうことはできない。なぜなら,高所得のグループでは宅地 q は大きいが,分子の時間価値 w も大きいからである。もし,宅地の所得弾力性よりも時間価値の所得弾力性が大きいならば,高所得者グループの付け値曲線の勾配のほうが急になり,それゆえ,均衡では CBD 近くに高所得者グループが住む可能性もある。

一方,本書「はしがき」でも触れたが,日本の場合,多数の高所得の人々が CBD から遠く離れた場所に住むとは考えにくい。すなわち,アメリカ型分離居住は日本の都市には当てはまらないように思われる。その理由の1つは,性質②を導出するとき交通費はすべて自己負担であることを前提にしているのに対し,日本では多くの場合,通勤費は雇用主

によって補償されており，住民は貨幣的交通費用を無視して住宅立地点を選択できることにある。

⇒練習問題

1 本章で付け値を求める説明はすべて図を用いてなされた。それを数学的に示せば $\frac{y-z-kt}{q}$ を $u=u(z,q)$ の制約の下で，q と z について最大化することである。さて，住民の効用関数が

$$u = \alpha \log z + (1-\alpha) \log q$$

であるとき，所得水準を y，単位距離当たり通勤費を k，目標効用水準を u_0 として，地点 t に立地しようとする住民の付け値を導出しなさい。

2 第5節は交通費の低下の，そして第6節は人口増加の均衡都市構造に及ぼす効果の比較静学分析であった。同じようにして，閉鎖都市の下で，農業地代 s の低下に関する比較静学分析を行いなさい。

3 住民の効用水準 u は外から与えられ，都市人口 N が可変である開放都市の下で，交通費 k の低下に関する比較静学分析を行い，均衡地代構造と都市人口に及ぼす効果を説明しなさい。

4 図4-28ではCBDにおける外部不経済の存在のために，地代曲線が一部分右上がりになっている。このように，地代曲線がCBDからの距離に対して右上がりの局面をもつ他の例を説明しなさい。

◆引用文献

Alonso, W. [1964] *Location and Land Use*, Harvard University Press.

第5章　サブセンターの形成

単一中心都市では，都市が拡大するに従い，交通費・時間の増加，交通混雑の発生，中心部の地代上昇などの弊害が生じ，それらを改善するためにサブセンターが形成される。一方，サブセンターや複数のセンターを組み込んだ空間的都市モデルは非常に複雑である。したがって，本章では〈環状線型サブセンター〉と〈ポイント・サブセンター〉の2つの特殊なケースについて，サブセンターの形成が都市の空間構造に及ぼす影響を分析する。

1 都市の拡大とサブセンター

単一中心都市とサブセンター

地代曲線に右上がりの領域があるのは，別に外部性の存在だけが理由なのではない。

前章の基本的アロンゾ型都市モデルは，都市の中心にだけ業務地区がある**単一中心都市**（monocentric city）である。しかし，都市が成長，拡大するにつれ，さまざまな問題が生じてくる。まず，都市が拡大するので，すべての住民が単一中心地区に通勤する下では，長距離通勤をする人が増加し，住民の平均的な通勤費も増加し，また，交通混雑もひどくなる。この結果，中心に近い住宅地への需要が増大し，その地域の地代は高くなる。このことは，都市住民の厚生水準を低めるように作用する。

したがって，これを改善するために，業務地が，中心だけではなく別の地点に形成される必要がある。この第2，第3の業務地を一般に**サブセンター**（subcenter）と呼ぶが，このサブセンターは都市政府の都市開発，再開発の整備によって，その新しい業務地が決まり，そこに私的企業が立地することによって形成される。サブセンターが形成されると，これまで中心のCBDに通勤していた人々のうち，何割かはサブセンターに通勤することになる。このことによって，CBD近くの地代の高騰は軽減される。都市住民の平均通勤距離も短縮される。同時に，サブセンター近辺の土地は，通勤距離が相対的に短くてすむために需要が増大し，地代が上昇することになる。

ただ，サブセンターが形成されるときの都市モデルの分析は，非

常に複雑になり，第4章での単一中心モデルのように，厳密な分析は簡単にできない。以下では，サブセンターの形成地点が特殊な2つのケースについて説明を行う。

> ケース①：環状線型サブセンター

図5-1のように，CBDから$\bar{t}$ kmの同心円の環状線に沿って，サブセンターが形成され，そこに住民の就業先が新たにできるとする。CBDとこのサブセンターでの賃金差はないものとする。同質な住民だけが都市にいる下では，第4章でも議論したように，均衡ではすべての人はどこに住んでも，どこで働こうと，同一の効用水準を達成することになる。そのためには，サブセンターの外側の地点，たとえばAに居住する家計は，CBDには通勤しない。なぜならば，サブセンターへ勤務先を変えることによって，通勤費を節約でき，より高い効用を達成できるからである。このように現況を変えることによって利益を得られる個人が1人でもいるならば，それは均衡の状態でない。したがって，サブセンターの外側の地点に住む個人はすべて，サブセンターに通勤することになる。

次にサブセンターの環状線の内側を考える。半径$\bar{t}/2$の円の外側に住む人はサブセンターに，その内側の人はCBDに通勤することになる。そうすると，均衡でのこの都市の地代構造（ここでは均衡効用を目標水準とする付け値曲線に等しい）は，図5-2のようになる。

$[0, \bar{t}/2]$の区間ではCBDに通勤する家計が住み，それゆえ，付け値曲線は右下がりである。$[\bar{t}/2, \bar{t}]$の住民は，$\bar{t}$のサブセンターに通勤するので，$\bar{t}$に近いほど，付け値が高く，右上がりである。$\bar{t}$から，都市の境界bまでの家計はサブセンターに通勤するので，この区間では，付け値曲線は右下がりである（このケースの詳しい議論はSasaki [1990] を参照）。

1 都市の拡大とサブセンター

図 5-1 環状線型サブセンター

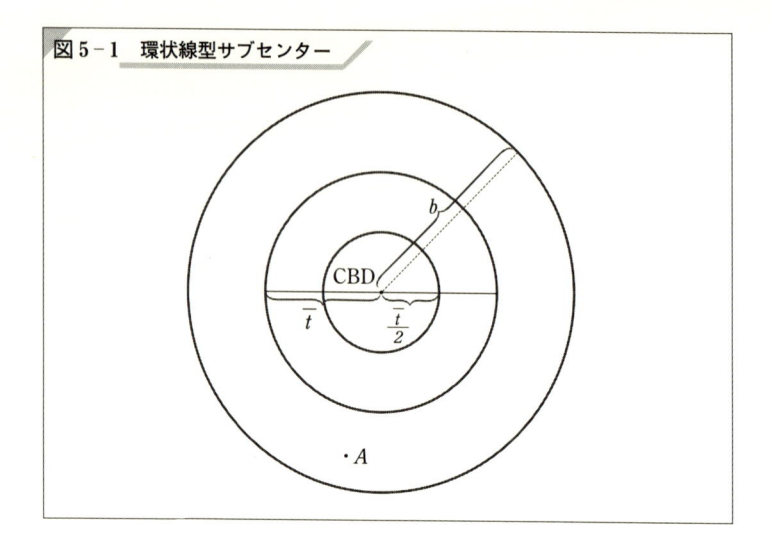

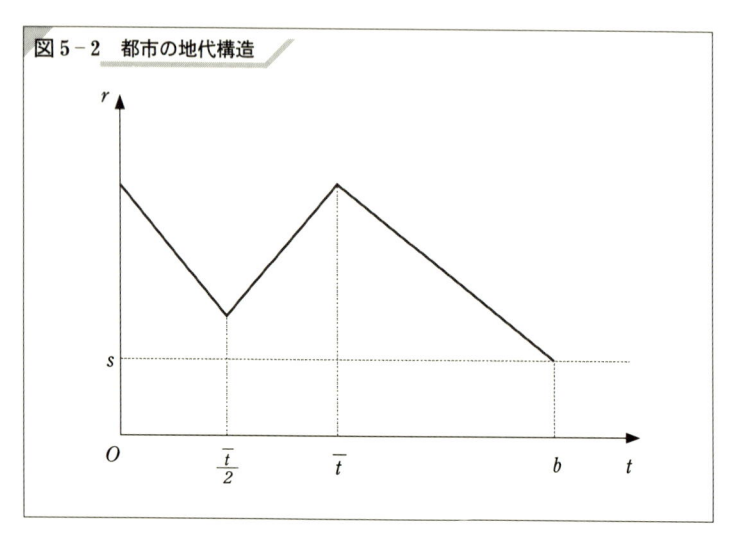

図 5-2 都市の地代構造

図 5-3　ポイント・サブセンター

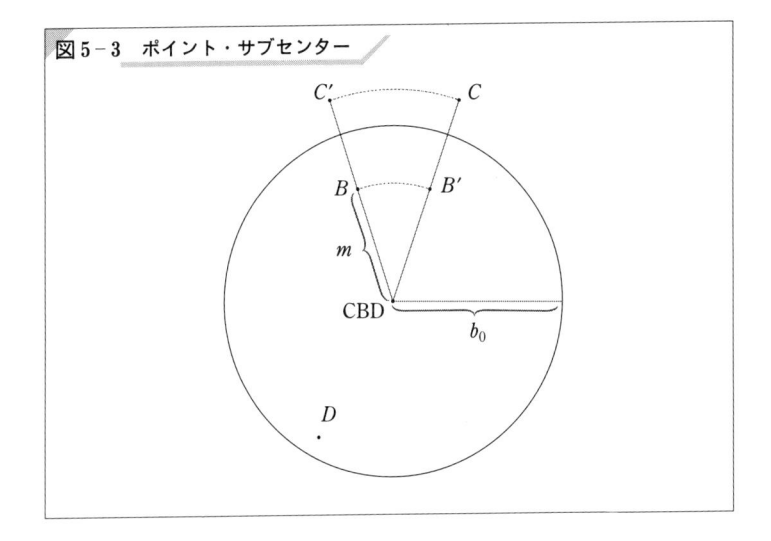

ケース②：ポイント・サブセンター

ケース①のように，CBDから等距離にある環状線全体がサブセンターというのは非現実的で，もっと狭く限られた空間におけるサブセンターとして使われるのが現実的であろう。**図 5-3**のように，円形の単一中心都市のある場所，たとえば点Bにサブセンターが形成されるものとしよう。

この都市にどのような変化が生ずるであろうか。ここでも，CBDとサブセンターでの賃金は同一であるものとしよう。そうすると，これまで都市には含まれなかった立地点Cは，新しいサブセンターに近く，そこから十分に通勤可能であると思われる。一方，既存の都市内の立地点Dは，もともとCBDに遠い場所であるが，ここに居住していた個人は，むしろC点に住み，サブセンターで働くことによって，通勤費用を削減し，その結果，効用を増加できそうである。

1　都市の拡大とサブセンター

サブセンター形成後の都市の均衡がどのような形になるかをみる前に，サブセンターへの通勤方法を決める必要がある。アロンゾ型単一中心都市モデルの場合は，交通網がCBDから放射状にどの方向にも利用可能であった。しかし，CからBに通勤するためには，これまでの交通網だけでは不可能である。放射状の交通網に加え，同心円に沿った交通も考える必要がある。すなわち，CからBへの通勤にはB'を経由して環状線を利用してBに行く方法と，最初に環状線を利用してC'に出て，それから放射状交通網を使ってBに行く方法であって，図5-3では，前者のほうが通勤距離が短いので，そのルートをとることになる。この環状線交通を認めると，Bから等距離にある地点の軌跡は，もはや円ではなくなる。

サブセンターBが形成されると，人口が固定されている閉鎖都市の下では，前述のように，図5-3のDからCに移住することによって効用を高めるように，都市住民全体の効用水準が高まる。この新しい均衡での都市は，**図5-4**のような，円錐型になる。旧市街の大部分はCBDを中心とした円形であるが，その半径b_1は単一中心都市のときのb_0よりも小さくなり，地点Dはもはや，都市の外に出てしまう。

EFGはCBDに通勤する家計の住宅地とサブセンターBに通勤する家計の住宅地の境界である。Hからサブセンターには放射状交通網のみを用い，距離はHBであり，Iに居住している個人の距離は放射状交通の距離IB'と，環状線交通の距離，弧BB'の和であり，それが同じ都市境界にあるということは

$$HB = IB' + 弧 BB'$$

が成立していることである。

図5-4は，$b_0 > m$ のときの，サブセンター形成後の新しい都市

図 5-4　円錐型都市（$b_0 > m$ のとき）

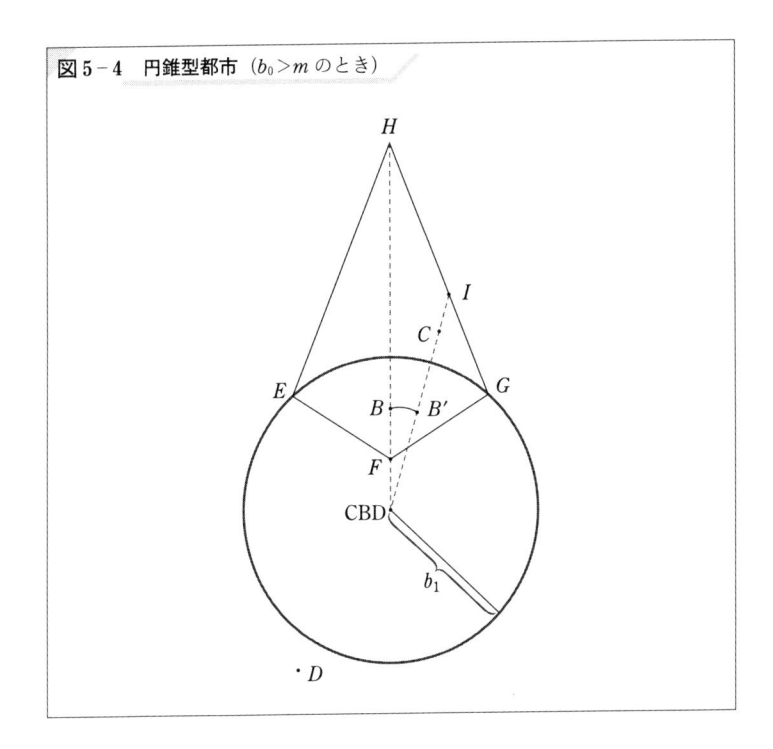

の形であるが，サブセンターの立地点 B が CBD から遠く，$b_0 < m$ の場合は，新しい都市は**図 5-5** のような形になる。

　以上の議論では，業務地である CBD とサブセンターに立地する企業の行動を捨象している。ケース①でも②でも，家計が住宅立地を決め，各業務地で働きたいという労働供給に見合う，労働需要を保証する数の企業が各センターで操業することが，暗黙のうちに仮定されている。しかし，現実には企業はより能動的に立地を決定し，そのときの CBD とサブセンター間での企業間の競争が重大である（ケース②の詳しい議論のためには Zhang and Sasaki［1997］を参照）。

1　都市の拡大とサブセンター

図5-5 円錐型都市（$b_0 < m$ のとき）

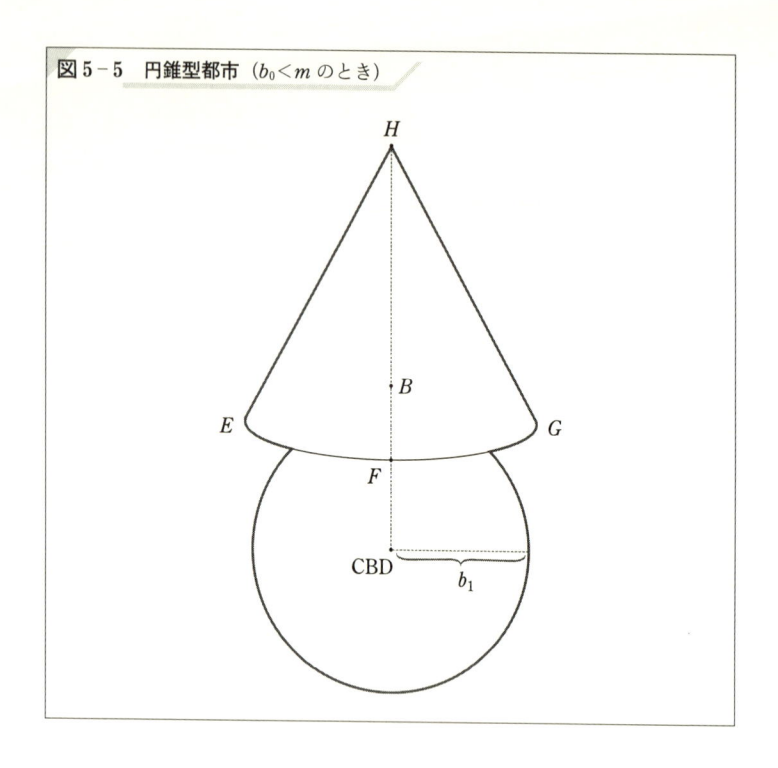

2 サブセンターの形成過程

集積の不経済と都市の規模

　CBDにしろ，新しく形成されるサブセンターにしろ，特定の地域に多くの企業やオフィスが集中するのは第1章でも説明された「集積の経済」が働くからである。すなわち，同一産業の企業の集積によってもたらされる「地域特化の経済」と異業種の企業の集積による「都市化の経済」の双方が働き，その「外部性」が個々の

企業の生産，供給効率を高め，生産供給費用を低下させる。とくに企業間のコミュニケーションは，現代のビジネスにおいては不可欠であるから，互いに近くに立地するメリットは大きいといえ，さらにこの外部性が企業の立地を促す。

しかし，本章の冒頭でも触れたように，1ヵ所に産業活動が集積し続けると，交通混雑，遠距離通勤，中心部の地代上昇など，都市全体としての効率性が低下する。いわば**集積の不経済**が働き始めることになる。したがって，CBDであれ，サブセンターであれ，1つの業務地区だけが際限なく拡大することはありえず，集積の経済，不経済の程度を反映した，効率性の業務地区間の比較によって，それぞれの規模の相対が決まると考えられる。以下，Helsley and Sullivan [1991] に沿って，このことを少し詳しくみていく。

都市の産業規模　図5-6は，横軸に O から右にCBDの雇用者総数，左にサブセンターの雇用者総数を測る。縦軸には各センターでの集計的労働の限界生産物価値（MPV）を測っている。このモデルの前提は，各センターで，労働のみを用いて生産活動を行っているというものであるが，生産活動を開始するためには，道路，鉄道などの交通施設や，土地造成，工業用水などの産業基盤関係の社会的投資が必要である。ここでは，CBDにはすでにこのような投資がなされているが，サブセンターではまだなされていないという状態から出発する。生産技術は2つのセンターで同一である。すなわち，図5-6の労働の限界生産物価値曲線は左右対称である。図5-6では ON_0^c までの規模であれば，集積の経済が働き，それを超えて規模が拡大すると，集積の不経済が働き始めることを意味する。$\overline{MPV}$ は他地域で支配的な労働の限界生産物の価値で，都市の限界生産物の価値がそれ以下であれ

図 5-6 　CBD とサブセンターの限界生産

労働の限界生産物価値（サブセンター側）
労働の限界生産物価値（CBD側）

A' 、 A 、 $\overline{MPV}$
$\overline{N_1^s}$ 、 N_1^s 、 Δn 、 O 、 N_0^c 、 N_1^c 、 $\overline{N_1^c}$

サブセンターの雇用者総数　　　　　　　　　　　　　　　　　　　　CBD の雇用者総数

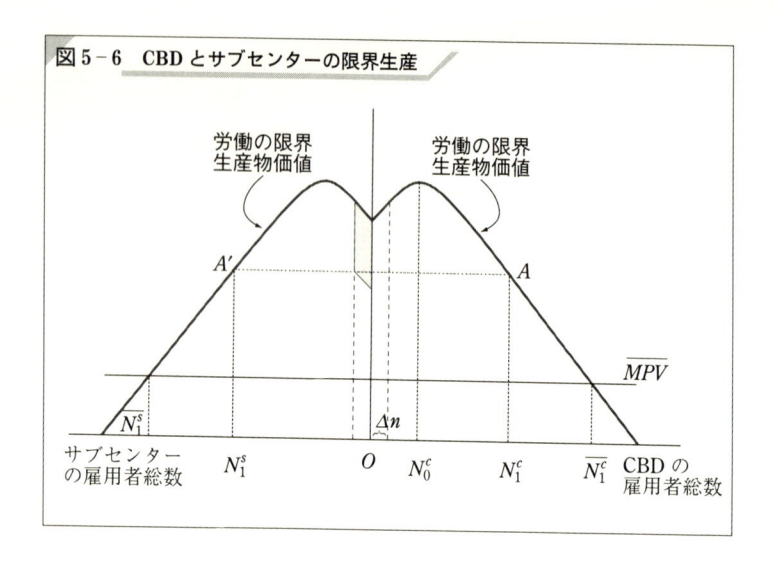

ば，労働者は他地域に雇用される。

　今，この都市には毎期 Δn 人だけ労働人口が増加し，その労働が CBD かサブセンターのどちらかに雇用されるものとする。問題はどちらのセンターで雇用したほうが都市全体の利益になるかである。換言すれば，都市全体の生産物総計ができるだけ大きくなるように労働が配分されるということである。

　まず，最初の Δn は CBD に配分される。次の期の Δn もそうである。なぜならば，CBD では集積の経済が支配的で，生産効率はより上昇するからである。これは N_0^c を超えても同じである。ところが，N_1^c を超えて Δn を配分すると，事態は異なり，サブセンターを形成し，そこで生産を開始するほうが有利になる。なぜならば，サブセンターで生産を開始するためには，投資が必要であるが，その費用が図 5-6 のアミかけ部分に等しいとすれば，その費用を負

担しても N_1^c を超えて CBD で投資を拡大するよりは，有利だからである。その後，Δn をサブセンターに配置したほうがその限界生産物価値は $N_1^c A$ の高さより高いので，サブセンターの規模の拡大が続く。N_1^s まで拡大すると CBD と効率性が均等になる。この後は，CBD とサブセンターは $\Delta n/2$ ずつ雇用が増加することになる。この都市の産業規模は CBD とサブセンターの雇用量がそれぞれ $\overline{N_1^c}$，$\overline{N_1^s}$ になるまで拡大する。それ以上拡大すると，集積の不経済が強く，他の都市で実現できる効率性 $\overline{MPV}$ を達成できず，したがって，この都市の生産規模はこれ以上拡大することはできないのである。

3 都心空洞化

日本の多くの都市で観察される現象に，中心業務地区（CBD）の「空洞化」がある。それは，サブセンターの形成や，企業・商業活動の郊外化によって，既存の都市中心部の業務地，商店街の活動が低下し，多くのビルが空室になったり，商店が閉じてしまうという現象である。「シャッター通り」と呼ばれる中心部の商店街は，今日，多くの都市にある。そこでは，全国4割の都市において，中心商店街の内10%以上の商店がシャッターを閉じたままであると報告されている。たとえば，『読売新聞』（1998年6月29日付）によると，山口県の工業都市宇部市中心街「中央銀座街」は120店舗のうち48店が閉じている。また，『朝日新聞』（同年9月6日付）によると，栃木県栃木市大通りの220店舗のうち35店が閉じている。さらに『朝日新聞』（同年12月24日付）では，宮城県第2の都市，石巻市の中心商店街，338店舗のうち42店がシャッターを下ろした

ままであることが報告されている。

　都心空洞化は，そこでの集積の利益が急激に低下することを通して，さらに空洞化を促進させる。多くの都市で，この問題を解決する政策を模索中であるが，適切な政策立案のためには，企業，商店の立地，操業，競争行動の解明が不可欠である。近年，アメリカの多くの大都市では，既存都市の郊外部，あるいはその外側に大規模ディベロッパーが**エッジ・シティ**（edge city）と呼ばれる新しい都市を形成している。これの既存中心都市への影響はまだ十分に解明されていないが，現実的には大きな影響を与えると考えられる。

Column ❺　サブセンターができる条件

　サブセンターの中心地を行政が早めに決めておいたとしても，（たとえば人口で測った）都市の規模がある一定水準を超えなければ，そのサブセンターは形成されない。著者の1人は，ケース①の〈環状線型サブセンター〉のモデルを用いて，このことを数値計算によって確かめた（Sasaki [1990]）。すなわち，サブセンターが形成されるための人口規模の閾値が存在するということである。現実にはそれがどの程度の規模かは，実証分析を詳細に行わなければわからない。しかし，仙台市においてすら，本格的サブセンターが形成されていないので，どうやらその閾値は100万以上であるといえる。

　上で紹介した数値分析ではいくつかの興味ある結果が得られている。たとえば，単位距離当たり交通費をある一定率低下させる交通システムの改善があるとき，都市住民の効用は増加するが，その増加はサブセンターがある場合のほうが，単一中心都市の場合よりも大きいのである。すなわち，サブセンターは交通システムの改善の効果を押し上げる〈ブースター〉の役割を果たすのである。また交通費が低下すると，サブセンター業務地に立地する企業数が多くなる。そして交通費が低下すると，都市内の業務地の面積の増加が住宅地の面積増加よりも大きくなる。

⇒練習問題

1 単一中心都市の規模がある水準を超えると,サブセンターの形成が望ましい。その理由を説明しなさい。

◆引用文献

Sasaki, K. [1990] "The Establishment of a Subcenter and Urban Structure," *Environment and Planning A*, 22, pp.369−383.

Zhang, Y. and Sasaki, K. [1997] "Effects of Subcenter Formation on Urban Spatial Structure," *Regional Science and Urban Economics*, 27, pp.297−324.

Helsley, R. and Sullivan, A. [1991] "Urban Subcenter Formation," *Regional Science and Urban Economics*, 21, pp.255−275.

第6章 土地利用の規制

異なる土地利用の間，たとえば住宅と工業で外部性が発生するならば，市場で達成される都市構造が最も望ましいものである保証はない。この場合，政府がゾーニングの方法によって介入する。本章では，ゾーニングの歴史を簡単に学び，現在の日本のゾーニングについて検討する。さらに，創造的な都市環境をつくるためのインセンティブ・ゾーニングや歴史的建造物の保全などに用いられる「開発権移転」について説明がなされる。

1 ゾーニングの必要性

> ニューサンス・ゾーニング

第4章最後の第8節で分析した例は、業務地の活動が住宅に外部不経済を与えるケースである。業務地の操業水準が与えられるならば、そこで発生する（大気汚染、騒音などの）外部不経済の水準が決まり、それを避けることができない。政府が介入せず、市場に任せておくと、業務地区での操業水準は、社会的最適水準に比べて、過大になることが知られているが、ここではその問題には立ち入らない。たとえ、その操業水準が与えられたとしても、それから受ける被害を減少させることはできる。第4章の例でも、CBDから離れるにつれて、その被害は低下する。第4章のモデルでは、業務地区は「点」であり、面積をもたず、住宅地からはあらかじめ分離されているが、現実には企業と住宅がごく近い空間で混在することがありうる。このとき、同数の企業が、住宅と混在するよりも、住宅と離れて（企業同士が同一地域に集まって）立地し操業するほうが都市全体として、その外部不経済の被害総量が小さくなりうるであろう。このことを実現するために、土地利用を規制する方法がある。

　外部不経済の発生源が固定され、その発生量も与えられた下で、その被害を避ける、あるいは最小にするためには、その発生源から離れれば良いのであるが、土地そのものを移動させることは不可能である。したがって、強制力（ポリスパワー）をもって規制する方法がとられる。たとえば、タバコが嫌いな人は、それを吸っている人から離れることができる。しかし、住宅の隣で煤煙を排出する工

場が操業していたら、その住宅に住む人はその被害から逃れることはできない。実際、**ゾーニング制**（zoning）と呼ばれる土地利用規制は、産業革命期以降における工業の発達を契機として、住宅地の環境を工場が引き起こす害悪（nuisance：ニューサンス）から保護するために生まれた。だから、**ニューサンス・ゾーニング**とも呼ばれる。

土地に関する「権利」

ところで、私有財産が認められている社会では、その私有財産の利用や処分については所有者の自由である。土地も私有財産であるから、その利用権を規制することは財産権の侵害になる恐れがある。したがって、ゾーニング制の運用には十分な合理的理由がなければならない。

アメリカにおいて、ゾーニング制が司法によって確立したのは1926年の連邦最高裁判所の「ユークリッド裁定」である。オハイオ州のユークリッド村で、開発業者が村の鉄道駅と、住宅地の集落の間の空地を買って、それを工業用地に売却して、利益を得ようとした。ところが、ユークリッド村は、その空地部分を住宅地に指定した。住宅地は一般に工場などの産業用地よりは価格が安いので、この開発業者の目ろみは外れた（その土地の資産価値は約4分の1になったといわれる）。したがって業者は、財産権が侵害されたとして裁判を起こした。ユークリッド判決では「ニューサンス・ゾーニングは公共の健康と安全を維持するために正当である」としたわけである。よって、この判決に因んで、ニューサンス・ゾーニングは**ユークリッド型ゾーニング**とも呼ばれている。

この場合、土地に関する財産権は、所有権、利用権、開発権、処分権などの種々の**権利の束**からなり、そのうちで利用権や開発権について規制するものと考える。

1 ゾーニングの必要性

ドイツは二層制の土地利用計画体系を確立している。すなわち，都市の将来（おおむね10～15年後）の土地利用計画の方向性を示す，Fプランと呼ばれるマスタープランとしての土地利用計画が，市町村の議会によって定められるが，住民に対しては直接の法的拘束力をもたない。このFプランに基づいて，街区単位の小地区ごとに，詳細な都市計画が立てられる。これはBプランと呼ばれ，図面および説明により，道路，駐車場などの交通施設，建ぺい率，容積率などの建築許容限度などを一体的かつ総合的に定め，住民に対する直接の法的拘束力をもつ。ドイツの都市計画はこの二層制によって，「計画なきところ開発なし」の原則を徹底している。

2 日本におけるゾーニング

ゾーニングの歴史　日本におけるゾーニングという考えは，100年以上前までにさかのぼる。それは1880（明治13）年に「東京中央市区画之問題」のなかで，危険・公害の恐れのある工場・倉庫・施設や風俗的に取り締まる必要のある施設などに「位置の制」を設ける必要が唱えられたことに始まる。さらに，1884年に当時の芳川顕正東京市知事が「東京市区改正ノ儀ニ付上申」として，とくに交通・運輸の観点で江戸という都市構造から脱却し，首都改造の必要性を政府に提出した。これはわが国で最初のマスタープランの体系と表現をもっていた。これに基づいて，1888年に「東京区改正条例」が発令され，後の「都市計画法」の骨子となった。

一方，同年に大阪府は旧市内で煙突のある工場を認めないという

府例を定めた。これは前述のユークリッド型ゾーニングの考えに沿うものである。東京，大阪以外の他の都市からの要望もあり，都市計画に関する統一的な法律を制定する必要が生じ，1919年，「都市計画法」と「市街地建築物法」が公布され，ゾーニングが法律化されたのである。1950年に，戦後の民主化や地方分権化という社会経済情勢の変化のなかで，それまでの建築許可制が建築確認制になり，新たに「建築基準法」が制定された。

都市部への人口増加により市街地の高密度化が顕著となるにつれて，中高層住宅と低層住宅が混在化し，日照，通風などの面において，居住環境の悪化は大きな都市問題となった。このため，用途地域の詳細化を図り，用途の純化を行うこととなり，1968 (昭和43) 年に「都市計画法」「建築基準法」が大改正された。改正内容は多岐にわたるが，主なものとして，①都市計画決定権限の一部を国から都道府県知事および市町村へ委譲したこと，②都市計画などの作成および決定の過程において住民参加手続を導入したこと，③都市計画の目標，方針を定めるマスタープランの制度の創設，④市街化区域，市街化調整区域という区域区分制度の創設，⑤区域区分と関連した開発許可制度の創設，⑥用途地域性の細分化，⑦容積率制限の全面的採用など，である。これらの改正によって，マスタープランとゾーニングによってドイツ方式に似た二層制の体系をつくり，それを実現するための許認可制度の体系が構築されたことになる。

1980年代の規制緩和や金融政策，税制の改革に並行して，東京一極集中の激化や地価高騰などの問題が発生し，「都市計画法」のさらなる改正の必要性が生じた。とくに，住環境の保護を図る地域や，中高層住宅への用途純化を目的とする用途地域制度の見直しと，市町村レベルの都市計画のマスタープランの創設などが主な改正点

表 6-1 「都市計画法」の改正

1968 年制定	
用 途 地 域	用 途 規 制
第一種住居専用地域	住宅のほかは学校, 公衆浴場, 診療所, 50 m² 以内の兼用住宅などに限って建築を許容
第二種住居専用地域	工場, ボーリング場, パチンコ屋, ホテル, 1,500 m² 超または3階以上の事務所, 店舗などの建築を禁止
住 居 地 域	50m² 超の工場, 火災危険性, 公害発生の恐れが商業地域・近隣商業地域禁止工場に次いで大きい工場, 50m² 超の自動車倉庫, 倉庫業を営む倉庫などの建築を禁止
近隣商業地域	商業地域不適格建築物のほか, 劇場, 映画館, キャバレー, 個室付浴場などの建築を禁止
商 業 地 域	150 m² 超の工場, 火災危険性, 公害発生などの恐れが準工業地域に次いで大きい工場の建築を禁止
準工業地域	火災危険性, 公害発生の恐れが大きい工場の建築を禁止
工 業 地 域	ホテル, キャバレー, 個室付浴場, 劇場, 学校, 病院などの建築を禁止
工業専用地域	工業地域不適格建築物のほか, 住宅, 店舗, 図書館, ボーリング場, パチンコ屋などの建築を禁止

1992年改正	
用 途 地 域	用 途 規 制
第一種低層住居専用地域	改正前の第一種住居専用地域とおおむね同じ（養老院を老人ホームに改めるなど）
第二種低層住居専用地域	第一種低層住居専用地域適格建築物のほか、150 m² 以内の店舗に限って建築を許可
第一種中高層住居専用地域	第二種低層住居専用地域適格建築物のほか、病院、児童厚生施設、500 m² 以内の店舗などに限って建築を許容
第二種中高層住居専用地域	改正前の第二種住居専用地域不適格建築物のほか、一定の運動施設の建築を禁止
第一種住居地域	改正前の住居地域不適格建築物のほか、パチンコ屋、カラオケボックス、3000 m² 超の事務所、店舗などの建築を禁止
第二種住居地域	改正前の住居地域とおおむね同じ（300 m² 以内の自動車車庫の建築の許容など）
準住居地域	改正前の住居地域不適格建築物のほか、木材の粉砕工場などの建築を禁止、現行の住居地域不適格建築物のうち、自動車車庫、150 m² 以内の自動車修理工場などの建築を許容
近隣商業地域	改正前の近隣商業地域不適格建築物のほか、個室付浴場に類する一定の建築物の建築を禁止、客席部分 200 m² 未満の劇場、映画館などの建築を許容
商業地域	改正前の商業地域不適格建築物のほか、コンクリートの粉砕工場などの建築を禁止
準工業地域	改正前の準工業地域不適格建築物のほか、石綿含有製品の製造工場など、個室付浴場に類する一定の建築物の建築を禁止
工業地域	改正前の工業地域不適格建築物のほか、個室付浴場に類する一定の建築物の建築を禁止
工業専用地域	改正前の工業専用地域不適格建築物のほか、老人ホーム、一定の運動施設などの建築を禁止

である。**表 6-1** では，1968 年制定と 92 年改正の用途地域・規制について比較している。92 年の改正で，住宅系の土地利用がより細分化されていることがわかる。

住民の厚生への寄与

ところで，このようなニューサンス・ゾーニングが，都市住民の厚生にどれだけ寄与しているのであろうか。たとえば，隣接する工業地や商業地から出される騒音や大気汚染が知覚しえない程度のものならば，わざわざ商業地域，住宅地域などと区分する必要はなく，また，むしろ商業と住宅が混在していたほうが利便性が高いかもしれない。このような状況下では，ゾーニングの効果がないことになる。対極として，騒音・大気汚染などの外部不経済の影響が大きいならば，住宅地をその外部性の源から分離するゾーニングは，その外部性の影響を減少させることによって住民の厚生を向上することができよう。ゾーニングによって，用途指定された住宅地は，外部性の源と混在するあるいはそれに近い住宅地に比べて，需要が高まるであろう。その結果，大きさや質，駅への近接性などが同じであるとすると，用途指定された地域の住宅地価格が高いものとなろう。

このような観点から，現在のゾーニング制が効果的であるかどうかを判定するために，住宅価格あるいは住宅地価格を住宅および土地の属性とゾーニングを示す変数によって説明する，計量モデルの推定がなされる（このようなモデルはしばしば"ヘドニック・モデル"と呼ばれる）。

すなわち典型的な関数は

$$P(住宅地価) = f(A(土地面積), D_1(駅までの距離), D_2(市役所までの距離), Z(ゾーニング変数))$$

このZ（多くの場合，ゾーニングのダミー変数）の係数が統計的に有意ならば，そのゾーニングは効果的であると判定されるのである。とくに，アメリカの諸都市を対象とした分析が多いが，対象とする都市，年度などによって，その結果は異なることが報告されている。

3 非ユークリッド型ゾーニング

インセンティブ・ゾーニング

ユークリッド型ゾーニングは，外部不経済を抑制する立場から，「その地区では何を建ててはならない」という，否定的なコントロール手法であり，必然的にその結果，画一的で単調な街並みが形成されることになった。これに対して，1960年代アメリカで「ある地区に何を建てて良いか」を示すことによって，創造的な都市環境をつくるように誘導する**非ユークリッド型ゾーニング**の必要性が高まった。

創造的な都市環境は何よりも民間の主体的，積極的，柔軟性のある取組みがなければならない。それを誘導するように，インセンティブ・ボーナスを与える手法が導入された。これは**インセンティブ・ゾーニング**と呼ばれるもので，歩道の拡充，オープン・スペースの提供，建物のデザインの保全，低所得者住宅の建設など，公共の福祉，厚生の増大に貢献する開発に対して，容積率，建ぺい率，高度制限などの緩和としてのボーナスを付与する方法である。これによって，公共的事業を民間資金によって実施することができることになった。

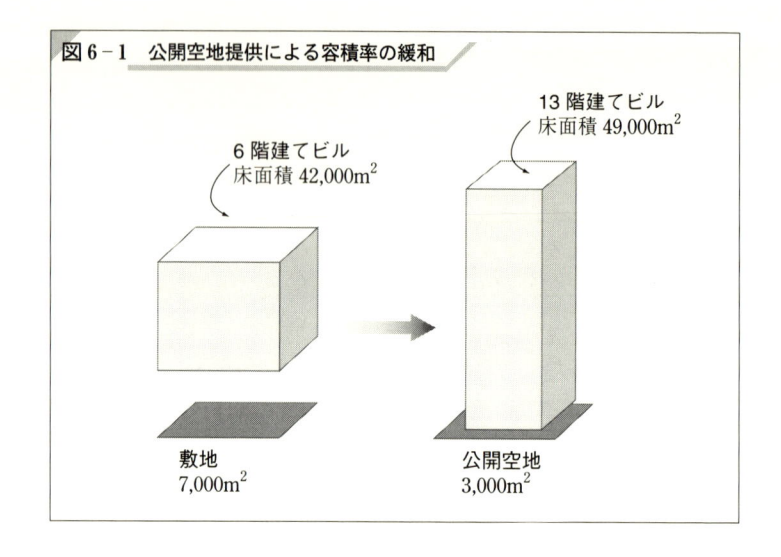

図 6－1　公開空地提供による容積率の緩和

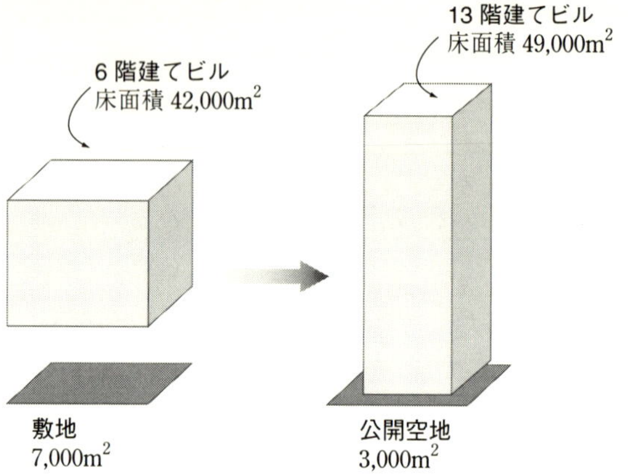

日本のインセンティブ・ゾーニング

日本でも，このアメリカのインセンティブ・ゾーニングを参考として，1971 年に「総合設計制度」が創設された。これは，市街地環境を良好な状態に保つために，建築物の周辺に十分な規模の公開空地として提供することを条件に，容積率緩和などのボーナスを与える制度である（**図 6－1** 参照）。

たとえば，総敷地 7000 m² の土地に，既存の容積率制限 600% でビルを建築すると，その延べ床最大面積は 42000 m² である。もし，この土地所有者（開発業者）が 3000 m² の公開空地を提供するならば，100% 分のボーナスを得て 700% に容積率が緩和され，49000 m² の床面積をもつビルを敷地 4000 m² に建てることができる。もし，開発業者がこのボーナスによる利益と，3000 m² の土地を提供することによる（機会）費用を比べ，前者が上回るならば，この制度を利用するであろう。

「総合設計制度」は公開空地の提供ばかりではなく，公共的な性格をもつ駐車場の設置や中水道施設，発電施設などの広義のインフラ整備を行ったときもボーナスを付与している。また，最近では三大都市圏の都心部を対象に，都心空洞化対策として，建築物のおおむね4分の3以上を住宅とする条件で，ボーナスを与える制度も創設されている。総合設計制度が創設された1971年以降，93年までの集計で，全国で1124件の適用があった。

　公開空地などの提供は，都市住民の厚生を高めるのに寄与することは間違いない。都市政府もほとんど税金を投入せずに環境を整備できるメリットがある。しかし，この制度に問題がないわけではない。第1に，開発業者が受けるボーナスによる利益が過大になることによって生ずる分配の公平性の問題である（実際，アメリカではそのような批判がある）。第2に，この制度の適用例が多くなると，ボーナスとしての容積率増加の総計が大きくなり，交通混雑，日照問題，都市廃棄物問題など，ゾーニングの目ろみとは逆に，都市環境を悪化させてしまう。実際，この問題に直面したサンフランシスコでは，1984年に，インセンティブ・ゾーニング制を廃止してしまった。

4 開発権移転

「開発権」市場　　都市が拡大するにつれて，とくに都市中心部が過密になり，それを抑制する必要が生じてくる。近年，都市成長管理は都市開発を抑制する流れが主であり，たとえば，中心部の建物容積率制限を引き下げること（ダウ

図6-2 開発権の移転

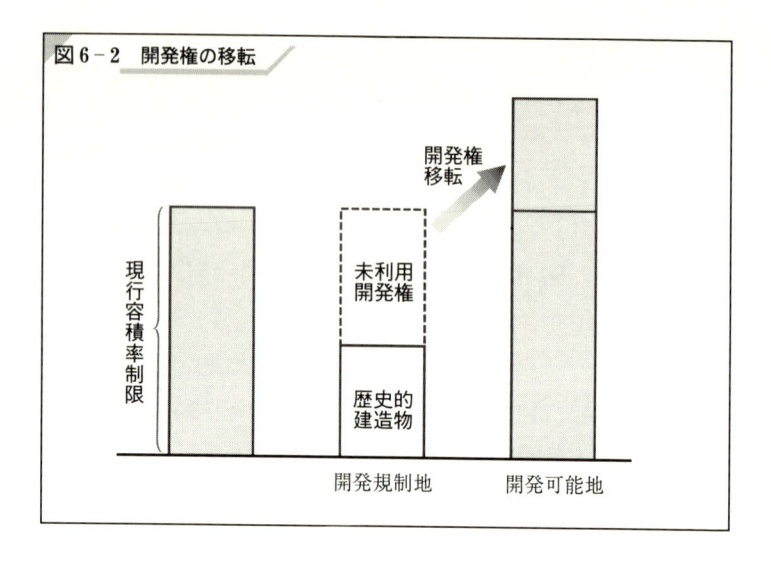

ン・ゾーニング)が行われている。この場合,ある特定地区の開発を抑制することは,その土地の所有者の期待収益を低下させ,開発抑制措置がなされない土地の所有者との間に不公平が生ずる。

そこで,前述したように,各種の「権利の束」からなる土地の財産権のうち,利用権あるいは開発権を土地から分離させ,独立した財産の対象として捉え,その利用権(開発権)を売買する市場をつくり,開発が抑制された土地の開発権を別の土地へ売却することによって移転させ,開発権を買った土地では従来よりも,集約的に開発することを認めるメカニズムが考慮された。これが**開発権移転**(Transferable Development Right:TDR)である。1960年代にニューヨーク市で初めて適用された。具体的には,都市中心部の歴史的建造物を保全するために,その土地の開発制限による損失を補償する目的で始まった。ほかにアメリカでは,オープン・スペースの確保や,農地の保全などの目的のために,TDRのシステムが適用さ

れている。

TDRの原理の図解は**図6-2**に示されている。

TDR市場の均衡　前節のインセンティブ・ゾーニングの場合は、オープン・スペースを提供するのと、ボーナスをもらって利益を得るのは同一の主体（その土地所有者）であるために、そのシステムの適用は単純である。これに対してTDRの場合では、オープン・スペースを保全するために、未利用の開発権を売る主体と、それを買って開発を促進する主体が異なるので、TDRの市場での均衡が必要である。たとえば、経済情勢が悪化している時期は、開発権の買い手がなかったり、TDRの価格が低すぎたりして、このシステムはうまく機能しない。しかし、TDR市場がうまく機能すると、先の土地所有者間の所得分配の不平等性が是正されると同時に、オープン・スペースや歴史的建造物の保全をより効率的に行うことができる。

日本では、TDRを明文化した規定はないが、「特定街区制度」という類似した制度は存在する。これは主として、都市再開発を推進するために指定された街区間で、容積の移転を認めるものであるが、相当な遠隔地間では容積の移転はできない。

＊　本章の内容の多くは、阿部賢一［1997］「都市計画におけるゾーニングの社会経済学的研究」（東北大学大学院情報科学研究科博士学位請求論文）に負っている。

Column ⑥　ゾーニングと地方自治

アメリカのように地方自治が発達した国では、ゾーニングの種類やその適用は各地方自治体に任せられている。たとえば、表6-1に対応するゾーニングでは、ニューヨーク市では130以上のゾーン種類から構成

されるのに対し、小都市では4種類のゾーニングしかもたない所もあり、このように都市によって大幅に異なるのである。そして、ヒューストン市はゾーニング規制のない都市として有名であるが、そこでの都市内土地利用は（他都市の基準に従って）ゾーニング規制をした場合とあまり変わらないという報告もされている。その秘密はゾーニングの規制はないが、住民間のかなり厳しい協定（covenants）があり、結局それがゾーニング規制と同じ働きをしているのである。

日本では表6-1のゾーンの種類はどんな大都市でも小都市でも共通である。しかし、たとえば仙台市のような人口100万人規模の都市でさえ、第一種低層住居専用地域と第二種低層住居専用地域とに分けることはあまり意味をもたないという研究結果もある。人口100万規模の都市では住居地域は（1992年改正版で）7つではなく3つくらいの分類で十分であるが、東京のような1000万以上の人口規模の都市では、逆に10以上のものに分類するほうが効果的であるといえよう。

⇒練習問題

1. 表6-1の用途地域で、住宅地として最も規制の厳しい第一種低層住居専用地域と、比較的規制が緩やかな第一種住居地域、それぞれに大きさ、形状がまったく同一の住宅地があるとする。その場合、第一種住居地域にある住宅地の地価がより高いならば、それはどのような理由によると考えられるか。自由に説明しなさい。
2. 都市で新規にビル建設を行うディベロッパーのほとんどが、インセンティブ・ゾーニングである「総合設計制度」の適用申請を行うとすれば、それはどのような経済環境の下であろうか。説明しなさい。

第7章　都市規模と都市システム

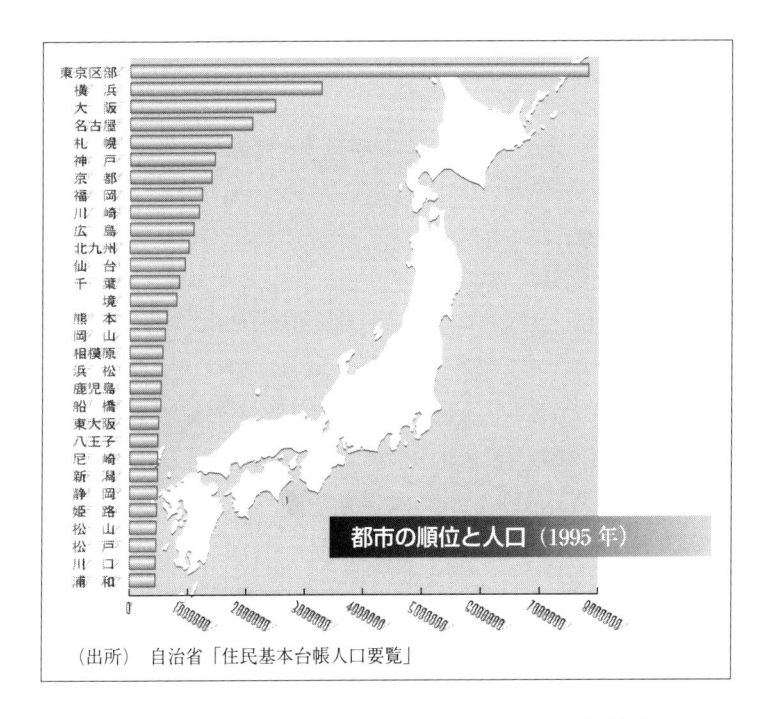

都市の順位と人口（1995年）

（出所）　自治省「住民基本台帳人口要覧」

　本章では，規模の異なる都市がどのようにして形成されるのかを説明する。ここでは各都市の規模と，都市間の距離や立地との関係に着目している。商業活動に基づく都市規模分布を説明する中心地理論，集積の経済と輸送費の関係に基づく工業立地に関する理論，そして企業間のコミュニケーションを指向するオフィス企業の立地に関する理論が紹介される。そして都市間交通条件が改善された場合，都市規模分布が分散に向かうのか，集中化に向かうのかが分析される。

1 大都市と小都市

　これまでの章では，1つの都市内部の土地利用と空間構造について述べてきた。その際，閉鎖都市のモデルでは都市の人口規模が与えられたものと想定されており，開放都市モデルでも当該都市以外の状況は考慮の外においていた。しかし1つの国には，人口規模が100万人を超える大都市がある一方，5万にも満たない小都市もある。いったい，各都市の人口規模はどのようにして決まるのであろうか。各都市は，より大きな地域ないしは国民経済システムの一部分にすぎず，人口規模も経済システム内の他の都市との関係に依存して決まるものである。本章では，多数の都市を含んだ経済システムにおいて，規模の異なる都市がどのようなメカニズムで形成されるかを説明する経済理論について解説する。これは都市システム (system of cities) の理論と呼ばれる。

　ある都市が巨大化し，他の都市が小規模であることは，都市間の空間的位置関係に大きく依存している。たとえば，東京と大阪の間の距離が現在よりも長かったり短かったりしたら，あるいは新幹線がなかったとしたら，東京と大阪の相対的規模は現在と同等ではありえなかっただろう。伝統的な都市経済学においては，個々の都市規模や都市の数についての分析は行われてきたが，都市間の距離あるいは位置関係が都市規模の分布に及ぼす影響は十分に解明されてこなかった。この問題は，最近の都市経済学において最も急速な発展を遂げつつある研究テーマである（たとえば Fujita, Krugman and Venables [1999]）。本章では，それら最新の理論も取り入れながら，

都市システムの理論を説明することとする。

都市システムに関する古典的な理論は，クリスタラー（W. Christaller）による**中心地理論**（central place theory）である（クリスタラー［1969］参照）。クリスタラーの時代の農業社会において，都市の主たる経済活動は財の交換を行う市場およびそれに関連するサービスであった。そのような背景で中心地理論の目的は，住民の消費する財やサービスを供給する商業活動が空間的にどのように分布するかを説明することであった。商業活動の立地する場所の周辺にはそこで働く人が居住し，すでに第1章でみたように，それが市場都市を成立させる。第2節では，中心地システムの構造を説明する経済理論について述べる。

19世紀後半から20世紀初頭にかけて，各地で大規模な工業都市が多く出現した。工業財を生産する企業は，集積の経済を指向してこのような大都市に集中して立地する。第3節では，集積の経済と輸送費との関係に基づいて工業の立地選択を定式化し，それに基づいて都市規模の分布を説明する。

現代の都市においては，雇用における製造業従事者の割合は減少し，多くの都市住民はオフィスなどに勤務している。したがってオフィス企業の都市間立地選択は，都市規模を決定する重要な要因である。オフィス企業は都市内外の企業などと頻繁にコミュニケーションを行う必要があり，そのため互いに近接して立地しようとする。このようなコミュニケーションに関わる相互依存関係によっても集積の経済効果が発生する。第4節ではコミュニケーションを指向するオフィス企業が，都市間でどのように立地を選ぶかを記述し，それに基づいて都市規模の分布を説明する。

本章では，以上のように，商業，工業，オフィスというそれぞれ

の経済活動を個別に取り上げて都市規模の分布を説明するが，現実の都市では，これらすべての経済活動が同時進行している。しかし，そのような現実の都市規模分布を記述するためにも，個別活動ごとの分析をふまえたうえで，より多くの活動を含んだモデルを構築することが合理的なアプローチといえる。

2 市場都市と中心地理論

商圏と需要

クリスタラーの中心地理論においては，商業活動を行う企業が立地する場所（＝市場）を都市と考える。商業活動に従事する者たちはその周辺に居住し，農業地域と比べて人口密度が高くなるからである。人々が自らの生産物を売り，別の人の生産物を購入するためには，市場のある場所まで足を運ばねばならない。農業を中心とする経済システムで，生産水準がそれほど高くなく，輸送技術も未発達であった時代には，各農家は自給自足していた（第1章のパネル①を参照）。しかし輸送技術が発達することにより，人々は自分でつくるよりも市場で購入したほうが物を安く手に入れることが可能となった（第1章パネル②）。以下では，市場の成立する条件について具体的に説明する。

今，消費者が**図7-1**におけるABのような直線上に均等に立地しているものとしよう。個々の消費者にとっては，財を自力で生産するか市場へ買いに行くかという2つの選択肢がある。市場で売られる財は，専門的な生産者が効率的につくることができるので，自家生産よりも低コストであるものとする。しかし，消費者は市場まで買いに行くため交通費を負担せねばならない。このとき各消費者

図7-1 財購入費用と商圏

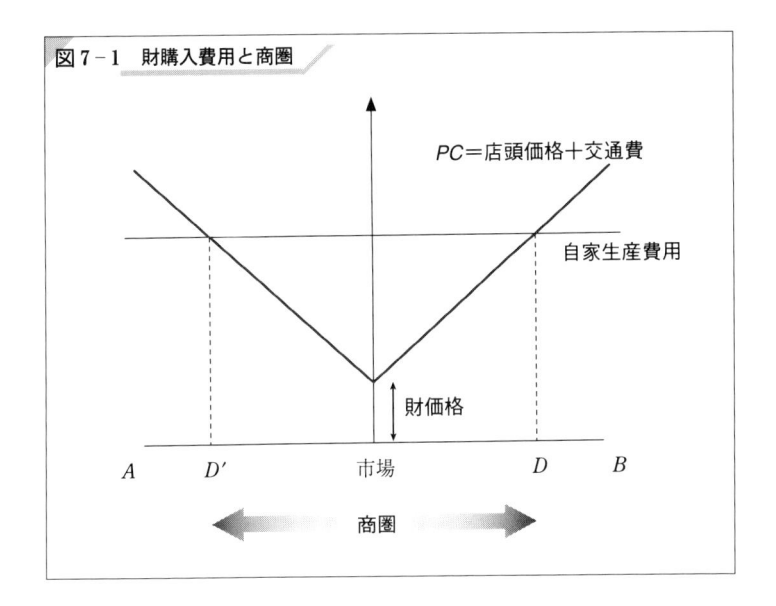

```
              ↑
              |   PC＝店頭価格＋交通費
              |
        ─────────────────── 自家生産費用
              |
              | 財価格
              |↕
       A  D'  市場    D   B
           ←─── 商圏 ───→
```

は，市場に行ってその財を購入する総費用（財の価格＋交通費）が自家生産の費用を下回る場合に限って市場に買いに行く。図7-1には，市場からの距離と財購入費用の関係を描いている。曲線 PC は各地点の財購入費用を示している。曲線 PC の傾きは，単位距離当たり交通費に等しい。交通費は市場までの距離とともに増加するので，市場に近い所に住む消費者は市場で購入するほうが自家生産よりも安くすむが，遠い所では自家生産のほうが安くなる。

その境界となる地点 D から市場までの距離を**最大到達距離**と呼ぼう。地点 D よりも市場に近い所に住む消費者は市場で財を購入する。図において点 D と D' の間の領域を**商圏**（market area）と呼ぶ。単位距離当たり交通費が低下すると PC の傾きが緩くなるので商圏が拡大する。また，商圏の大きさは自家生産費用が高いほど大きく

図7-2 市場財の需要曲線の導出

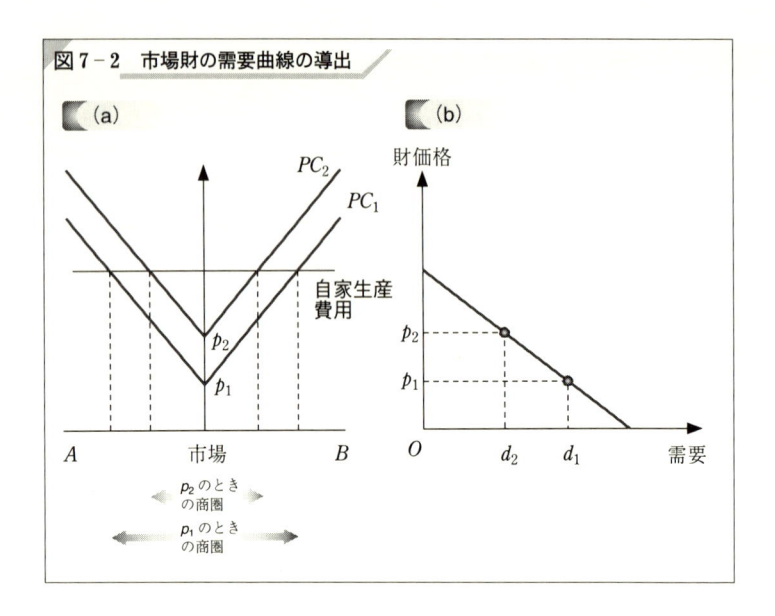

(a) 縦軸に PC_2, PC_1, 自家生産費用, p_2, p_1 が示され, 横軸は A — 市場 — B。p_2のときの商圏, p_1のときの商圏が図示されている。

(b) 縦軸：財価格, 横軸：需要。右下がりの需要曲線上に (d_2, p_2) と (d_1, p_1) がプロットされている。

なることも、図から直ちにわかる。

消費者は均一に分布しており、1人当たりの財消費量は一定であると仮定すると、市場財に対する総需要は商圏の大きさに比例する。すなわち

> 需要量＝(商圏面積)×(人口密度)×(1人当たり需要)

のように求められる。

図7-2では、店頭での財価格と商圏との関係から市場財の需要曲線を導出している。今、財価格が p_1 から p_2 に上昇したものとしよう。このとき(a)において曲線 PC が上方にシフトするので、商圏（すなわち市場での財購入費用が自家生産費用を下回る領域）は財価格の上昇に伴って縮小する。したがって上式より、財価格が上昇すれば商圏面積の縮小を通じて市場財に対する需要が減少する。以上の関

係は，図7-2の(b)に示した右下がりの曲線として表される。なお財価格が自家生産費用よりも高いならば，企業の供給する財に対する需要はゼロになるので，図の需要曲線が縦軸と交わる点の値は自家生産費用に等しい。また横軸と交わる点では，自家生産費用＝最大到達距離の交通費，という関係が成立している。

上で述べたように，単位距離当たり交通費が低下すると図7-1における曲線 PC の傾きは緩くなり，商圏はより大きくなる。このとき，図7-2における需要曲線 d の傾きはより緩くなる。

市場都市の成立条件　一方，財を供給する企業は，財の取引に専念する人員を雇用したり店舗スペースが必要である。これらは，供給量にかかわらず必要となるので固定費用になる。また財の供給量に応じて増加する可変費用もかかる。ここではその可変費用が供給量に比例するものと仮定する。このとき財を供給する企業が負うべき平均費用は，固定費用部分を考慮すれば，**図7-3**の AC 曲線のように供給量とともに減少する。企業は，財の供給を行うことによる費用を上回るほどの売上げがない限り，財の供給を行う動機はない。したがって，この地域に市場都市が出現するための必要条件は

(価格)×(1人当たり需要量)×(商圏人口)≧総費用

である。(1人当たり需要量)×(商圏人口)はこの市場都市における供給量に等しくならなければならないので，上の条件は

(価格)≧平均費用

と同義である。この条件が成り立つためには，図7-3(a)のように，需要曲線が平均費用を上回る領域が存在しなければならない。図7-3(b)のような状況では市場都市は形成されない。図7-2を用いた分析により，市場都市が形成しやすいのは，1人当たり需要が

図7-3 市場都市の形成

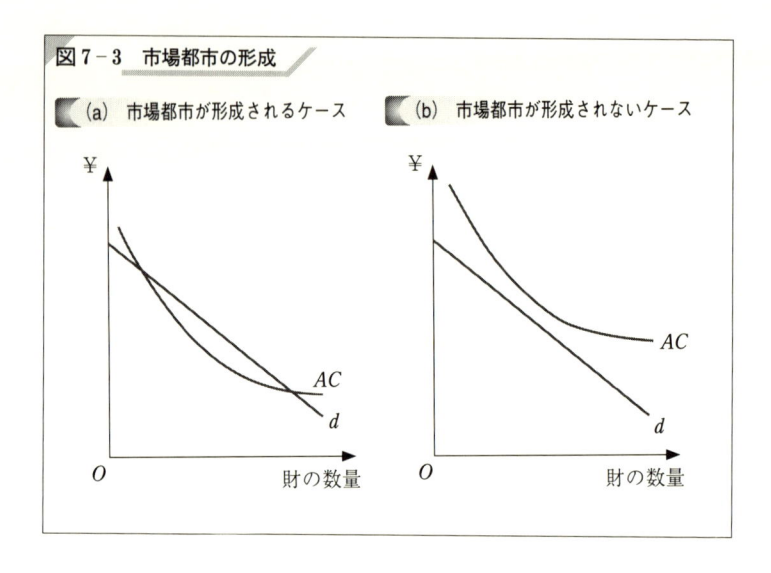

(a) 市場都市が形成されるケース

(b) 市場都市が形成されないケース

大きく，人口密度が高く，交通費が低い場合である。

市場都市の立地分布　図7-3(a)のように商業活動によって利潤が生まれると，その機会を利用しようといくつかの企業が同様の活動を企てるだろう。今，図7-1のように，この経済に1つだけ市場都市が存在し，そこでの商業活動によって正の利潤が達成されていたとしよう。その場合，新たな参入企業はどこに立地するであろうか。農業地域は十分に広いので，図7-4(a)のように新規参入企業は既存企業の商圏と重ならないように立地する。こうすることによって，新規参入企業も既存企業と同じ利潤を得ることができる。しかし，それでもなお正の利潤が存在するので新規参入は続く。参入が続いた結果，いずれ図7-4(b)のように隣り合う商圏は重なり合う。商圏が重なり合うようになると，企業間の競争が激しくなり，商圏の境界における財購入費用は自家生産

図7-4　市場の立地分布

(a)

¥

自家生産費用

B　　　A　　　C

Bの商圏　　Aの商圏　　Cの商圏

(b)

¥

$\bar{A}$ ┊ BA

D　　B　　A　　C

Dの商圏　Bの商圏　Aの商圏　Cの商圏

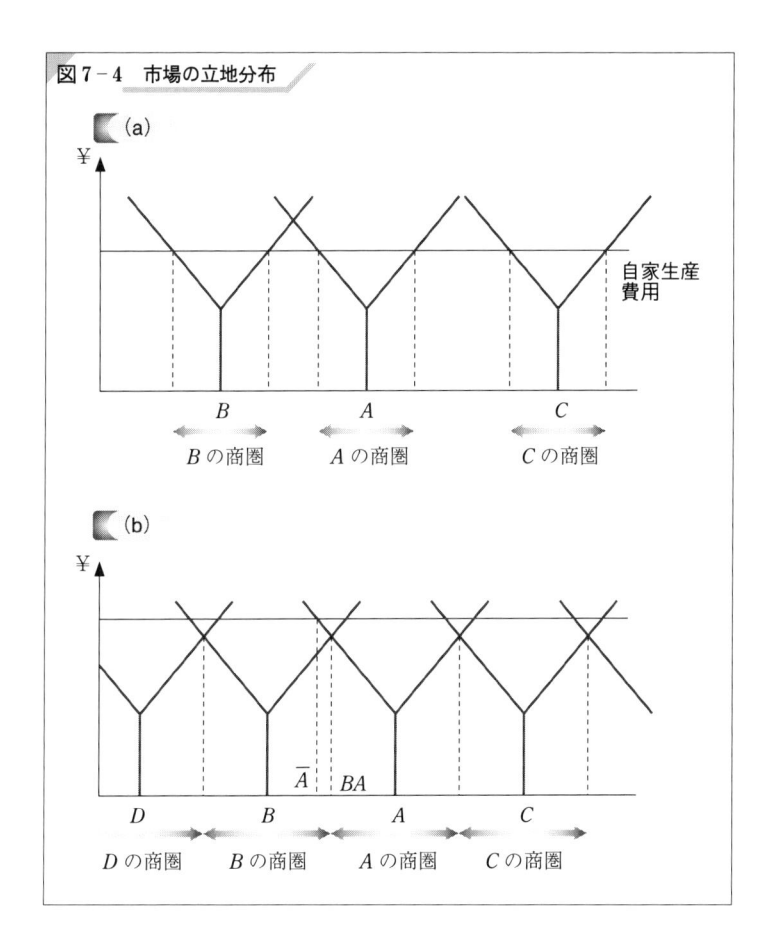

費用よりも低くなる。

　たとえば図7-4(b)における点 BA は，市場 A と B の商圏の境界である。その点に居住する消費者にとって，財購入費用は自家生産費用よりも小さい。市場 A の企業にとってみれば，$\bar{A}$ と BA の間の消費者は自家生産費用よりも少ない費用で市場 A の財を購入できるので，企業 B が存在しなければ，市場 A に対する需要として

2　市場都市と中心地理論

図7-5　均衡生産量の決定

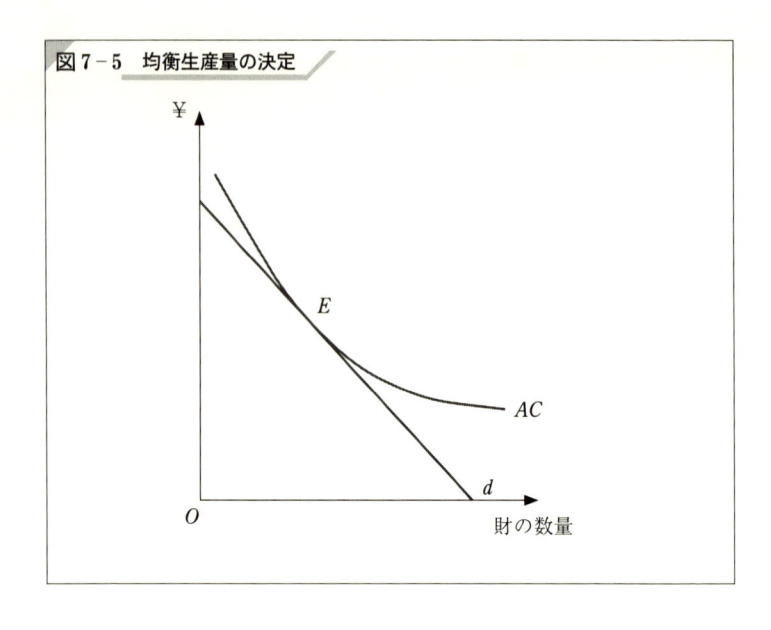

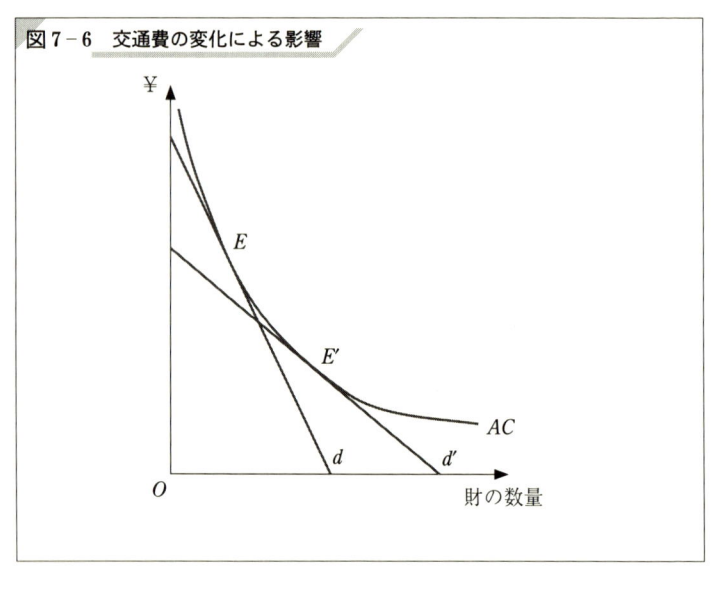

図7-6　交通費の変化による影響

算入できたはずである。しかし企業 B の参入によって，$\bar{A}-BA$ 間の消費者の分だけ需要が減少してしまう。このことは図 7-2 に示した需要曲線の下方シフトをもたらし，その結果として企業の利潤は減少する。正の利潤が存在する限り企業の参入が続くが，利潤がゼロにまでなったとき，参入が止まり，均衡が達成される。人口密度が均一なので，均衡において企業は等間隔に立地する。

均衡において企業の利潤はゼロなので，**図 7-5** に示すように，需要曲線は平均費用曲線に接する。この図に基づいて交通費の変化が都市の立地間隔に及ぼす効果を知ることができる。前節で述べたように交通費が下がると需要曲線の傾きが緩くなる。したがって**図 7-6**のように，需要曲線の傾きが図における d から d' のように緩くなると初期の均衡点 E よりも大きな供給量の水準（点 E'）で均衡が実現する。このことは商圏が大きくなることを意味する。すなわち交通費が低下すると，都市間の間隔は拡大する。

異なる財に対する商圏

以上では，1 つの種類の財に関する市場の立地分布を導いてきた。経済においてはさまざまな種類の財が生産・消費されており，それぞれ需要の大きさや生産技術も異なっている。以下では，異なる財の間で商圏の広さおよび企業間の間隔がどのように変わるかを検討する。

まず，1 人当たりの需要が大きくなると，企業間の立地間隔は小さくなる。図 7-5 のように決まる 1 企業当たり均衡生産量は，(1 人当たりの需要)×(人口密度)×(商圏の大きさ)によって求められる。したがって商圏の大きさは，(1 企業当たり均衡生産量)/(1 人当たりの需要×人口密度)のように求められる。このとき 1 人当たりの需要が大きくなれば商圏は小さくなることがわかる。商圏が小さいことは都市間の立地間隔が短いことと同義である。1 人当たりの需

要が大きい財は，日常的に消費する食料などが該当する。そのような財を供給する企業の数は多く，居住地から近い所で購入できる。また食料品のような財は，保存が困難なものが多いので購入頻度が多くなる。このことから一定期間で区切れば（年間や月間など），食料品を購入するための交通費（＝購入頻度×単位費用）は相対的に高い。図7-6で示したように，交通費が高い財は商圏が小さくなる，すなわち企業間の間隔が小さくなる。

一方，企業の負う固定費用が大きくなると，それをカバーするための売上げは大きくなる必要がある。すなわち，企業が存続するためにはより大きな商圏が求められるので，企業間の間隔は大きくなる。

人口密度が高くなると，より小さな商圏でも固定費用をカバーするだけの売上げが可能となるので，企業間の立地間隔は小さくなる。この節では，人口密度が均一だと仮定したので，企業は等間隔に立地するが，現実には人口密度は均一ではない。人口密度が地点によって変動する場合，人口密度の高い領域では立地間隔は短く，密度の低い領域では立地間隔は広がる。

多数の産業と中心地システム

第2章で述べたように，都市は企業の立地する場所に形成される。上述のように，財の種類によって企業の立地間隔が異なるが，中心地理論はそれらの組合せによって，タイプと規模の異なった都市の立地パターンを説明しようとするものである。また，このような都市から構成される空間経済のことを中心地システムと呼ぶことにする。

図7-7には，食料，衣料，家具という3種類の財について中心地システムの例を示している。食料は日常的に消費され，1人当た

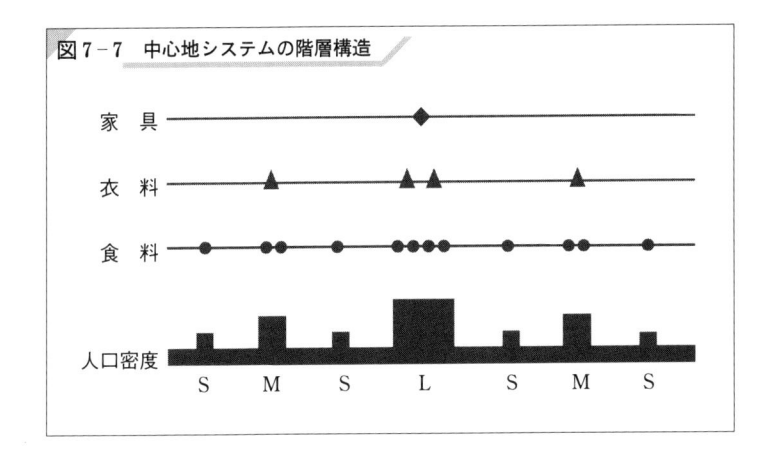

図7-7 中心地システムの階層構造

り需要が大きく購入頻度も多い。したがって前節の考察によれば，食料品店は短い間隔で立地する。

　一方，家具店は比較的大きなスペースを要するので固定費用が大きく，また消費者側からみると一度買えば長く使えるので購入頻度は少ない。したがって，家具店はより大きな間隔で立地する。衣料は食料と家具の中間であると考えられる。

　図7-7に示した範囲では，家具店が1軒，衣料品店が4軒，そして食料品店が12軒立地している。家具店はこの範囲では1軒だけ存在するので中央に立地し，そこに1つ都市が形成される。

　図の下には，地点ごとの人口密度分布が描かれている。企業の立地する都市の周辺では人口密度が高くなっているが，それ以外の農業地域では人口密度が均一である。都市のなかでも多くの企業が立地する所ほど密度が高くなっている。したがって，中央にある都市Lの周辺の人口密度が最も高く，都市M，Sと順に密度が低下する。人口密度の高い都市の周辺では，食料品店が互いに近接して立

2　市場都市と中心地理論

地している。これは，上に述べたように人口密度の高い所では立地間隔が短くなるからである。なお企業の立地間隔と人口密度は同時に決定される。企業が立地するから人口密度が高くなり，その人口密度が企業の立地に影響を及ぼすのである。

都市ごとの人口規模の分布をみよう。都市Lは最大の人口規模をもち，それに並ぶ都市はほかにない。都市Mはその次に大きな人口規模をもち，同じ大きさの都市が2つ存在する。そして都市Sは規模が小さいが，同程度の都市の数は多い。すなわち，大きい都市は少数で，規模が小さくなるに従って同程度の都市数は多くなる。都市別の業種構成をみると，都市Lには3つすべての業種の企業が立地している。しかし都市Mには衣料と食料の2業種，Sには食料の1業種の企業しか立地しない。このように，都市規模が小さくなるに従って立地する業種が少なくなる。

このような中心地システムは**階層構造**をもつといわれる。大きい都市では，それより小さな都市にある業種の財はすべて入手できる。したがって，小さな都市から大きな都市に買物に行くことはあっても，大きな都市から小さな都市に行くことはない。すなわち大きな都市は，ある種の財の供給に関して小さな都市に対し支配的関係にあるので，大きな都市はより高い階層レベルにあると考えられる。

以上で示したモデルでは，財が3種類だけ存在する経済を仮定したので，最大の都市Lといえども企業の数は7であった。都市Sにいたっては企業が1つだけで，これでは都市と呼ぶことは困難である。しかし現実の経済におけるように，多種類の財を考慮したモデルを考えれば，最小の都市といえども多数の企業が存在するようになるだろう。

中心地理論の現実への適用性

中心地理論の現実への適用性について，多くの研究が行われてきた。その結果，比較的均質な地域的条件をもち人口密度が低い農業地域では，かなり理論が予測するような規則性が認められるが，工業化や都市化が進展した地域，あるいは港湾や鉱山などの存在する地域では適合性が低くなるといわれている。すなわち，理論の前提条件が満たされる地域では適合するということである。

図7-8には，日本の東北地方を縦断する国道4号線の沿線市町村における人口規模（1990年）をプロットしている。地形や土地の条件が均一ではないので図7-7のような規則的パターンは成立しないが，大きな都市の間には多くの小さな町が立地しており，また大きな都市の数は少なく，規模が小さな都市ほど多いという定性的な傾向はよく説明されている。しかし仙台の人口規模は，理論で説明するには大きすぎるように思われる。仙台には他の都市にないような高次な商業機能があるために大きいといえるが，そればかりではなく工業や中枢的機能が集中しており，なぜこれらの活動が仙台に集中するかを説明する理論が必要である。次の節以降ではそのような理論について説明される。

ところで図7-8をみると，都市規模についてかなり明確にクラス分けができそうである。東北地方最大の都市である仙台の次のランクにある青森，盛岡，福島，郡山などはいずれも20〜30万程度で似たような規模であり，その次のランクの都市はいずれも5万前後であり多数ある。10〜20万レベルの都市は1つもない。財の種類は無数にあるので連続的に分布しそうなものであるが，この規則性は興味深い。非常に多数の財を含んだ中心地システムのモデルを実際に解くことはコンピュータを用いたとしても容易ではなく，そ

図7-8　東北地方における国道沿線の都市規模分布

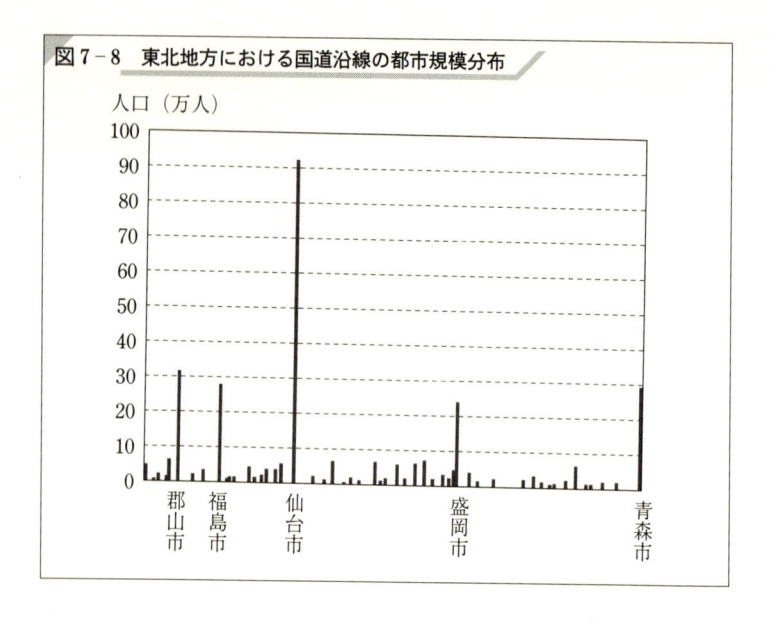

人口（万人）

郡山市　福島市　仙台市　盛岡市　青森市

図7-9　クリスタラーの中心地モデル

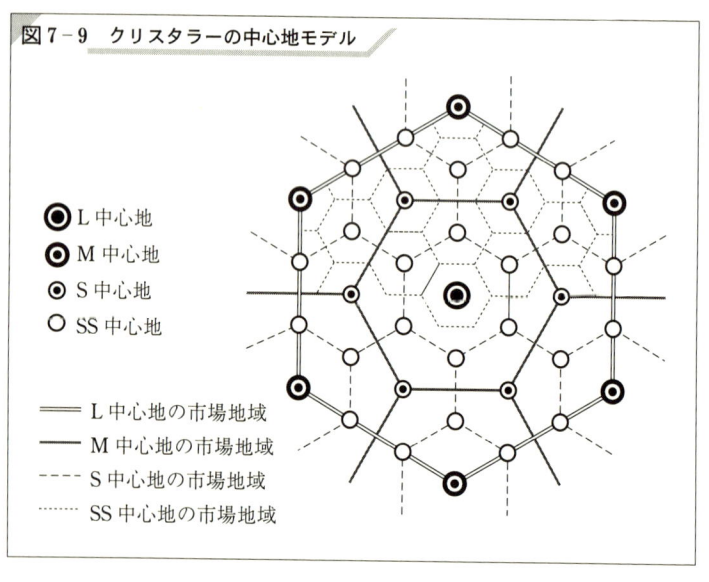

◉ L中心地
◉ M中心地
⊙ S中心地
○ SS中心地

═══ L中心地の市場地域
─── M中心地の市場地域
--- S中心地の市場地域
⋯⋯ SS中心地の市場地域

のようなモデルによって上述のような明確なクラス構成が再現できるかどうかは，いまのところ不明である。

また，モデルでは一次元の空間を想定しているが，クリスタラーのオリジナルなモデルでは二次元の空間を対象として中心地システムの空間構造を導いている。**図7-9**にはクリスタラーの導いた中心地システムを示している。このシステムでは各中心地の商圏（市場地域）は六角形である。しかしクリスタラーのモデルは，どちらかといえば規範的モデルであり，経済主体の行動と市場メカニズムに基づいて図のような中心地システムを導いたわけではない。実は，厳密な経済理論に基づいたモデルによって，二次元の中心地システムを記述することは，現在においても成功していない。

3 工業生産における集積の経済と都市システム

集積の経済と工業立地

多くの工業財生産においては，集積の経済効果が存在することが知られている。第1章で述べたように，企業は大都市に立地することによって経済情勢や新技術，市場に関する情報をいち早く得ることができるし，有能な労働者を容易にみつけることも可能であり，さらには中間財を安く購入することもできる。これは企業にとっては外部経済である。個々の企業規模は小さくても，立地する都市の規模が大きいために生産性が増大するのである。

ところで，大都市は企業が多く立地するから大都市になるのである。企業が集積の経済を指向して大都市に新たに立地すると，企業数が増加し，大都市の規模はさらに大きくなる。するとそのことに

よって集積の経済効果がより大きくなり,さらなる企業の立地を促す。すなわち,集積がさらなる集積を招くのである。

一方,集積の経済効果を指向して企業の立地が進み,都市の規模が大きくなると,労働者世帯にとっては通勤距離が長くなり,住宅価格も上昇する。このとき企業が労働力を確保するためには,これらの不利益を補償するため,高い賃金を支払わねばならない。賃金の上昇は,生産費用の増加をもたらすので,そのような高賃金を支払うことができない企業は,この都市から撤退する。

したがって,集積の経済効果の大きい産業は大都市に集中して立地して高い賃金を支払う一方,集積の効果が小さい産業は低賃金を指向して小都市に立地する,という立地パターンが生じる可能性がある。しかしそのようなパターンが生じるためには,大都市と小都市の間で交易が行われなければならない。ここで,輸送費の存在が大都市—小都市の交易を成立させるために決定的な役割を果たすことになる。すなわち,集積の経済によって生産費が低下しても,そのような低下による便益が輸送費を上回るほどでなければ交易は成立せず,したがって大都市—小都市という立地パターンも実現しえない。

以下では,簡単なモデルを用いて,集積の経済と輸送費の関係から企業の立地と都市規模分布を導くこととする。さらに輸送費の変化が都市規模分布に及ぼす影響を分析する。高速道路などの交通システムが整備されると財の輸送費が低下するが,それが産業立地を分散化させるのか集中化させるのかについては,国土政策に関連して最も関心を集めてきたトピックである。しかし,この点に関してさまざまな議論が行われてきたが,統一的な見解は得られていない。後に述べるように,輸送費の低下は産業立地を集中化させる場合も

あり，分散化させる場合もある。そこで，集中化あるいは分散化はどのような場合に生じるのか，その条件を明らかにする。

工業立地に基づく都市システムのモデル

経済システムには2つの都市が存在するものとする。そして総人口（すなわち2都市の人口の合計）は一定数Nである。各都市に住む人はすべて，同じ都市に立地する企業に雇用されて労働を供給するものとする。この経済においては2種類の工業財, A, Bが生産される。すなわち財Aを生産する産業Aと，財Bを生産する産業Bという2つの産業部門が存在する。各財の生産には労働が用いられるが，産業別の総雇用規模は固定される。すなわち財A, Bの総雇用規模をL^A, L^Bとすると，次の関係が成立する。

$$N_i = L_i^A + L_i^B \quad (i=1,2) \quad (7-1)$$
$$L^A = L_1^A + L_2^A \quad (7-2)$$
$$L^B = L_1^B + L_2^B \quad (7-3)$$
$$N = N_1 + N_2 \quad (7-4)$$

ここにL_i^A, L_i^Bは，それぞれ，都市iにおける産業A, Bの雇用量である。(7-1)式は都市iにおける雇用の合計が人口に一致することを表しており，これは労働市場の均衡条件である。(7-2)(7-3)式は，2都市における各産業の雇用量を集計したもの（右辺）が，与えられた産業別総雇用（左辺）に一致することを表している。そして式 (7-4) は，2都市の人口を集計したもの（右辺）が総人口（左辺）に一致することを表している。

財Aの輸送には1単位当たりtの輸送費を必要とするが，財Bの輸送には費用がかからないものとする。

2つの産業部門のうち，産業Aにおいては集積の経済が存在し，

1単位の財を生産するための必要労働量は，$a(N_i)$ のように都市規模の関数である。ここに N_i は都市 i の人口規模である。関数 $a(\cdot)$ は両都市で等しいと仮定され，都市規模の増大とともに減少する。一方，財 B を1単位生産するのに必要な労働量は一定であり，b と表される。

都市規模と生産費　財を生産するための生産要素は労働のみと仮定したので，1単位当たり生産費用（＝平均生産費用）は，賃金×必要労働量に等しい。以下では，企業の立地均衡に基づいて都市規模の分布を記述する。その背後では，世帯の立地均衡が常に成り立つように賃金が調整されるものとする。労働者は自由に移動できるので，均衡においてどの都市に立地しても等しい効用水準を達成する。彼らが規模の異なる都市に立地しても等しい効用を達成するためには，大きい都市ほど賃金が高くならなければならない。それはこの節の冒頭で述べたように，都市規模の増大による通勤費用や住宅価格の負担増加を補償するためである。ここでは都市 i の賃金を $w(N_i)$ のように，都市人口の増加関数として表す。

図7-10は，各財の平均生産費用を，企業の立地する都市の人口規模と関係づけて示したものである。財 A の生産費用は，$w(N_i)a(N_i)$ と書け，ここには人口増加に伴う賃金上昇と，集積の利益による必要労働量の減少という相反する効果が含まれる。図7-10(a)は，人口規模の小さい間は後者の集積効果が超越しており，人口規模が大きくなるに従って前者の賃金上昇効果が優勢になるという想定のもとで描かれている。一方，財 B の生産費用は $w(N_i)\cdot b$ となり，これに関しては賃金が都市規模によって上昇するのみなので，図7-10(b)のように平均生産費用は人口規模とともに上昇する。

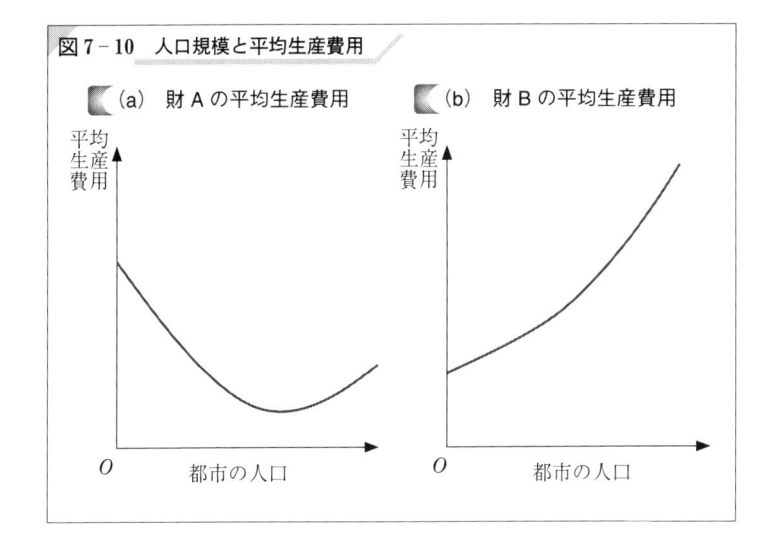

図7-10 人口規模と平均生産費用

(a) 財Aの平均生産費用

(b) 財Bの平均生産費用

企業の立地選択と人口分布・雇用分布

図7-11(a)には産業 A について人口分布と生産費、そして輸送費の関係を示している。

2都市の総人口は一定なので、図の横軸上の各点は人口分布を表している。すなわち、横軸の左端から測ると都市①の人口、右端から測ると都市②の人口がわかる。図の実線で描かれた曲線は、図7-10に示した各都市での企業の平均生産費用である。また破線で描かれた曲線は、それぞれの生産費用に輸送費 t を加えたものである。各地域の消費者は工業財を購入する際、価格の低い地域から買う。

企業の立地選択は、人口分布に依存しており、以下のように決まる。

(1) 人口分布が OS 間にある場合——このとき都市②に立地する企業は、都市①に立地する企業よりも低い費用で生産できる。さら

3 工業生産における集積の経済と都市システム

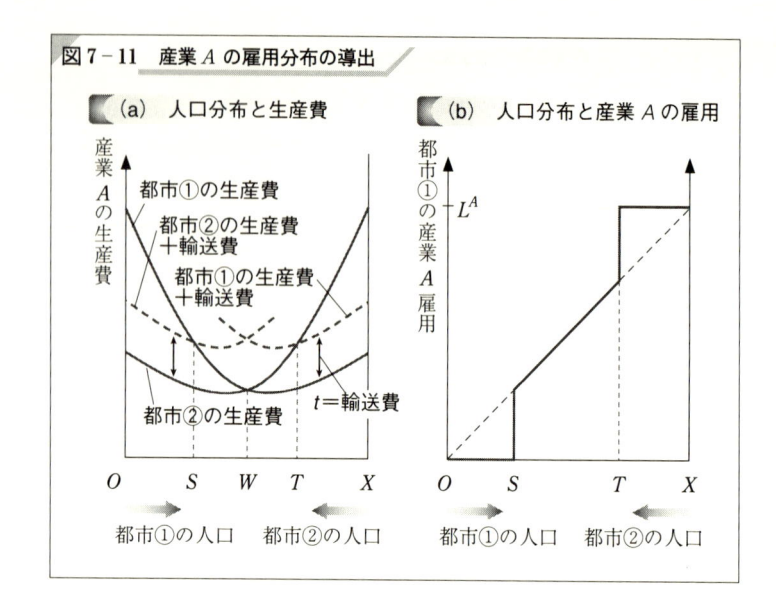

図7-11　産業 A の雇用分布の導出

(a) 人口分布と生産費

縦軸：産業 A の生産費

- 都市①の生産費
- 都市②の生産費＋輸送費
- 都市①の生産費＋輸送費
- 都市②の生産費
- $t=$輸送費

横軸：O　S　W　T　X

都市①の人口　都市②の人口

(b) 人口分布と産業 A の雇用

縦軸：都市①の産業 A 雇用　L^A

横軸：O　S　T　X

都市①の人口　都市②の人口

に都市②における生産費用に輸送費を加えても，都市①における生産費用よりも低い。すなわち都市②の企業は，都市②においてのみならず，都市①においても地元の企業より低い価格で供給できる。消費者は，製品の質が同じであれば，価格の低い所から買うので，都市①の消費者は，輸送費を払ってでも都市②で生産された財を買う。このとき企業は都市①に立地しても，その生産物の買い手は現れない。言い換えると，企業は都市①に立地し，（都市②の生産費＋輸送費）に等しい価格で財を供給しても，マイナスの利潤しか得られないのである。したがってこの場合，すべての企業が都市②に集中して立地することになる。

　(2)　人口分布が ST 間にある場合——人口分布が点 W の右側にある（都市①の規模が大きい）場合は，都市①の生産費用が低く，左

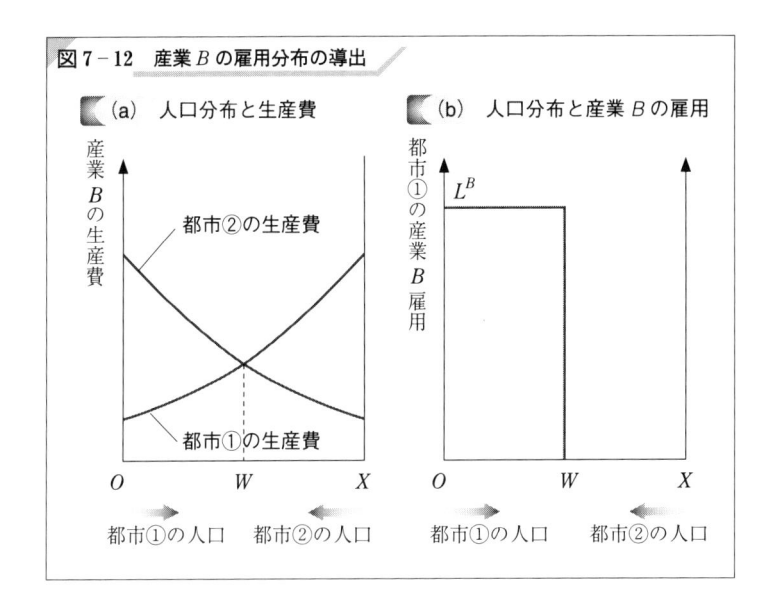

図7-12 産業Bの雇用分布の導出

(a) 人口分布と生産費

縦軸: 産業Bの生産費

都市②の生産費
都市①の生産費

O　W　X

都市①の人口　都市②の人口

(b) 人口分布と産業Bの雇用

縦軸: 都市①の産業B雇用

L^B

O　W　X

都市①の人口　都市②の人口

側にある場合は都市②の生産費用が低い。しかし，生産費の差は輸送費よりも小さいので，輸送費を払ってまで他都市の生産物を買うよりは，自都市の生産物を買うほうが安く買える。したがって，この場合は都市間の交易は生じず，消費者は自都市で生産された財のみを買う。このとき企業は両都市に分散して立地し，各都市の立地量は需要量に応じて決まる。

(3) 人口分布がTX間にある場合——OS間のケースと同様のメカニズムにより，すべての企業が都市①に集中して立地する。

図7-11(b)には，以上の分析をもとに産業Aの雇用分布を示している。産業別の総雇用が固定されているので，地域別の雇用は総雇用に立地シェアを乗ずることによって求められる。

図7-12は，産業Bについて同様の図を描いたものである。

この図をもとに上と同様の分析を行うことによって，人口分布と雇用分布の関係を導くことができる。産業 B の場合，輸送費がかからないので企業は人口規模の小さいほうの都市に集中して立地する。したがって，人口分布が点 W よりも左側にあれば，都市①の費用が低いので，すべての雇用（$=L^B$）が都市①に集中する。すなわち，規模の小さいほうの都市に立地する。一方，右側にあれば，すべての企業が都市②に立地するので，都市①の雇用はゼロである。

雇用と人口の均衡分布

以上では，都市別人口分布が与えられたもとでの雇用分布を導いたが，人口分布と雇用分布は同時決定されるべきものである。すなわち，ある都市における 2 産業の雇用の和が，その都市の人口にほかならないからである。そのような雇用と人口の均衡分布は，**図 7-13** における労働需要と供給の一致する点として求められる。

図 7-13 における QR は，図 7-11(b)と図 7-12(b)を縦に重ねたものであり，都市①における労働需要を表している。一方，労働供給は都市の人口規模と等しいので 45 度線 OP のように表される。図 7-13 における点 S, T, W は，それぞれ図 7-11 および図 7-12 の点 S, T, W に対応している。図をみると，このシステムには 3 つの均衡解が存在することがわかる。

点 [1] の均衡解において，都市①には産業 B の雇用がすべて立地し，都市②には産業 A のすべての雇用が立地している。産業 A の総雇用が大きいので，その結果として都市②の規模が相対的に大きくなっている。このとき都市①の住民は都市②から財 A を買い，都市②の住民は都市①から財 B を買う。点 [3] の均衡解は，点 [1] と対称的なパターンである。点 [2] においては，人口規模が等しく両都市に両産業が立地する。各都市は両財について自給自足し

図7-13 雇用と人口の均衡分布

都市①の雇用／都市①の人口

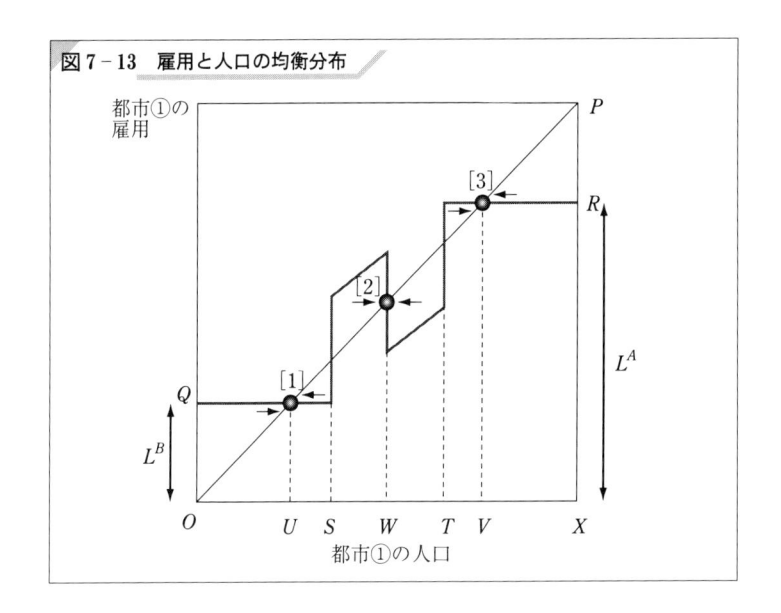

点: Q, [1], [2], [3], R, P
横軸の目盛: O, U, S, W, T, V, X
縦軸関連: L^B, L^A

ており、上のような都市間交易は生じない。これら3つの均衡解のうち、どの解が実現するかは初期条件（すなわち初期の人口分布）に依存している。

初期条件が与えられたとき、均衡解へ向けて市場メカニズムがいかにして調整するかをみよう。ここでは、労働力が供給超過の都市から需要超過の都市へ移動するという調整過程を仮定する。図7-13における矢印は調整の方向を示している。たとえば、初期において都市①の人口が点 V と X の間にあった場合、都市①においては供給超過であり、都市②では需要超過である。したがって、都市①から②に向けて労働力が移動する。そのような移動は点 V において均衡が達成されるまで継続する。図をみると、初期において都市①の規模が相対的に大きい場合、点 [3] が均衡解になる。また、

3 工業生産における集積の経済と都市システム

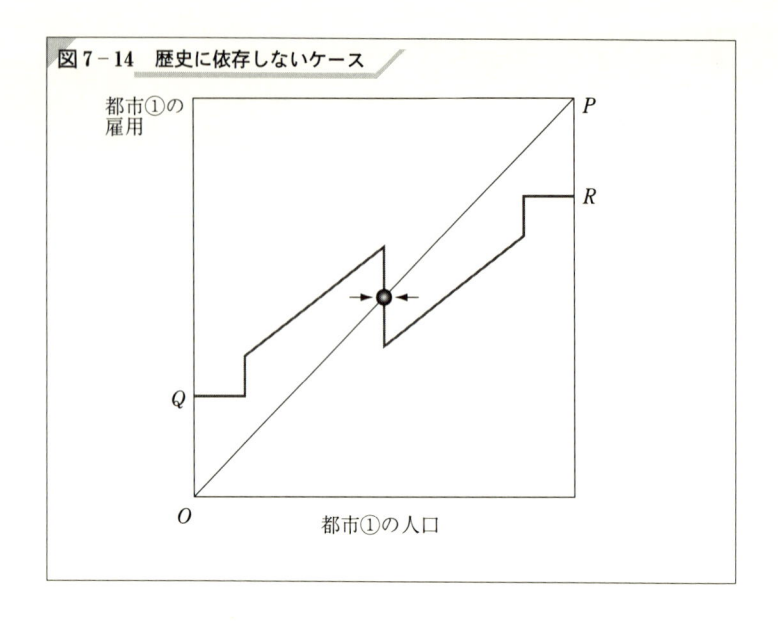

図 7-14 歴史に依存しないケース

初期において都市①の規模が相対的に小さい場合，点 [1] が均衡解になる。初期においてどの都市が大きいかは，それ以前の歴史に依存する。

歴史に依存しないケースもありうる。**図 7-14** のような場合，均衡解は 2 つの都市が等しい規模をもつ均衡解しか存在しない。このとき初期の人口分布がどこにあろうとも，その均衡解に収束するほかない。このような均衡解が実現するのは，産業 B の雇用規模が相対的に大きい場合，または輸送費が相対的に高い場合である。たとえば輸送費が高くなると，図 7-11 からわかるように，点 S が左に（点 T が右に）動き，図 7-13 において点 S が点 U よりも左に（点 T が点 V よりも右に）達するようになると，図 7-14 のようなパターンになる。産業 B の雇用規模が大きくなる場合，点 Q が上に

(点 R が下に) 移動するので,同様に図 7-14 のようなパターンになる。

以上の分析より,輸送費が低く,(集積の経済に依存する) 産業 A の規模が大きいとき,大都市—小都市というパターンが実現することがわかった。

仮定の変更　ここまでの分析では,財 A の輸送にのみ費用が生じ,財 B の輸送には費用がかからないと仮定していた。実際には両財とも輸送には費用がかかるのであるが,分析を単純化するための仮定であった。上のケースは相対的に財 A の輸送費が大きく,それが決定的な要因となる場合と解釈すればよい。それでは逆のケースとして,財 B の輸送費が決定的な要因となる場合に,結果は異なったものになるだろうか。このことをみるために,財 B には輸送費が生じるが財 A には輸送費がかからないと仮定し,図 7-11 と図 7-12 について行ったのと同様の分析を行うことにより,**図 7-15** を得た。

図 7-15 には対称的な 2 つの均衡解が存在する。都市①が大都市となり都市②が小都市となる解と,その逆のパターンである解である。2 つの都市が等しい規模をもつ対称均衡を表す点 W は,不安定なので実現しない。初期においてわずかでも規模の大きな都市が,均衡において大都市となる。大都市には産業 A のすべての生産と,産業 B の一部が立地する。一方,小都市では産業 B のみが立地する。小都市では賃金が安いので,生産費に輸送費を加えても財 B を大都市で安く供給することができる。大都市に両産業が立地し,小都市に 1 産業のみ立地するので,これは中心地理論で述べたような階層的パターンと同様である。上のケース (図 7-13 のケース) とは異なり,産業 A の総雇用規模がいかなるものであっても,大都

図 7-15 財 B に輸送費がかかる場合の均衡

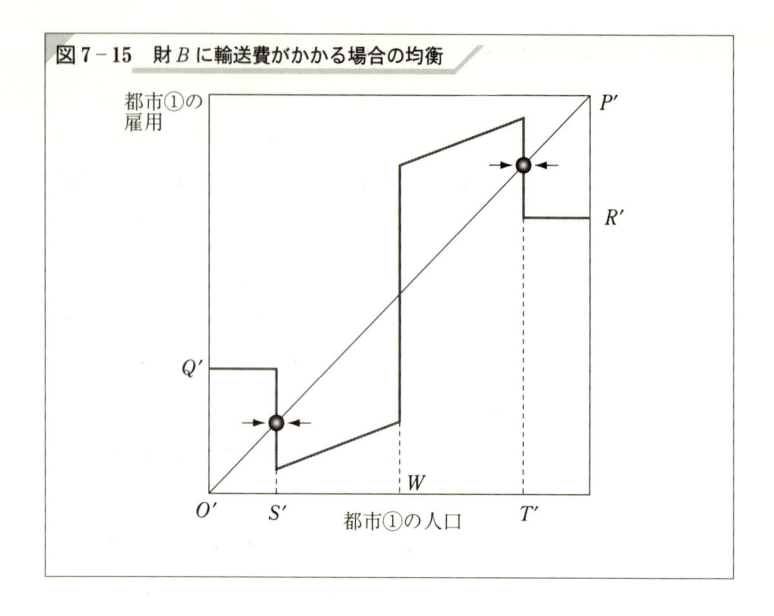

市―小都市のパターンが実現する。

　輸送費の影響は次の通りである。輸送費が非常に大きく，図7-12(a)の点 O における生産費用差よりも大きい場合，均衡点はいずれかの都市にすべて人口が集中するというパターンになる。このとき都市は1つしか存在しない。輸送費が低下すると，図7-15のような大都市―小都市のパターンが実現する。このような領域では，輸送費が小さくなれば点 S' が右へ（点 T' は左へ）移る。すなわち，両都市の人口は均等化に向かう。

交通システムの整備と都市規模分布

　高速道路など交通施設が整備されると輸送費が低下する。上の分析を踏まえて，輸送費低下が工業立地と都市規模に及ぼす影響をまとめておこう。

(1) 集積の経済を指向する産業 A の輸送費が支配的な場合――このとき産業 B は，輸送費の制約がないので分散して立地する。財 A の輸送費が集積のメリットを上回るほど高ければ，すべての住民に供給するため産業 A も分散して立地するほかなかった。しかし，輸送費が低下すると集中して立地することが有利になるので，大都市―小都市パターンが実現する。いったんこのパターンが実現すると，都市規模は産業の規模にのみ依存するので，輸送費の影響は受けない。したがって全般的にみれば，輸送費の低下は都市規模分布を不均等化させる。

(2) 低賃金を指向する産業 B の輸送費が支配的な場合――上と対照的に，産業 A は輸送費の制約がないといずれかの都市に集中して立地する。産業 B は産業 A の立地しないほうの都市で低賃金のメリットを享受しようとするが，輸送費が賃金差による節約を上回るほど高いと，そのパターンは実現されない。したがって，いずれか1つの都市に両産業が立地するというパターンになる。しかし輸送費が低下すると，上述のように大都市―小都市パターンが実現し，そのパターンのもとでは輸送費の低下によって都市規模分布は均等化に向かう。全般的にみれば，輸送費の低下は都市規模分布を均等化させる。

両財とも輸送費を必要とする一般的な場合，分析が煩雑になるが，基本的な考え方は同様である。後出の「練習問題①」として読者が自ら試みられたい。

以上のように，交通システムの整備による影響は，どの産業の輸送費が支配的か，輸送費がどのような水準にあるかに依存しており，上のような単純なモデルのもとでさえ確定的でない。したがって，交通整備が国土構造を分散化させるかどうかについて安易に予測す

ると,誤った政策判断をもたらす危険が大きい。現実の経済では,はるかに多種類の財が生産されており,それぞれが集積の経済に依存する程度も異なる。また多くの都市が存在し,それらの間はネットワークにより結ばれている。上のモデルの考え方に基づいて,現実の経済を対象とした都市システムの一般均衡モデルを構築する試みも行われている。そのようなモデルによるシミュレーションを通じて,さまざまな交通ネットワークの整備パターンに対して,産業立地や都市規模分布が求められ,それらの比較評価を行うことができる。

4 企業間コミュニケーションと都市規模

オフィス企業の立地選択

経済活動においては,人々の間でコミュニケーションが不可欠である。コミュニケーションは,情報交換,取引,会議,打合せなどの目的で行われる。コミュニケーションを行うには,電話などの通信手段も利用可能であるが,フェイス・トゥ・フェイスの接触は現代においても最も重要な手段である。

新幹線や航空機などの都市間旅客輸送において,「出張」と呼ばれる業務目的の利用が占める割合は高い。これらは,他の都市に立地する取引先や同じ企業の支店においてコミュニケーションを行うための旅行である。このことからも,フェイス・トゥ・フェイスの接触が依然として重要な役割を果たしていることが理解できよう。

本節では,このように企業間のコミュニケーションに依存するオフィス企業の立地選択を解説し,それが都市間交通費用などコミュ

ニケーション条件によってどのように変化するかを分析する。

前節と同様，2つの都市から成る経済システムを想定する。この経済システムにおけるオフィス企業の総数は与えられており，各都市への立地割合が変数であると仮定する。オフィス企業は労働者を雇用して，他企業とのコミュニケーションを行いながら，情報やサービスを生産するものとする。そのようなオフィス企業の生産物の価格は国全体の市場で決まるので，どの都市においても同じ価格で入手できると仮定する。各企業は規模に関して収穫一定の技術をもち，各企業は，1単位の生産を行うために2つの都市に存在するすべての企業と一定数のコミュニケーションを行うものとする。さらに，コミュニケーションを行うための接触は，必ず相手先企業の立地する都市のCBDにおいて行われると仮定する。

以上の想定のもとでは，企業の収入はどこに立地しても同じなので，各企業はコミュニケーションに要する費用を最小にできる都市に立地する。コミュニケーション費用は，労働者が他企業を訪問するための移動時間に賃金率を乗じたものに等しい。移動時間の内訳は次の通りである。

$$\text{移動時間} = \text{自都市内の移動時間} + \text{都市間の移動時間} + \text{他都市内の移動時間} \tag{7-5}$$

右辺第1項は，同じ都市に立地する企業との接触のために要する時間であり，自都市の規模が大きくなると接触相手が増えるので増加する。第2項は，他都市に立地する企業と接触するため都市間を移動するのに要する時間であり，これは自都市の規模が大きくなるに従って減少する。なぜならオフィス企業の総数が固定されていることを考慮すれば，自都市の規模拡大は他都市の規模縮小を意味す

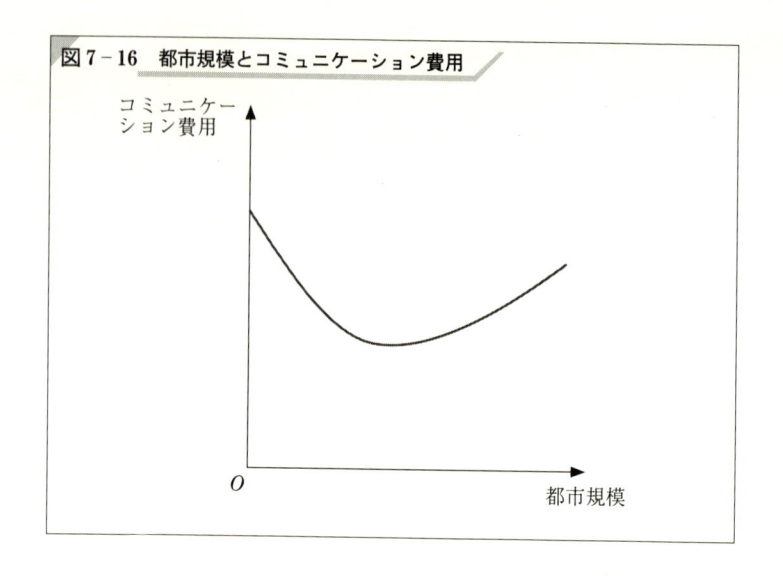

図7-16 都市規模とコミュニケーション費用

（縦軸：コミュニケーション費用、横軸：都市規模のグラフ。U字型の曲線）

るので、それによって他都市への訪問回数が少なくてすむからである。第3項は、他都市のCBDにおいて相手企業と接触するという上述の仮定に、駅などのような都市間交通のターミナルが各都市のCBDに立地しているという仮定を追加すればゼロである。

総移動時間は企業の立地する都市の規模とともに減少する。なぜなら企業が1つ他都市から自都市に移転すると、第1項は増えるが第2項の減少はそれよりもはるかに大きいので、全体としては減少するのである。すなわち、企業は大都市に立地することにより、都市間の移動をせずに大多数の企業と接触できることが、大都市立地の利点なのである。一方、前節において述べたように、都市規模が大きくなると住宅費や通勤費の上昇による不利益を補償するために賃金は上昇する。したがってコミュニケーション費用は、**図7-16**のように、人口規模が小さい間は移動時間の節約効果が大きいので

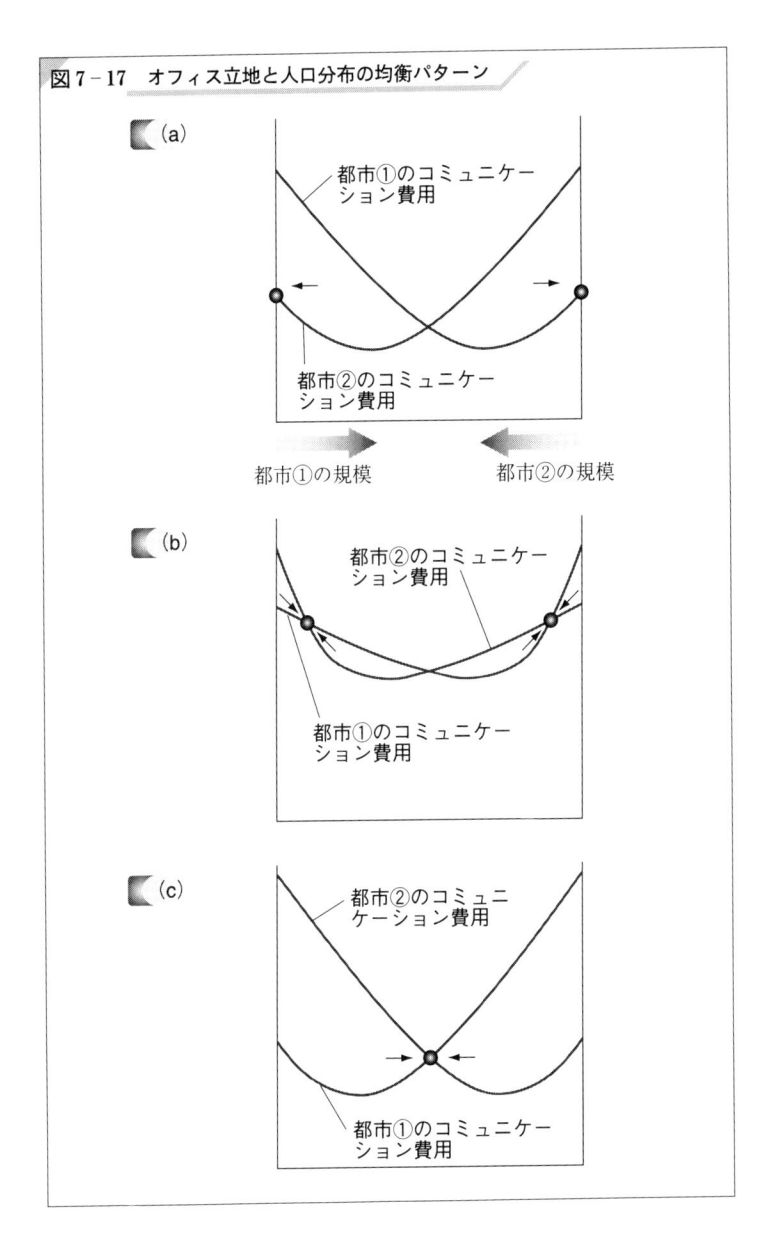

図 7-17　オフィス立地と人口分布の均衡パターン

(a)

都市①のコミュニケーション費用

都市②のコミュニケーション費用

都市①の規模　　　都市②の規模

(b)

都市②のコミュニケーション費用

都市①のコミュニケーション費用

(c)

都市②のコミュニケーション費用

都市①のコミュニケーション費用

都市規模とともに減少するが，人口規模が大きくなると，賃金上昇効果が卓越するので都市規模とともに増加する。

前節と同様に，2都市の人口分布とコミュニケーション費用の関係を**図7-17**に図示している。各図の横軸を左から測ると都市①の人口，右から測ると都市②の人口がわかる。コミュニケーション費用曲線がどの段階で減少局面から増加局面に転ずるかによって均衡解のパターンが異なる。図7-17(a)は，都市規模が比較的大きな水準になるまで，移動時間節約効果が卓越しているので，2都市のコミュニケーション費用曲線は減少局面で互いに交わる。この交点よりわずかでも左右に動けば，企業は費用のより小さな立地を求めて移動する。その結果，立地分布は，この交点から遠ざかる方向に変化するのである。その結果，均衡においては，いずれかの都市にすべてのオフィス企業が集中して立地する。一方，図7-17(c)は賃金上昇効果が大きく，2都市のコミュニケーション費用曲線が増加局面で交わる。このとき均衡解においては，両都市に企業が均等に分散して立地する。図7-17(b)は，(a)と(c)の中間的なパターンであり，大都市─小都市の立地パターンが実現している。

都市間交通整備の影響

今，新幹線の整備などにより2都市間を旅行する所要時間が減少したものとしよう。都市間交通整備によるコミュニケーション費用の変化を**図7-18**に示す。実線で描かれた曲線は整備前のコミュニケーション費用であり，破線で描かれた曲線は整備後を表している。2つの曲線間の隔たりはコミュニケーション費用の減少分であるが，その幅は都市規模が大きくなるに従い縮小している。このことは次のように説明される。

都市間交通費用が低下すると，上で示した移動時間の (7-5) 式

図7-18 都市間交通整備によるコミュニケーション費用の変化

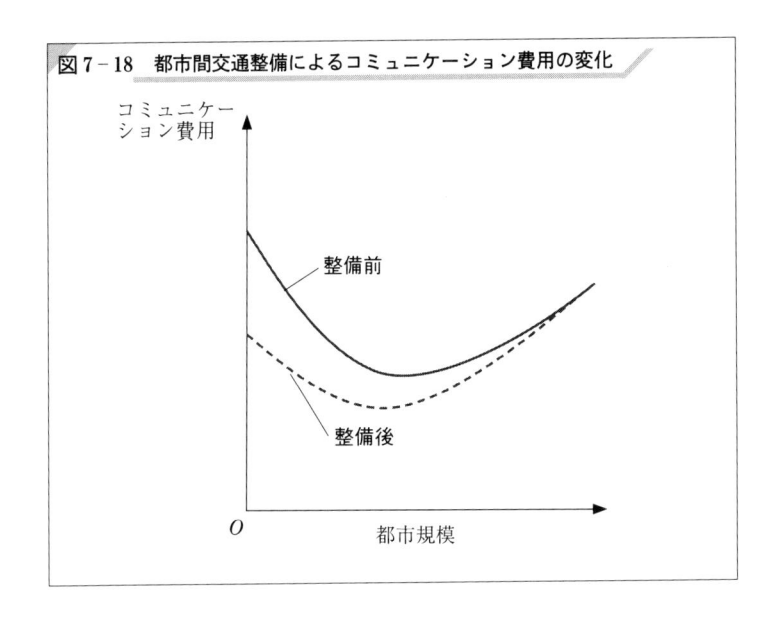

縦軸：コミュニケーション費用
横軸：都市規模

整備前
整備後

図7-19 都市間交通整備による都市規模分布の変化

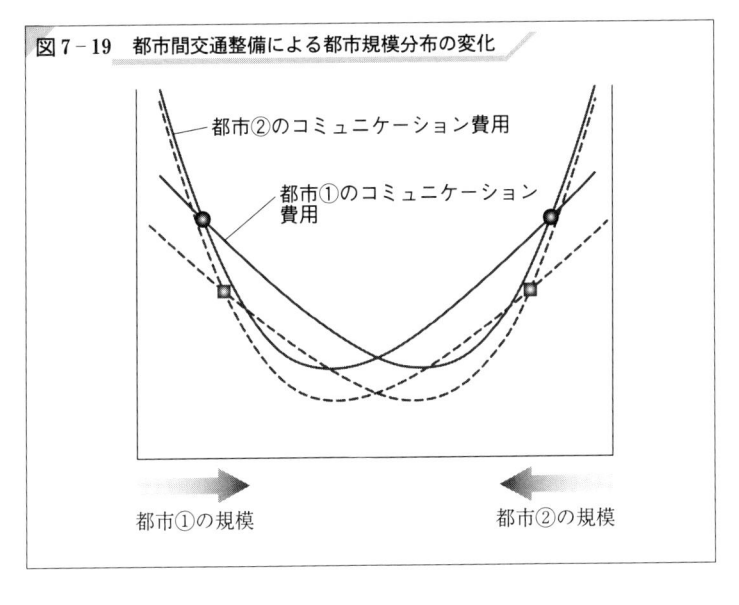

都市②のコミュニケーション費用
都市①のコミュニケーション費用

都市①の規模 →　　← 都市②の規模

4　企業間コミュニケーションと都市規模

において都市間移動時間を表す右辺第2項が減少するが，その減少量は(1回当たりの移動時間の減少)×(旅行回数)に等しい。ここで旅行回数は他都市の企業数（＝規模）とともに増加するので，自都市の規模とともに減少する。このことを考慮すると，図7-18に示したように，移動時間の減少量は都市規模の小さいところでは大きいが，都市規模の増大とともに縮小する。

以上を図7-17に当てはめると，(a)から(b)ないし(c)のパターンに向かって移行する。すなわち，立地分布は都市間交通整備によって均等化に向かう。

たとえば，図7-17(b)のような大都市—小都市パターンが実現しているときに都市間交通整備が行われた場合の変化を，**図7-19**に示す。整備前のコミュニケーション費用は実線，整備後のコミュニケーション費用は破線で示してある。また整備前の均衡点は○，整備後の均衡点は□で表している。図より，初期の分布に比べて整備後は両都市の立地分布が均等化していることが確かめられる。

以上の分析において，各企業は1ヵ所に設置したオフィスからすべての都市のすべての企業とコミュニケーションを行うと仮定した。このようなモデルに基づけば，都市間交通整備はオフィス立地の分散化をもたらすという結果を得た。しかし現実のオフィス企業の立地行動には，上のような想定が成り立たない場合も多い。そのような例として，次にオフィス企業の支店立地について考察する。この場合には都市間交通整備の影響は異なったものになる。

オフィス企業の支店立地

東京，大阪などの大都市には企業の本社が集中して立地する一方，札幌，仙台，広島，福岡などの地方中枢都市には企業の支店が多く立地しており，「支店経済の町」と呼ばれている。これらの地

方中枢都市の経済における支店の貢献割合は，多いところで39%にも達すると報告されている。したがって，地方中枢都市の成長・衰退は支店の立地動向に大きく影響される。

ここで，顧客とのコミュニケーションを必要とするオフィス企業における本社・支社の立地選択をモデル化する。

上と同様，2つの都市が立地する経済システムを想定する。各都市には，それぞれの立地的優位性に基づいて立地する基幹的産業が存在し，それらに雇用される労働者数の分布は与件とする。基幹的産業の例としては，港湾や資源などの立地に依存する製造業や政府機関などが考えられる。都市①には，基幹的産業が都市②よりも多く立地しているものと仮定する。

この経済システムにおけるオフィス企業の総雇用は与えられている。そして，これらオフィス企業の本社はすべて都市①に立地するものと仮定する。都市①は大都市，都市②は地方都市と想定している。したがってこのモデルは，オフィス企業の支社がどれだけ都市②に立地するかを求めるものである。

オフィス企業の生産額は一定であり，その生産額を達成するために，各企業は2都市のすべての企業と一定数のコミュニケーションを行う必要があると仮定する。他企業とのコミュニケーションはすべてフェイス・トゥ・フェイスで行われると仮定する。

各々の企業の機能配置に関しては，2つの選択肢がある。1つは，すべての機能を本社に集中させる案である（タイプⒶ）。このとき都市②の顧客へのコミュニケーションは，本社の従業員が都市②に出張することにより行うので，出張のための都市間交通費が必要となる。もう1つの選択肢は，都市②に支社を設置し，都市②の顧客に対するコミュニケーションは支社の従業員が行う（タイプⒷ）。支社

を設置するためには，オフィス・スペースなどのため固定費が必要となるものとする。またこのとき，本社―支社間のコミュニケーションが必要となるが，それは電話，ファクシミリ，電子メールなどの通信機器を利用して行われる。

　各タイプの企業の生産費用は次のように書ける。

タイプⒶの費用＝(都市①の賃金)×(都市①における移動時間＋
　　　　　都市②における移動時間＋都市間移動時間)
　　　　　＋都市①のオフィス固定費用

タイプⒷの費用＝(都市①の賃金)×(都市①における移動時間
　　　　　＋支店との通信時間)＋(都市②の賃金)×
　　　　　(都市②における移動時間＋本社との通信時間)
　　　　　＋都市①のオフィス固定費用
　　　　　＋都市②のオフィス固定費用

ここで各都市の賃金は，前節の分析と同様，都市規模とともに上昇する。ここでは都市①の規模が大きいという想定なので，都市①の賃金のほうが高い。

　各企業は費用の低いほうの機能配置案（タイプ）を選ぶ。したがって企業は，支社を設置する固定費用と本社―支社間の通信費用の和が，支社を設置せず本社から都市②の顧客にコンタクトするための出張費を下回る場合，タイプⒷの費用が小さいので都市②に支社を設置する。前節までと同様，上の式において都市ごとの賃金や移動時間などの費用項目は，各都市の規模に依存することに注意されたい。しかしその都市の規模は，オフィス企業の立地選択に依存する。すなわち，オフィス企業が都市②に多く立地すれば都市②の規模が大きくなるのである。したがって，オフィス企業の立地と都市規模は同時決定されるのである。その結果，多くの企業が支店を設

置すれば支店を設置する費用が下がり,多くの企業が本社に集中させれば本社集中の費用が下がるという相互依存関係をもつことがわかる。すなわち前節までのモデルと同様,複数の均衡解が存在するのである。

都市間交通システムの整備はタイプⒶの費用を低下させるので,本社集中する機能配置が選ばれやすくなる。一方,通信システムの整備はタイプⒷの費用を低下させるので,支店を設置する機能配置が選ばれやすくなる。交通システムの整備と通信システムの整備が同時に進行した場合,どちらの効果が強くなるかは場合によって異なる。しかし,通信システムの整備が主として技術的変化によるもので,特定の地域に偏った形では進まないのに対し,交通システムの整備はネットワークにおける特定のリンクでのみ交通条件の改善が行われるので,空間立地への効果は劇的に現れる場合が多い。

1997年に盛岡―秋田間の秋田新幹線および高速道路の秋田自動車道が開通したが,1年後に影響を調べたところ,秋田市における大企業の支店が多く閉鎖され,盛岡市や仙台市のオフィスに統合されるという現象が顕著にみられた。この点は,この節で述べたモデルの予測と整合する。すなわち,秋田市においてオフィスを設置する固定費を負担し続けるよりも,新たに開通した新幹線や高速道路を使って盛岡や仙台のオフィスから秋田市の取引先に通うほうが,コスト面で有利になったためだと考えられる。

先に示したオフィス企業の立地モデルにおいては,都市間交通の整備がオフィス立地分布の分散化をもたらすという結果を得た。一方,支店立地について分析すると,都市間交通の整備がオフィス立地の集中化をもたらすという結果を得た。前節の製造業の場合と同様,都市間交通システムの整備がオフィス立地に与える影響は,活

動の内容に依存しており，集中化するのか分散化するのか一概にはいえないのである。

| オフィス雇用の成長と支店立地 |

20世紀後半から，経済全体においてオフィス雇用の占める割合が高くなっている。実はこのようなオフィス雇用の成長もオフィス企業の支店立地に影響を与えている。オフィスは通常，都市に立地するので，オフィス雇用の成長は都市規模を増大させる。都市規模が大きくなると，通勤距離はますます長くなり住宅費も高くなるので，賃金が高くなる。上の式に戻って，タイプⒶの費用における都市②の移動時間には都市①の賃金が乗じられるが，タイプⒷについては都市②の賃金が乗じられる。

オフィス雇用の成長はこの賃金差を拡大させるので，企業にとっては支店立地のほうが有利になる可能性が高くなる。したがってオフィス雇用の成長が地方都市への支店立地を促進させた1つの要因と考えられる。この点はすでに，日野[1996]の実証分析によっても指摘されている。

Column ❼　順位―規模の法則

本章で紹介した中心地理論では，規模の大きな都市の数は少なく，規模が小さくなるほどその数は増えてくるという結果が得られた。これは現実の世界における観察とも整合している。ところが現実の世界をみると，理論が説明する以上に驚くべき規則性がみられる。

図1は，日本の上位60都市について，縦軸に人口の対数，横軸に人口規模に関する順位の対数をとってプロットしたものである。ほぼ直線に近い関係が得られることがみてとれる。したがって順位 (R) と規模 (S) の間には，近似的に次のような関係があるといえる。

$$R = aS^{-b}$$

図1　全国上位60都市の順位・規模（1995年）

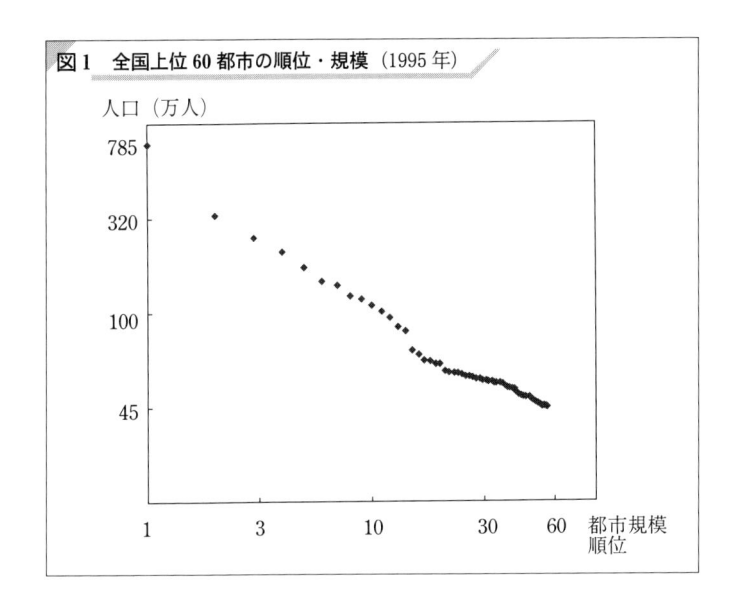

人口（万人）

都市規模順位

図2　東北地方403市町村の順位・規模（1990年）

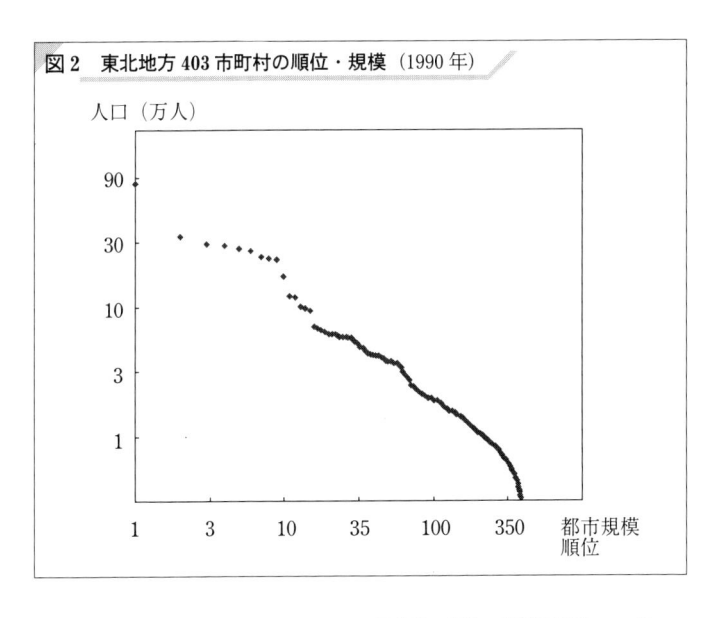

人口（万人）

都市規模順位

コラム⑦　順位―規模の法則　161

上のような関係は，世界のあらゆる国，地域についても得られており，順位―規模の法則（rank-size rule）と呼ばれている。日本の場合について求めてみると，係数bの値は0.72であった。アメリカの場合，係数bの値がほぼ1に近くなることも報告されている。すなわち第2位の都市の人口規模は第1位の都市の半分，第3位の都市の規模は3分の1……という関係である。

　またこのような規則性は，空間的な集計レベルの細かさを変えても成り立つ。たとえば図2は，日本の東北地方403市町村について得られたものである。

⇒練習問題

1 第3節においては，集積の経済を指向する産業Aと集積の経済に依存しない産業Bのいずれかの輸送費はゼロと仮定した。両財の輸送に費用がかかる場合について，同様の分析を行いなさい。

2 第4節において述べたオフィスの立地モデルにおいて，都市内の交通システムが改善されることにより労働者の通勤費が低下した場合，均衡における都市規模分布はどのように変化するか。

◆引用文献

Fujita, M., Krugman, P. R. and Venables, A. J. [1999] *The Spatial Economy: Cities, Regions, and International Trade*, MIT Press.

クリスタラー，W.（江沢譲爾訳）[1969]『都市の立地と発展』大明堂。

日野正輝 [1996]『都市発展と支店立地――都市の拠点性』古今書院。

第8章　都市における交通問題

都市における最大の交通問題は混雑である。本章ではまず，混雑の発生メカニズムを明らかにし，混雑を緩和するための種々の政策手段，とくに混雑料金の有効性について述べる。また交通手段が都市活動を支えるインフラストラクチャーであることに着目して，公的部門の果たす役割について考察する。

1 都市と交通

　交通とは，離れた場所の間での，人や物の空間的移動である。都市においては，多種多様な経済活動が互いに近接して立地することを求めて集中することは，すでに第1章において述べた。また第4章では，そのような近接性に対して個人や企業が高い地代を払うことも示された。それは都市活動の間で数多くの交通が必要であり，そのような交通に要する費用の節約額は，高い地代に見合うほどの水準であることを意味している。交通の必要性は都市形成の重要な要因なのである。

　一方，都市における交通手段の供給においては，都市計画や交通企業に対する認可，規制など，公共部門の果たす役割が大きい。バス，鉄道などは政府自らが運営する場合が多く，私企業が供給する場合にも，路線や運賃について政府から規制が加えられている。それは，交通企業の生産活動には広範囲にわたる規模の経済が存在し，したがって自然独占に導かれるからである（第9章第2節を参照）。自動車は，各個人が交通手段を所有して利用しているが，道路は都市計画に基づいて政府が供給している。したがって，都市における交通政策が合理的になされていなければ，都市内における人や物の円滑な移動を保証することはできず，住民の厚生も低下するので，都市の繁栄を阻害することにもなるであろう。

　都市における最大の交通問題は混雑である。戦後，アメリカをはじめとする世界の多くの大都市では，自動車の急速な普及に伴って，都市内のいたるところで混雑が発生した。これに対して，道路の整

備が行われたが，そのわりに混雑の解消は遅々として進まなかった。道路を整備すると，確かに一時的に交通条件が改善されるものの，それを知ると，改善前は自動車を利用していなかった人々も新たに自動車を利用するようになるので，整備による効果を相殺してしまうのである。その一方で，公共交通の利用者数は減少し，その経営を圧迫している。多くの交通企業は，利用者が減少すると，運行頻度の減少と運賃の値上げを行い，それがさらなる利用者減少を招くという悪循環に陥っている。公共交通サービスの低下は，効率性の観点から問題であるばかりでなく，自動車をもたず公共交通に依存する人々の生活により深刻な影響を及ぼすので，厚生の分配上も問題である。

　本章では，まず交通混雑の生ずる道路において，人々が自由に道路利用を選択した場合，いかにそれが社会的に非効率であるかを経済学的に説明する。そして，交通混雑による経済損失を緩和するための代替的な政策手段と，それらの有効性について分析する。さらに，インフラストラクチャーとしての交通システムの役割に着目して，それの計画・設計に主として関与する公共部門の担当者が検討すべき，いくつかの事項について概説する。

2 交通需要と便益

交通需要の特徴　　都市においては，さまざまな目的で人や物が空間上を移動している。交通は，それ自体が目的になることは稀であり，ほとんどの場合，さまざまな社会経済活動の目的を達成する手段として行われる。その意味で交通需

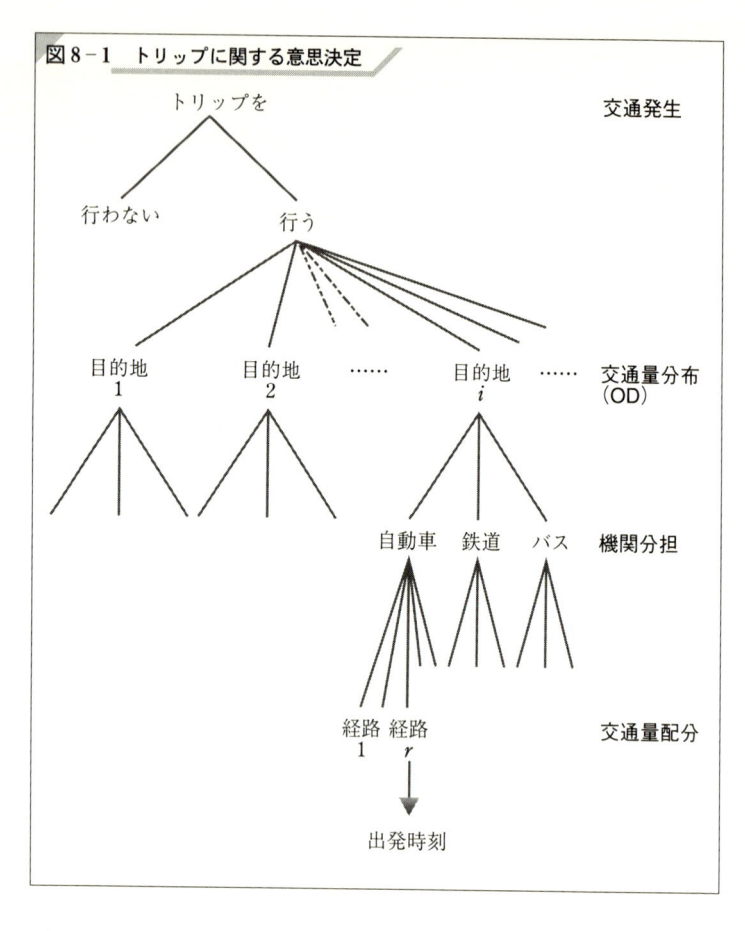

図8-1 トリップに関する意思決定

```
                    トリップを                          交通発生
                   ╱        ╲
              行わない      行う
                          ╱│╲╲╲
                         ╱ │ ╲╲╲
                   目的地  目的地  ……  目的地  ……    交通量分布
                    1      2           i              (OD)
                   ╱│╲    ╱│╲          ╱│╲
                  ╱ │ ╲  ╱ │ ╲         ╱ │ ╲
                                    自動車 鉄道 バス    機関分担
                                    ╱│╲╲  ╱│╲  ╱│╲
                                   経路 経路                交通量配分
                                    1   r
                                        ↓
                                       出発時刻
```

要は**派生的需要**である。たとえば家計は財を購入するために、スーパーマーケットや商店のある場所まで買い物に行くが、そのための交通は、財を購入するための手段であって目的ではない。ドライブや鉄道愛好家の旅行などのように、交通そのものが目的になるケースもあるが、それらは都市内交通において占める割合はきわめて小さく、例外的ともいえるので、ここでは考慮しない。

現実に観測される交通現象は，多段階，多次元にわたる意思決定の結果であるととらえることができる。人や物が1つの目的をもって行う出発地から目的地までの移動を**トリップ**と呼ぼう。人々はまず，あるトリップを行うべきかどうかを選択する。そしてトリップを行うとした場合には，どこへ行くか，どのような手段（車かバスか電車か徒歩か）で，どの経路を通って，さらにはいつ出かけるか，を選択する。そのような選択ツリーを**図8-1**に示している。

交通需要と交通費用

人々が，ある活動目的を達成するためにトリップを行うべきかどうか選択する際には，その活動によって得られる便益が，トリップに要する費用を上回る場合にはトリップを行い，下回る場合は行わない。便益とは，そのトリップを行うために支払ってもよいと考える最大の金額である。たとえば，人と会うための交通行動を考えてみよう。実際，交通費用を払ってまでトリップを行うということは，その人と会うことに交通費用以上の便益があることを意味する。人々がトリップを伴う活動から得る便益は一様ではない。すなわち，ある人にとって便益は大きいが，別の人にとっては小さい。したがって交通費用が十分低い場合は，便益の大きい人も小さい人もトリップを行うが，費用が高くなると，後者はトリップを断念するであろう。さらに費用が極端に高くなると，トリップを行う人は誰もいなくなる。

以上のことを一般化すると，トリップを行う人の数（＝交通需要）は，交通費用の上昇とともに減少する。したがって，**図8-2**のようなトリップ需要曲線を描くことができる。この需要曲線は，Pに相当する費用を支払ってでもトリップを行おうとする人の数がQ人に等しいことを意味する。トリップ数＝1のとき，この人は潜在的な道路利用者のなかで最も高い便益をもつ人であり，その便益は

図8-2 トリップ需要曲線

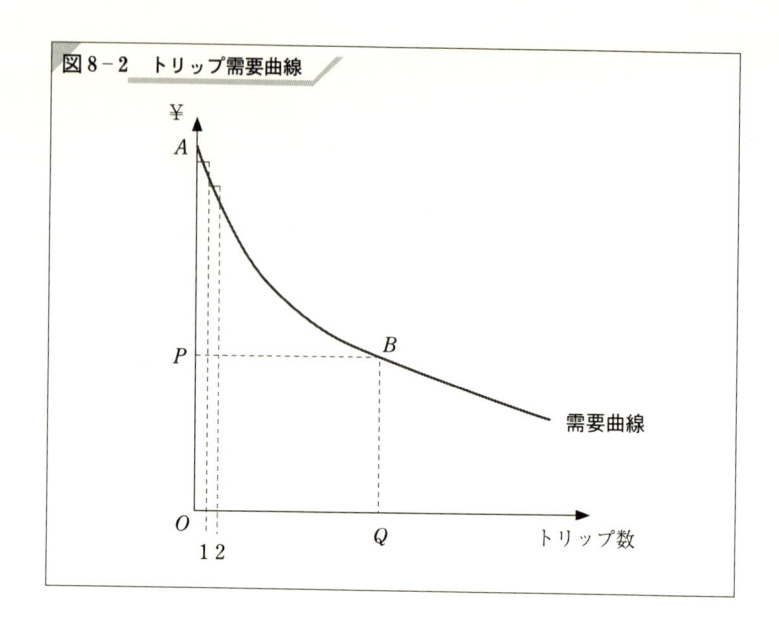

その点での需要曲線の高さに等しい。なぜならその人は，需要曲線の高さに等しい費用を支払ってでもトリップを行おうとするからである。同様にして，2番目にトリップ便益の高い人の便益は，トリップ数＝2の点での需要曲線の高さに等しい。これを一般化すると，トリップを行う Q 人の得た便益の合計は，需要曲線の下の面積（$OABQ$ で囲まれた領域）に等しい。これをトリップによる**社会的総便益**と呼ぶ。

トリップを行う人は便益を得ると同時に費用を被る。そこで彼らの得る純便益を，**消費者余剰**に基づいて定義する。今，トリップ費用が図8-2の P 点の水準であったとしよう。このときトリップ数は Q である。Q 番目の人は，トリップを行うことによる便益と費用が等しいので，トリップを行っても行わなくても無差別である。

しかし1番目から$Q-1$番目までの人は，便益が費用を上回っている。したがって，これらの人々の便益－費用を集計したものは，図におけるPABで囲まれた領域の面積に等しい。この面積で得られた値が消費者余剰である。したがって次の関係が成立する。

　消費者余剰＝社会的総便益－トリップ費用×トリップ数

社会的総便益や消費者余剰の概念は，後に政策手段の効果を経済厚生の観点から評価する際に用いられる。

3 交通混雑と道路利用

トリップ費用と均衡トリップ数

　交通混雑の場合，道路利用者が外部不経済の被害者であると同時に加害者になるところに特徴がある。すなわち1人の道路利用者は交通混雑によって被害を受けているが，彼自身の利用は1台の交通量増加を意味するので，そのことは他の道路利用者の被る混雑をわずかずつ増加させているのである。

図8-3には，道路における交通量とトリップ費用との関係を示している。出発地から目的地まで，この道路によって直接結ばれていると仮定すると，この道路における交通量はトリップ数と同義である。トリップ費用は，金銭的費用と走行時間費用から成る。金銭的費用には，ガソリン代や有料道路料金のように直接的に支出される費用が含まれる。一方，時間費用は，トリップのために時間を割くことによる機会費用であり，トリップに要した時間を余暇や生産活動など他の有益な目的に使ったときに得られる便益に等しい。1人当たりトリップ費用は次のように表される。

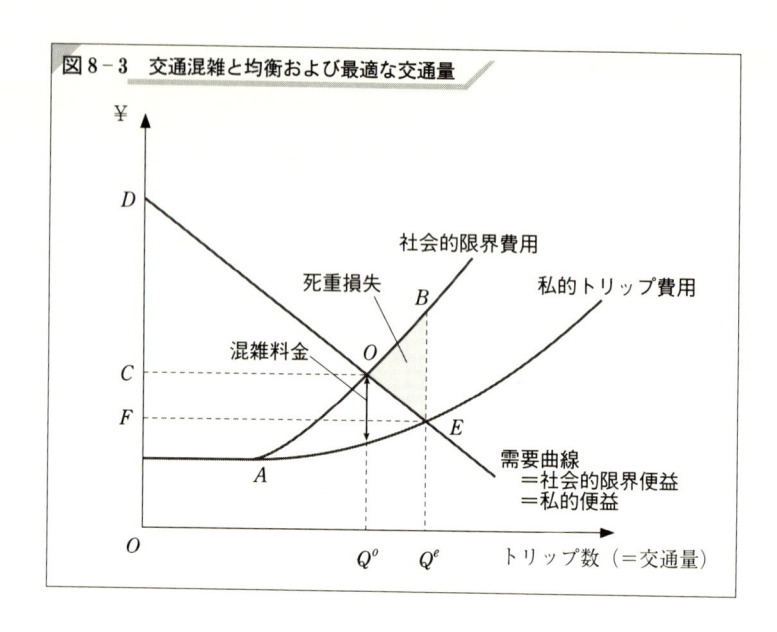

図8-3 交通混雑と均衡および最適な交通量

(図中のラベル:社会的限界費用、私的トリップ費用、死重損失、混雑料金、需要曲線=社会的限界便益=私的便益、点 D, B, O, C, F, A, E, O, Q^o, Q^e、縦軸 ¥、横軸 トリップ数(=交通量))

$$\text{トリップ費用} = \text{金銭的費用} + \text{時間価値} \times \text{走行時間}$$

ここで時間価値とは,交通に1時間使うことによる機会費用である。たとえば交通を行わず,代わりにその時間を労働に使って所得を得た場合,時間価値は賃金に等しい。あるいは余暇に使う場合は,そのことによる効用増加を金銭換算したものが時間価値になる。上のように定義したトリップ費用は,交通の**一般化費用**とも呼ばれる。

トリップ費用は,交通量(すなわち道路利用者の数)がある一定の水準(図における A 点)を超えると,交通量の増加とともに上昇している。すなわち点 A よりも大きな交通量では混雑が発生している。交通量が増加すると,前後を走る車の間隔が短くなるので,速度低下を余儀なくされ,走行時間が増加する。また混雑による速度低下は,自動車の燃費を悪化させるので,金銭的費用も増加する。

一方，道路利用に対する需要曲線は，図における右下がりの曲線によって表される。

　人々は，トリップを行うことによって得られる私的便益が私的費用を上回る限り，トリップを行う。すでに述べたように，1個人がトリップを行うことによる便益は需要曲線の高さに等しく，その個人が被る私的費用はトリップ費用曲線の高さに等しい。したがって，各個人が自由にトリップに関する意思決定を行う場合，需要曲線とトリップ費用曲線の交わる点で均衡トリップ数が決まる。図において均衡トリップ数はQ^eと記された点である。

> 混雑による経済損失

このように決定される均衡トリップ数は，社会全体からみると非効率である。社会的に効率的なトリップ数は，**社会的限界便益**と**社会的限界費用**が一致する点で決まる（第9章第3節を参照）。社会的限界便益とは，トリップを行う人が1人増えることによる，社会的総便益（＝人々がトリップを行うことによって得る便益の合計）の増加分である。したがって，それは需要曲線の高さに等しい。一方，社会的限界費用は，トリップ数増加による社会的総費用（＝トリップ費用の合計）の増加分である。車によるトリップ数が1台増えると，その1台分のトリップ費用が社会全体に加算されるが，それと同時に，その1台の増加は，同時に道路を利用している他のすべての車のトリップ費用をわずかずつ増加させる。したがって，社会的限界費用は次のように表される。

　社会的限界費用＝(1台当たりトリップ費用)＋
　　　　　　　　(1台当たりトリップ費用の増分)×(総交通量)

　右辺第2項は，**混雑の外部効果**（congestion externality）と呼ばれる。ここで，1台当たりトリップ費用の増分は，トリップ費用曲線

の傾きによって測られる。社会的限界費用は，混雑の外部費用に相当する分だけ，トリップ費用を上回るので，図の社会的限界費用曲線のように描かれる。なおトリップ費用曲線が水平（トリップ費用曲線の傾き=0）の間は，混雑が存在しないので，上式の右辺第2項はゼロであり，社会的限界費用曲線はトリップ費用曲線と一致している。

社会的に効率的，すなわち社会的限界便益＝社会的限界費用となるようなトリップ数は，需要曲線と社会的限界費用曲線の交わる点において達成される。図より明らかなように，均衡におけるトリップ数は，社会的に効率的なトリップ数よりも多い。各個人は，トリップに関する意思決定を行う際に，自分自身が負う費用は考慮するが，自身が道路を利用することにより他者に与える費用増加（＝外部効果）を考慮しない。すべての個人がそのようにして道路利用の意思決定を行うので，交通量は過大となる。

最適な交通量が実現できず，交通量が Q^e にまで達している場合，混雑による社会的損失額は OBE で囲まれた面積に等しい。このことを示すため，最適な交通量 Q^o から1台多くトリップが行われる場合を想定しよう。このとき社会的総便益の増加分は Q^o+1 における需要曲線の高さに等しく，社会的費用の増加は社会的限界費用曲線の高さに等しいが，Q^o よりも大きい交通量では後者は前者を上回る。すなわち，需要曲線と社会的限界費用曲線の高さの差に等しい分だけ，社会全体の厚生が減少するのである。さらに，もう1台の増加に対しては，Q^o+2 に対応する需要曲線と社会的限界費用曲線の差に等しい分だけ社会的損失が増加する。同様のことを Q^e になるまで繰り返すと，社会的損失の合計が OBE の面積で表されることがわかる。このような損失は**死重損失**（dead weight loss）と

図 8－4　過度な混雑削減の損失

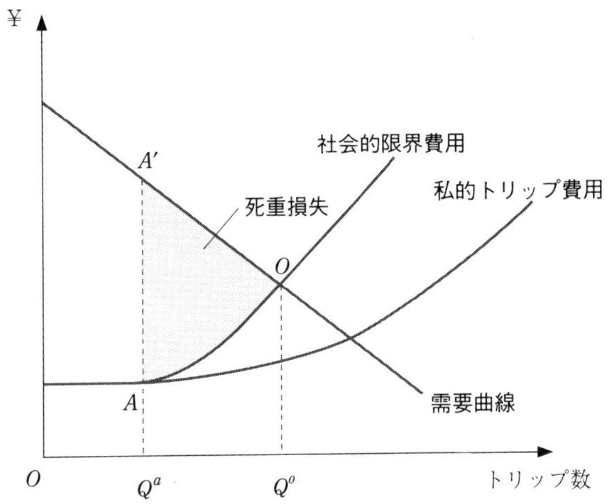
¥
A′
社会的限界費用
私的トリップ費用
死重損失
O
A
需要曲線
O
Qa
Qo
トリップ数

も呼ばれる。

図において社会的に効率的な点においても，混雑は存在していることに注意されたい。混雑をまったくなくすまで（点 A まで），交通量を削減することは効率的ではない。上と同様の論理により，Q^o から交通量を削減すると，社会的費用を削減する以上に，社会的便益を犠牲にしてしまうのである。**図 8－4** において，混雑をなくすまで交通量を削減した場合の損失は，AOA' で囲まれた領域の面積に等しい。

混雑料金

人々が私的便益を追求した結果，実現する過大な交通量を削減し，効率的な道路利用を図るための対策として，経済学者からなされる代表的な提言は，**混雑料金**の徴収である。混雑料金のアイディアは，道路利用者が，

社会的限界費用に基づいて，トリップに関する選択を行うよう導こうというものである。そのような混雑料金は，図8-3における社会的限界費用曲線と私的トリップ費用曲線の差に等しい。このような料金制のもとで，道路利用者の被る費用は社会的限界費用に等しくなるので，私的動機に基づく均衡解として，効率的な交通量 Q^o が実現するのである。このような料金政策を通じて社会的に効率的な資源配分を達成することを，一般に「外部効果の内部化」と呼ぶ。

混雑料金は，混雑の程度が激しい道路ほど高額になる。**図8-5**(a)には，2通りの需要曲線のもとでの均衡解と最適解をそれぞれ示している。需要水準が高い場合（需要曲線 d_1 に相当する），低い場合（需要曲線 d_2）よりも大きな交通量の点で，需要曲線がトリップ費用曲線と交わる（$Q_1^e > Q_2^e$）。したがって，均衡におけるトリップ費用は，前者のほうが高い（混雑が激しい）。一方，混雑料金を課した場合，図より，需要水準が高いほど，混雑料金の額が大きくなることがわかる（$t_1 > t_2$）。

図8-5(b)には，2通りのトリップ費用曲線のもとでの均衡解と最適解を示している。トリップ費用曲線の違いは，**交通容量**（単位時間に処理できる交通量の大きさ）の違いを反映している。交通容量は道路の幅や線形（坂道やカーブのきつさ）に依存する。ここで交通容量の大小は，自由走行時（交通量がゼロのとき）の費用に影響を与えないものと仮定する。交通容量の小さい道路においては，小さな交通量の水準から混雑が生じ始める。したがって，道路に対する需要関数が同じであっても，容量の小さな道路においては，均衡におけるトリップ費用が高く，混雑料金も高くなることが，図より読み取れる。

以上より，需要水準が高かったり，道路の交通容量が小さい場合

図8-5　混雑料金の変動

(a) 需要水準と混雑料金

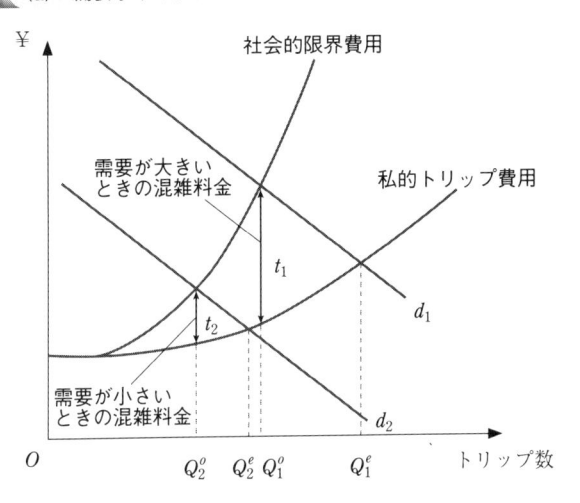

縦軸: ¥　横軸: トリップ数

- 社会的限界費用
- 私的トリップ費用
- 需要が大きいときの混雑料金 t_1
- 需要が小さいときの混雑料金 t_2
- d_1, d_2
- Q_2^o, Q_2^e, Q_1^o, Q_1^e

(b) 交通容量と混雑料金

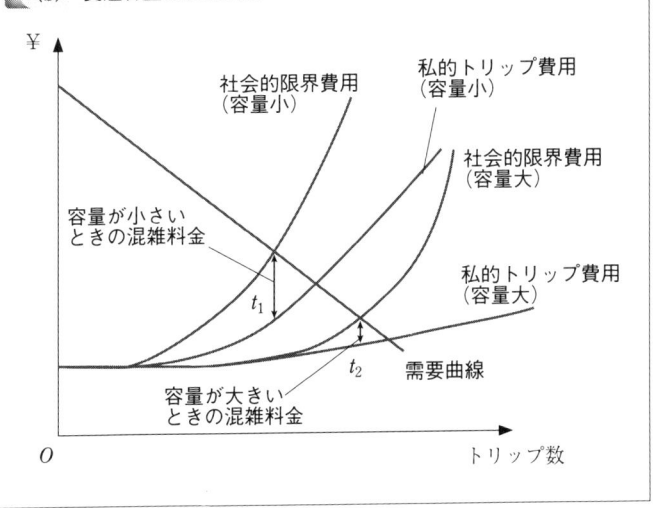

縦軸: ¥　横軸: トリップ数

- 社会的限界費用（容量小）
- 私的トリップ費用（容量小）
- 社会的限界費用（容量大）
- 私的トリップ費用（容量大）
- 容量が小さいときの混雑料金 t_1
- 容量が大きいときの混雑料金 t_2
- 需要曲線

3　交通混雑と道路利用

は，混雑の外部費用が大きくなるので，より高い混雑料金が課されるのである。ただでさえ混雑してサービス水準が低いのに，高い料金を課されることには抵抗が大きいであろう。実際，混雑料金が導入されると，以下に述べるように利用者の厚生は低下するのである。図8-3において，混雑料金が課されない場合の消費者余剰は，DEFで囲まれた領域の面積である。ところが，混雑料金が課されると消費者余剰はDOCで囲まれた領域の面積になるので，それは課されないときの面積よりも小さい。利用者にとっては，混雑料金の導入によって交通混雑は減少するものの，金銭的負担が混雑緩和効果を上回るので，厚生が低下することになる。このことは，混雑料金の導入を阻む最大の原因である。

一方，社会的観点からみれば，混雑料金は消費者余剰を減少させるが，その減少分を上回る料金収入を生むので，全体としては経済厚生を改善する。ただし，これまでの議論は，短期における結果であることに注意されたい。長期においては，その料金収入を有効に用いることによって，利用者の厚生をも改善することができる。その内容については，後述する。

道路の整備

道路線形を改良したり，道路の拡幅を行い，交通容量を拡大することによって，交通混雑は緩和することができる。このような手段は，最も広く採用されてきたが，必ずしも有効ではないことは，すでに多くの経験を通じて認識されている。

図8-6には，道路整備による効果を図示している。交通容量が大きくなると，トリップ費用曲線が右のほうへシフトするので，均衡点がBからAに変化する。このとき，トリップ費用が減少するが，交通量がQ_bからQ_aに増加する。これは以前に他の道路や交

図 8-6 道路整備の効果

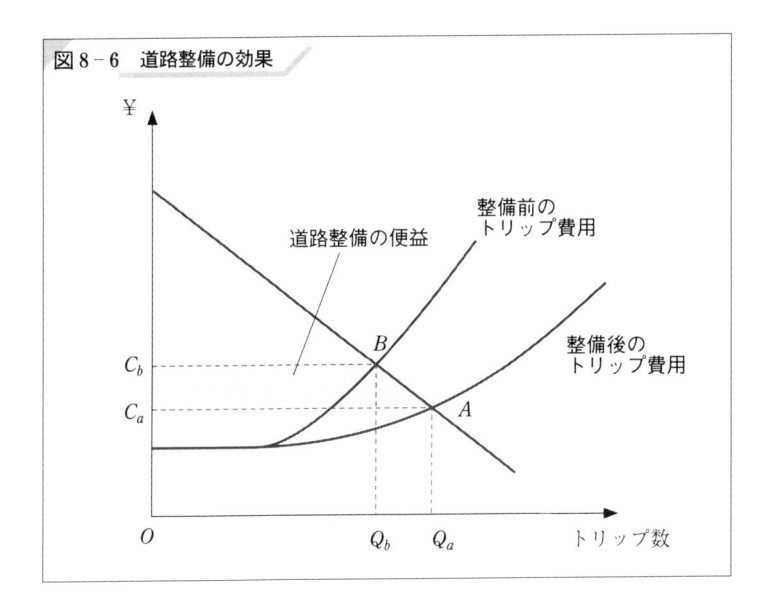

通機関を使ってきた人が、新たにこの道路を利用するようになったからである。

道路の整備は、ほとんどの場合、公共部門による計画に基づいて行われるが、その際、個々の道路整備案は、整備することによる社会的便益が費用を上回る場合に限って正当化される。すなわち**費用便益基準**である。この場合、道路整備による社会的便益の増加は、C_bBAC_aによって求められる消費者余剰の変化に等しい。したがって、消費者余剰増加が道路整備費用を上回らなければならない。

トリップ需要の弾力性が高い場合、単なる道路整備は混雑緩和に有効でない。**図 8-7** には、そのようなケースを示している。弾力性が高いとき、需要曲線は水平に近くなる。このとき、道路整備による効果は、交通量増加によってほとんど相殺されてしまう。この

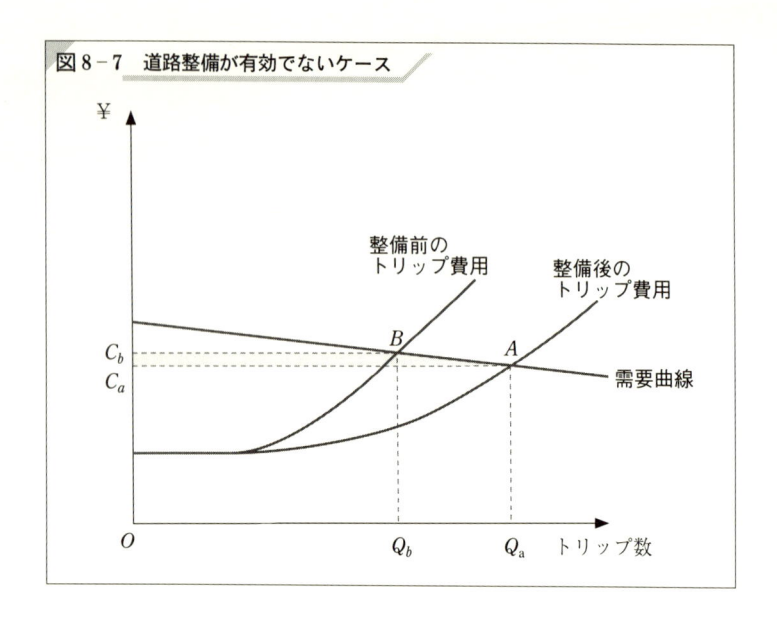

図 8-7 道路整備が有効でないケース

ような場合，道路整備による対応は有効な混雑対策とはいえない。

実際に行われてきた道路整備が，費用便益基準に基づいて進められてきたとは必ずしもいえないが，厳密な費用便益基準に基づいて行ったとしても，それは社会的に効率的でない。なぜなら，図8-6や図8-7に示したような変化は，非効率な均衡点から，また別の非効率な均衡点への移動にすぎないからである。このような場合，費用便益基準に基づく道路整備は過大になることが知られている。

また混雑料金などの対策なしに，道路整備のみを行う場合，その財源として，他の税金からの収入を用いる必要がある。一般にそのような税金は資源配分を歪めるうえ（第9章参照），最終的には消費者が負担することになる。

> **混雑料金収入を用いた道路整備**

一方，混雑料金を導入し，その料金収入を用いて道路整備を行うことは，有効な対策である。料金収入を用いて道路整備を行うと，混雑が緩和するので，それを内部化するのに必要な料金水準も低下する。このことは，個人の料金負担も減少する。以上述べたことを考慮すれば，混雑料金の導入によって個人の便益が減少するという，前に述べた命題は修正される。すなわち混雑料金の収入を道路整備に用いれば，長期的には，混雑料金を導入しない場合に比べて，個人の便益も増加するのである。

混雑料金と費用便益基準を組み合わせれば，道路の最適な容量と交通量の組合せを達成できる。そのとき，ある条件（トリップ費用が交通量/容量比にのみ依存する）を満たせば，道路整備の費用が混雑料金の収入によってちょうどカバーされることが知られている（詳しくはモーリング［1987］第3章を参照）。

実際の道路において，容量は車線数で表されるので，それは離散変数である。上の分析において最適な容量は連続変数なので，それがたとえば2.35車線のように求められたとしても，それを実現することはあまり意味がない。また都市においてはすでに市街地が形成されており，最適な容量に関する議論は現実的な話でもない。しかし，混雑料金の収入と最適容量の分析は，現実の道路整備において重要な情報を提供してくれる。

今，ある道路で交通容量を拡大する整備計画があり，整備後の交通量とそれに対する最適な混雑料金，および整備に要する費用が推定できるものとしよう。もし料金収入が整備費用を上回るようであれば，それは現在の道路容量が，最適水準に比べて過小であることと同義であるので，その道路の整備は正当化される。道路の交通容

量が拡大するに従い、混雑が緩和され料金水準が低下するようになると、いずれ料金収入が整備費用と等しくなる。このとき、上述のように、最適な交通容量が達成される。さらに大きな容量のもとでは、料金収入が整備費用を下回るので、それは容量が過大であることを意味する。そのような場合は、この道路の整備は行うべきでない。要するに、混雑料金収入が、道路整備のための投資費用をカバーできるかどうかは、道路の交通容量が最適水準より過大か過小かを判定する情報になるのである。

4 交通混雑と経路・時刻・立地の選択

以上では、1本の道路において、混雑料金が交通需要の削減に果たす役割についての議論に終始していた。しかし混雑料金は、トリップに関する意思決定のすべての段階に影響を及ぼす。以下では、経路選択、時刻選択、そして長期的に世帯や企業の立地選択に及ぼす影響について分析することにする。

> **複数の道路間での交通量配分**

トリップを行う際、目的地に行くための道路は1本とは限らず、多数の代替的経路が存在する。複数の経路がある場合、人々は最も低い費用で行ける経路を選択する。道路において混雑が生じる場合、このような私的動機に基づく経路選択は、効率的ではない。次の例を考えてみよう。

今、I と J の間に N 台の交通需要があり、それらは図8-8(a)のような2本の道路のいずれかを通るものとする。道路①は距離は短いが、交通容量が小さいので、混雑しやすい。一方、道路②は距離は

図8-8 経路選択と交通量配分

(a) 代替的経路の物的条件

I ──道路①（短距離, 小容量）── J

道路②（長距離, 大容量）

(b) 均衡および最適な交通量配分

（縦軸：SMC_2, SMC_1, PC_2, PC_1, EC_2, EC_1 を示す図）

横軸下端：O, E

道路①の交通量 ⇒　⇐ 道路②の交通量

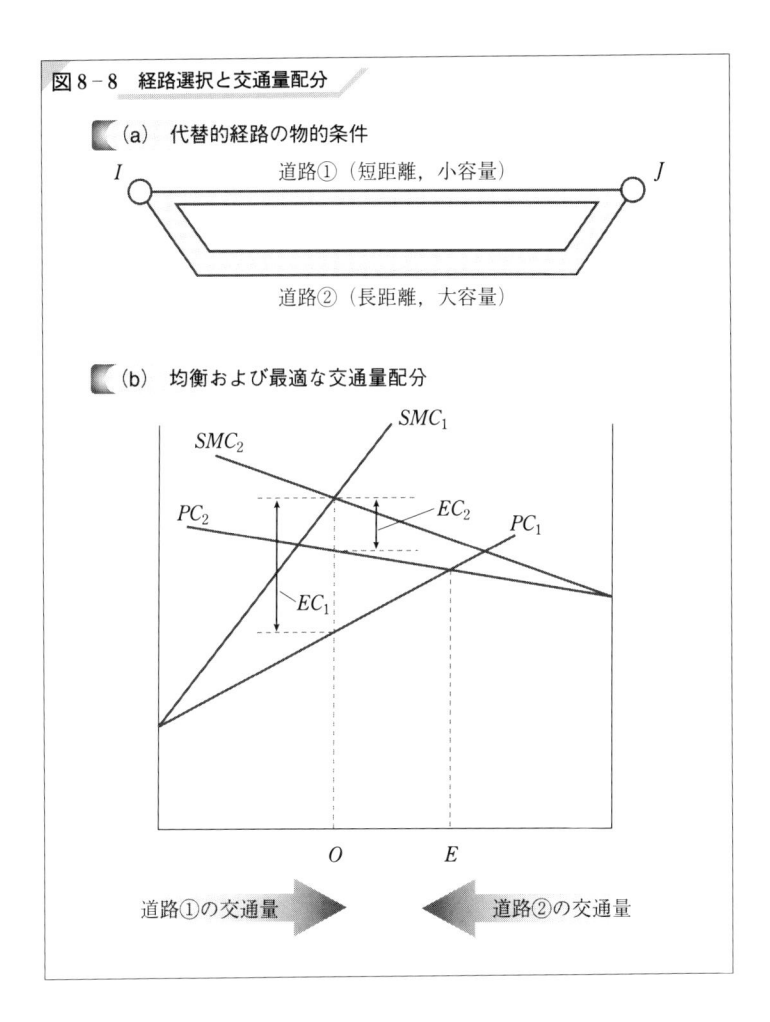

長いが，交通容量には余裕がある。

2つの道路の交通量の和は N 台に固定されているので，図8-8(b)の横軸上の任意の点は，左端から測れば道路①の交通量，右端から測れば道路②の交通量を示す。図における PC_1, PC_2 は，それぞ

4 交通混雑と経路・時刻・立地の選択

れ，道路①，②の交通量と私的トリップ費用との関係を示している。道路①は距離が短いので，交通量がゼロのときのトリップ費用は小さいが，容量が小さく混雑しやすいので，交通量が増えるにつれて費用の増加率が大きい。

すべての人々がトリップ費用を小さくするように経路を選択した結果，最終的には点 E において均衡に達する。この点において，2本の道路の私的トリップ費用が等しくなるので，個人は経路を変更することによって，費用を小さくすることはできない。しかし，このような均衡解は社会的に効率的ではない。社会的に効率的な配分は，N 台のトリップ費用の合計を最小化するものであるが，それは図における点 O のように，社会的限界費用曲線 (SMC) の交わる点において達成される。効率的な配分においては，均衡配分に比べて道路①の交通量が少なく，その分だけ道路②に多く配分されている。それは，道路①が混雑しやすい道路なので，混雑の外部不経済を回避するためである。

混雑料金を導入すると，交通量配分を効率化することができる。社会的限界費用は私的トリップ費用と混雑の外部費用の和なので，効率的な交通量配分の条件は，次のように書ける。

$$PC_1 + EC_1 = PC_2 + EC_2 \qquad (8-1)$$

ここに EC_1，EC_2 は，それぞれ，道路①，②における混雑の外部費用（＝社会的限界費用と私的トリップ費用の差）である。したがってそれぞれの道路において，混雑の外部費用を混雑料金として徴収すると，均衡解として点 O が実現する。なお，交通量配分だけを効率化するためには，各道路における混雑料金の絶対額ではなく，差額のみが意味をもつ。このことを示すために，道路①を有料の高速

道路，道路②は一般道路であると想定しよう。このとき道路②の通行は無料なので利用者は私的費用のみを負うが，次のように道路①の料金を調整することによって，効率的な配分を実現できる。効率的な配分の条件を示す式 (8-1) を書きかえると，次の式が得られる。

$$PC_1 + EC_1 - EC_2 = PC_2 \qquad (8-2)$$

すなわち道路①の料金を，$EC_1 - EC_2$，すなわち両道路における混雑の外部費用の差額に等しくなるよう設定すればいい。道路①における1台の交通量増加は，道路①における混雑を増加させるが，道路②の混雑を1台分減少させるので，その分だけ減額することを求めている。一般に，代替的な道路が複数あり，すべての道路で最適な混雑料金が実行できない場合，料金を徴収できる道路において単純に混雑の外部費用に等しい料金を徴収すべきでない。上の例では，料金を徴収できる道路①において，外部費用に基づいて料金を徴収すると，道路②に過大な交通量が流れてしまう。

　以上の議論は，現実の高速道路料金政策にも意味をもつ。東京や大阪などの大都市は，首都高速道路や阪神高速道路などの都市内高速道路のネットワークをもっている。すなわち現状でも，都市内の一部の道路で料金の徴収が行われているのである。したがって，上述の混雑料金の理論を応用すれば，少なくとも交通量配分を現状よりも効率化することは可能と考える。その際，高速道路と一般道路との間は代替関係にあるので，高速道路の料金は，それが一般道路の混雑に及ぼす影響を考慮して設定する必要がある。

トリップ時刻の選択と交通渋滞

交通混雑の状態は，時間的に変動する。すなわち混雑している時間もあれば混雑していない時間もある。それは人々のトリップ時刻選択の結果である。多くの人がトリップを行おうとする時間帯には，混雑が激しくなる。最も代表的な例は，朝の出勤ラッシュである。都市において企業は都心に集中して立地しており，8時半から9時にかけて業務を開始する。それら企業に勤める労働者は，始業時刻に間に合うよう，自宅から都心に向けて通勤する。始業時刻の直前に到着することは労働者にとって最適であるが，すべての労働者がそう考えるので，始業時刻の直前には最も交通混雑が激しい。これに対し始業時刻よりもかなり早く出勤すれば，混雑を避けることはできるが，早起きをする必要もあるうえ，会社に着いてから始業時刻まで無駄に時間を過ごさねばならない。早起きしたり無駄な時間を過ごすことを回避できるのであれば，それに対し労働者はいくらか払ってもよいと考えるだろう。そのような金額を**スケジューリング費用**と定義する。スケジューリング費用は，会社に着いた後，始業時刻までに過ごす時間に比例するものと仮定する。労働者のトリップ費用は，混雑する道路の走行費用とスケジューリング費用の和で定義される。

さて，混雑する道路の走行費用を定式化しよう。ここでは混雑の時間的変動に着目しているので，**交通渋滞**を定式化する必要がある。交通渋滞は，交通混雑の1つの特殊な形態であり，それはボトルネックに起因するものである。渋滞に巻き込まれてノロノロ走行が続き，ある地点を過ぎた後，嘘のようにスムーズに走行できるようになることをしばしば経験する。それは道路の途中にボトルネックがあるためである。ボトルネックとは，橋やトンネル，信号交差点の

ように，交通容量が道路の他の区間に比べて小さい部分のことである。あたかもビンの太い胴体部分に対する細い首の部分に似ていることから，そう呼ばれる。道路区間に流入する交通量が，ボトルネックの容量を超過すると，通過できなかった車がボトルネックの後方に待ち行列を形成する。待ち行列内部の交通状態が交通渋滞なのである。ボトルネックの下流側には，ボトルネック容量に等しい交通量が流れ，それは渋滞することなくスムーズに流れる。都市において発生する交通渋滞は，ほとんどすべてボトルネックによるものである。

図8-9(a)に示すように，住宅地から都心の勤務地を結ぶ1本の道路を想定しよう。この道路の途中にはボトルネックがあり，そこでは1分当たりK台の車が通過可能である。すなわちKはボトルネック容量である。渋滞がなければ，この道路を走破するための費用は，一定値Fに等しいと仮定する。住宅地から1分当たりq台の車が出発するものとする。もしqがKよりも小さい場合，q台の車は渋滞することなくそのまま通過できる。しかしqがKを超過する場合，$q-K$台の車が通過できずにボトルネックの手前で待ち行列が形成される。あるいは待ち行列がすでにできている場合，1分当たり$q-K$台分だけ待ち行列の長さが追加される。待ち行列の長さは，Kを超える交通量が継続して流入すると延び続ける。ある時刻に出発した車にとっての道路の走行費用は，その時刻までに形成された待ち行列の長さに比例する。

以上のモデルを用いて，朝の出勤ラッシュ・アワーにおける労働者の出発時刻選択とその帰結である均衡を分析する。毎朝，合計Q人の労働者が1本の道路を利用して都心まで通勤するものとする。そして遅刻は許されない。各労働者のトリップ費用は次のように表

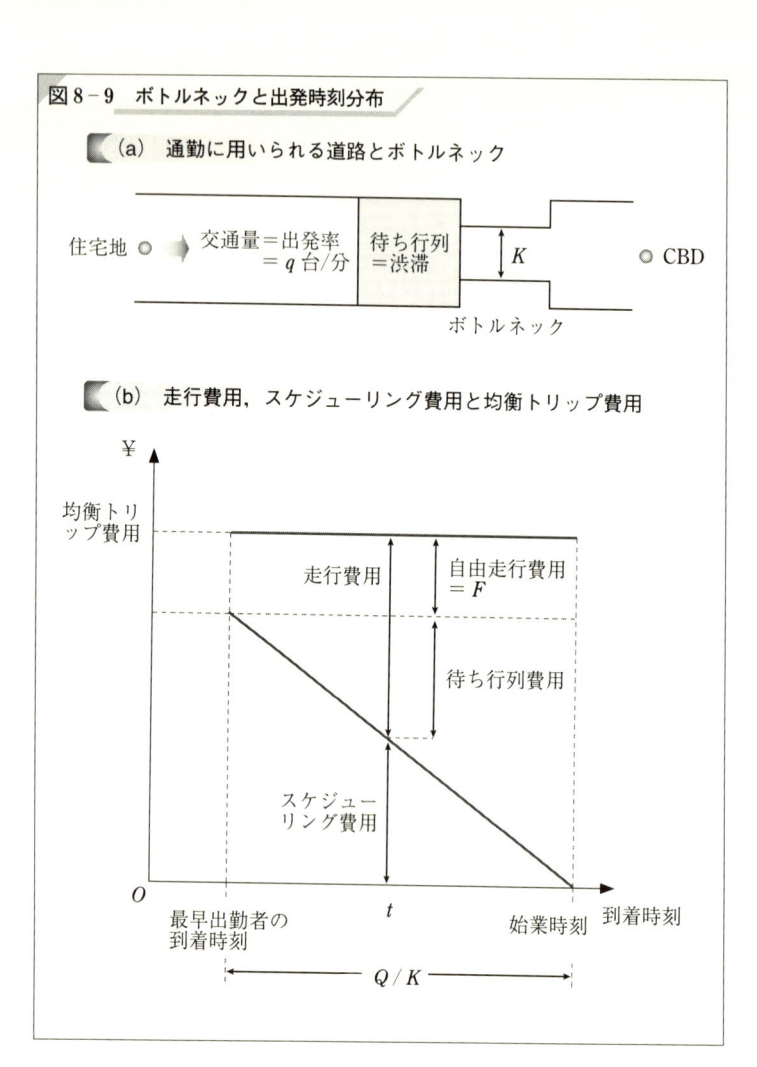

図8-9 ボトルネックと出発時刻分布

(a) 通勤に用いられる道路とボトルネック

住宅地 ● ➡ 交通量＝出発率＝q 台/分　待ち行列＝渋滞　K　● CBD

ボトルネック

(b) 走行費用，スケジューリング費用と均衡トリップ費用

縦軸：¥

均衡トリップ費用

走行費用

自由走行費用＝F

待ち行列費用

スケジューリング費用

横軸：到着時刻

最早出勤者の到着時刻　　t　　始業時刻

Q/K

される。

トリップ費用＝走行費用＋スケジューリング費用

　各労働者はトリップ費用を最小にする時刻を選択するが，均衡においては，どの時刻を選んでも費用は等しくなる。なぜなら，もし他の時刻よりも費用の小さくなるような時刻があれば，人々はそのような時刻に変更しようとするであろう。そうなればその時刻に出発した場合のトリップ費用は増加し，結局，他の時刻と同じ水準になる。図 8-9(b)は，横軸を会社への到着時刻とし，各時刻に到着した労働者が負った走行時間費用，スケジューリング費用とトリップ費用をプロットしている。図より，トリップ費用が出発時刻にかかわらず等しくなるとき，スケジューリング費用は，出発時刻が後になるほど減少してゆくので，走行費用は同じ率で増加する。上述の仮定より，待ち行列がないときの走行費用は一定なので，走行費用が増加することは，待ち行列が延伸することと同義である。またこのことから，均衡において出発率 q がボトルネック容量 K を超えていることもわかる。均衡において等しくなるトリップ費用は，最初に出発した人のスケジューリング費用に F を加えたものに等しい。なぜなら，最初に出発した人は，前に誰もいないので，まったく渋滞なしに走行できるからである。

ピークロード料金による渋滞解消

　均衡において形成される，待ち行列＝交通渋滞はまったくの無駄である。待ち行列ができるのは，出発率 q が K を超えるからであるが，ボトルネックを通過できる交通量はたかだか毎分 K 台なので，会社に到着するのも毎分 K 台を超えることはない。このとき出発率を K に等しくすることができれば，待ち行列を生じさせることなく，まったく同じ率で会社に到着させることができる。

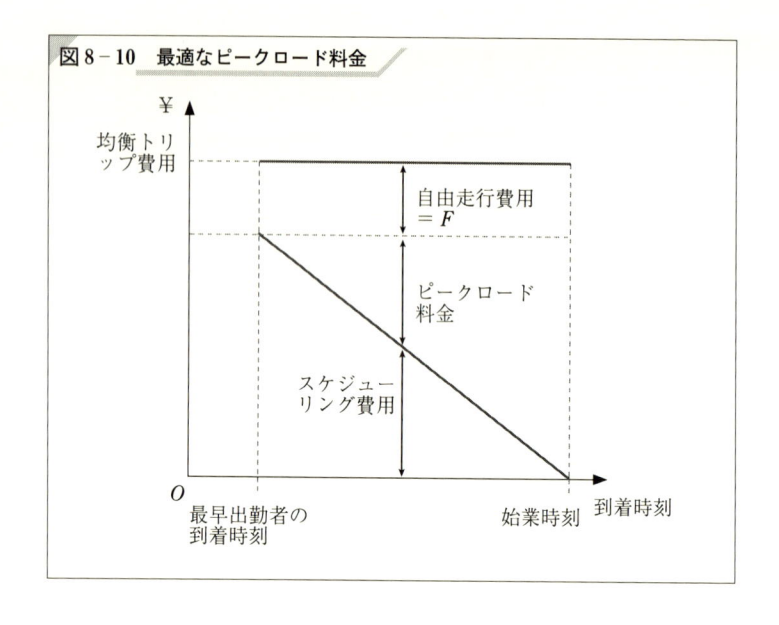

図 8-10　最適なピークロード料金

［図：縦軸￥、横軸 到着時刻。均衡トリップ費用の水準で水平線。上部が「自由走行費用 = F」、その下に「ピークロード料金」、下部に「スケジューリング費用」。最早出勤者の到着時刻から始業時刻にかけて右下がりの直線。］

　すなわちスケジューリング費用を不変に保ったまま、走行費用を減少させることができるのである。

　時間とともに変動する**ピークロード料金**（peak-load toll）を利用者から徴収すれば、彼らの私的動機に基づく選択を通じて、出発率を K に等しくすることができる。そのような料金は、**図 8-10** に示すように、最初の出発者についてはゼロで、その後はスケジューリング費用の減少率に等しい率で増加する。最後に出発する者は、始業時刻ちょうどに着くので、スケジューリング費用を負わない代わりに、最も高い料金を払うのである。なお図 8-9 と図 8-10 との比較より明らかなように、無料金均衡の場合のトリップ費用と、料金を徴収した場合の（料金込みの）トリップ費用は等しい。無料金均衡における渋滞に伴う走行費用の増加分が、そのまま料金にな

るからである。すなわち，交通渋滞を解消するためのピークロード料金は，利用者の私的便益を減少させることなく，政府あるいは道路供給者への収入を生み出すのである。この収入を用いて道路を拡幅したり，他にも社会的に有益な目的に役立てることができる。

> 混雑料金と土地利用

混雑料金は，企業や家計の立地選択にも影響を及ぼす。混雑料金を導入すると，単位距離当たり交通費が増加する。第4章で分析したように，付け値地代曲線の勾配は，単位距離当たり交通費の上昇とともに急になる。今，混雑料金の導入前も導入後も道路の交通容量は同じであると仮定しよう。**図 8-11** は，混雑料金の導入前と後の住宅市場地代曲線を比較している。図において，導入前の市場地代曲線は R_0，導入後の市場地代曲線は R_1 である。導入後の市場地代曲線は，都市モデルの設定に依存するので，いくつかのパターンに分かれる。

まず都市への人口の流出入が自由に行われる開放都市を想定しよう。図 8-11 における R_1 は，開放都市において混雑料金を導入した場合の住宅市場地代曲線である。図では，混雑料金が導入されても都心において住宅地代は変化しない。このことは，次のように説明される。都心に住む家計は，通勤費がゼロなので，混雑料金の導入がその家計の通勤費に及ぼす影響はない。さらに開放都市の場合，効用水準は，この都市以外の地域と同一水準に保たれるので，混雑料金の導入後も変化しない。しかし R_1 は，道路管理者（または政府）が混雑料金の収入を用いて何の施策も行わないと想定して描かれたものである。実際には，混雑料金収入を用いて道路を整備したり，他の税金を減らしたりすることが可能である。ここでは道路容量が変化しないと仮定したので，他の税金を減らすことによって還元するものと想定すると，その場合の住宅市場地代曲線は，R_2 の

図8-11 混雑料金と地代曲線

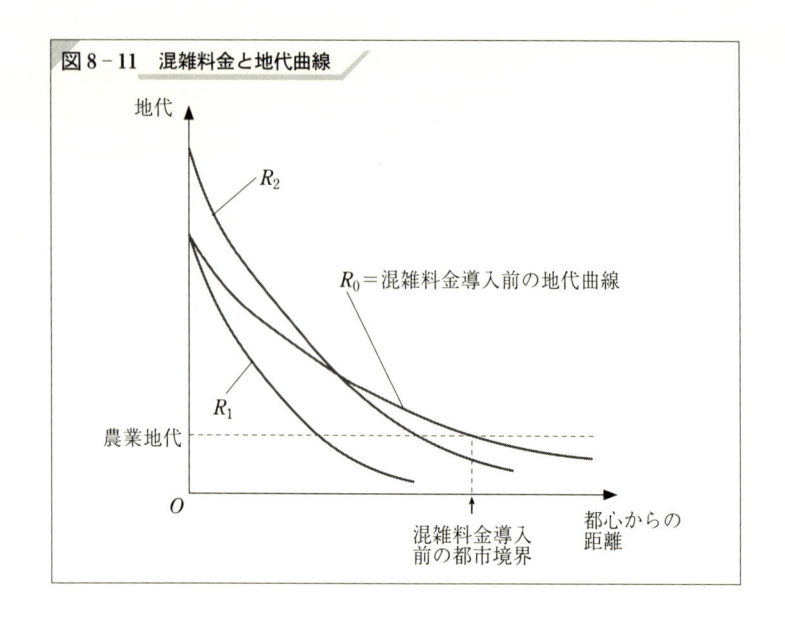

（図：縦軸「地代」、横軸「都心からの距離」。曲線 R_2、R_0＝混雑料金導入前の地代曲線、R_1 が描かれ、水平の破線「農業地代」、矢印で「混雑料金導入前の都市境界」が示されている。）

ように、R_1 よりも上方に位置する。減税は家計の可処分所得の上昇を意味するので、第4章における分析を踏まえると、住宅付け値地代は上方にシフトするのである。その結果、導入後の住宅地代は、都心付近においては上昇し、郊外では減少する。その結果、都市のサイズは縮小する。

一方、都市の総人口が一定の閉鎖都市を想定すると、図8-11の R_2 と同様のパターンで変化する。開放都市と同様、都心に住む家計は、通勤費がゼロなので、混雑料金の導入がその家計の通勤費に及ぼす影響はない。しかし閉鎖都市では、効用水準の変化を通じて都心に住む家計の付け値地代がシフトする。前節で述べたように、道路管理者（または政府）が混雑料金の収入を用いて何の施策も行わない場合、利用者の効用水準は低下する。このことは付け値地代

の上方シフトをもたらすので，図の R_2 のようになる。さらに混雑料金収入を用いて，他の税金を低減したりすると，それは上でみたように付け値地代を上方にシフトさせる。いずれにしても閉鎖都市の場合，混雑料金の導入前後の住宅地代は R_0 と R_2 のような位置関係になる。

以上，要するに混雑料金の導入は，住宅地代の勾配を急にし，その結果として都市がよりコンパクトになる。各家計は，単位距離当たり通勤費が増加するので，混雑料金をできるだけ節約するために，通勤距離を短くしようとする。その結果，都心近くの土地への需要は混雑料金導入前よりも相対的に大きくなり，そこでの地代が上昇する。

混雑料金の導入は家計ばかりでなく，企業の立地選択にも影響を与える。都心のターミナルなどへの輸送あるいはトリップを必要とする企業にとっては，住宅の場合と同様，混雑料金の導入によって付け値曲線の勾配が急になる。その結果，都心近くの地代は上昇し，企業は高密度に立地するようになる。

混雑料金の導入によって，都心近くの地代が上昇すると，逆に企業立地の郊外化を促す可能性も考えられる。企業はより高い地代を負担すると同時に，混雑料金導入により増加する労働者の通勤費負担を補償するため，より高い賃金をも支払わなければならない。このとき企業にとっては，賃金と地代の負担を軽減する利益が，都心から離れる不利益よりも大きくなり，郊外に移転する誘因をもつだろう。第5章では，都市が大きくなり，交通システムが改善されると，ある段階からサブセンターが形成されることが示されたが，混雑料金導入はそれを促進する効果をもつものと思われる。

5 次善の混雑対策

上述のように,混雑料金の導入は混雑緩和のために最も有効な対策であるが,後に述べるような理由により,その実施は困難であるのが実情である。また道路容量の拡大も,すでに述べたように,多くの場合,それほど有効でないばかりでなく,既成市街地では長い期間と莫大な費用を要するので,ますます困難になりつつある。

そこで,次善の対策として,自動車利用を抑制したり,トリップ手段やトリップ時刻を変更させることにより,混雑の緩和を図るための方法が提案され,実施されている。それらの概要と有効性について以下に述べる。下記のうち,燃料税以外の手段は,**交通需要マネジメント** (transport demand management: TDM) と呼ばれており,最近,政策担当者の注目を集めている。混雑料金は究極の交通需要マネジメントといえるが,ここではそれ以外に提案されている諸手段について概説する。いずれの手段も混雑料金に比べると,効果の点で劣るので,あくまでも次善の対策である。

燃料税

多くの国において,道路整備の財源として,燃料税からの収入が用いられている。たとえば日本の場合,ガソリン税として1リッター当たり53.8円,ディーゼル燃料である軽油に対して1リッター当たり32.1円が徴収されている。燃料税は,自動車による走行距離とともに負担が増えるので,自動車利用を抑制する効果をもつ。しかし,混雑している道路も混雑していない道路でも,燃料税額は等しいので,混雑対策としては有効ではない。すなわち混雑している道路では,燃料税は

過小であるし、混雑していない道路では、過大な負担を自動車利用者に課しているのである。

さらに日本では、ディーゼル車に対してガソリン車よりも低い税率が適用されている。大型トラックの多くはディーゼル車であるが、それらは普通乗用車に比べて混雑への責任が大きいにもかかわらず、低い税率が適用されているのである。

公共交通への補助

混雑料金が実施されない場合、道路利用の費用が相対的に安くなるので、自動車の利用が過大になる一方、公共交通の利用が過小となる。そこで、地下鉄やバスなど公共交通機関に対する補助を行い、自動車から公共交通に交通手段を転換させることによって、道路の混雑緩和を図るという政策が提案されている。公共交通機関は、自動車利用の増加とともに利用者が減少し、赤字に陥るケースが多いので、その対策としても、補助金の効果が期待されている。

公共交通に対して補助が行われると、運賃が低下する。そうすると、自動車を利用していた者の一部にとっては、公共交通の利用が相対的に有利となるので、交通手段の転換が生じ、道路の混雑が減少するとともに公共交通の利用者が増加することが、理論的にはいえる。しかし欧米での実証的研究が蓄積されるに従い、公共交通に対する需要の運賃弾力性が低いことが判明した。すなわち補助金を用いて運賃を下げても、公共交通の利用はわずかしか増えないのである。たとえ公共交通の運賃を無料にしたとしても、混雑緩和に有意な効果を及ぼすほど、自動車からの転換は期待できない場合もある。

実証分析の結果によると、公共交通に対する需要は、運賃よりも速度や本数などサービスの質に対してより弾力的であることも明ら

かになった。したがって、運賃を割引するために補助金を使うよりも、運行頻度の増大や速度の上昇など、サービス向上のために使うほうが効果的といえる。

駐車料金

自動車によるトリップを行う場合、目的地において必ず駐車する必要がある。都心など、混雑する地区における駐車料金の割増は、その地区へのトリップ費用を上昇させるので、トリップ回数を減らしたり、他の手段への転換を促す効果をもつ。駐車料金の場合、入庫時刻に応じて料金を増減させることも容易なので、混雑の激しい時間帯には高く、それ以外の時間帯には低く設定することにより、トリップを行う時間帯のシフトを促すことも可能である。ただし、この場合、徹底した違法駐車取締りを同時に行う必要がある。この政策の問題点は、通過交通が引き起こす混雑に対して効果がないことである。また駐車料金政策によって混雑が減ると、それまで混雑を避けて別の経路を使っていた通過交通が増える可能性も考えられる。

パーク・アンド・ライド

自宅から都心にトリップを行う際、自動車で直接都心に乗り入れる代わりに、自宅から最寄の鉄道駅まで自動車を用いるが、駅の近くに駐車して都心まで鉄道を用いることである。こうすることによって、都心に流入する車を減らすことができるので、混雑を緩和することができる。このようなパーク・アンド・ライドを促進するため、鉄道駅周辺に低料金の公共駐車場を整備したり、民間駐車場に対し補助金を与えて駐車料金を割り引かせるなどの施策が試みられている。

フレックス・タイム，時差出勤

道路は1日中混雑しているわけではない。朝の出勤時間帯や夕刻の帰宅時間帯に需要のピークが存在する。それは，多くの企業が午前8時30分や9時に始業時刻を設定しているため，その時刻をめざしてすべての通勤者がトリップを行うからである。これに対し，トリップ数は同じでも，出勤時刻が集中していなければ，混雑が大幅に緩和できる。そこで，出勤時刻を分散させるための手段としてフレックス・タイムや時差出勤が提唱されている。

フレックス・タイムは，1企業内の各労働者が自由に出勤時刻を選択することができる。一方，時差出勤は，企業ごとに始業時刻が固定されていて，すべての労働者はその時刻までに出勤している必要があるが，企業ごとに始業時刻がずらされる。どちらを採用するかは，企業の性質に依存する。工場などは，労働者がそろわないと，生産ラインを動かすことができない場合が多いので，フレックス・タイムは困難であるが，時差出勤は可能である。

いずれの方式においても，交通需要のピークが平準化されるので，混雑の緩和には有効である。しかし，企業間で始業時刻がずれると，生産性には負の影響を及ぼす。第1章でみたように，都市に企業が集中して立地するのは，情報交換や取引などのため互いに頻繁なコミュニケーションを行うからであることを思い出されたい。フレックス・タイムや時差出勤が採用された状況で，ある企業が別の企業とコンタクトしようとしても，相手先がまだ始業前であったり，担当者が出勤していないと，目的を達することができない。このように，企業間のコミュニケーションに制約を加えることにより，生産性が低下するのである。

個々の企業としては，混雑緩和の便益が生産性の低下による損失

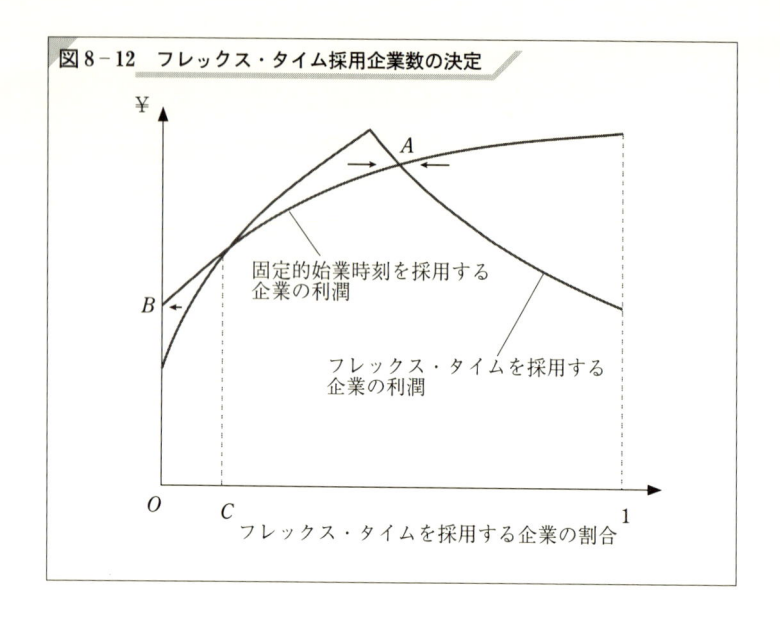

図 8-12 フレックス・タイム採用企業数の決定

（縦軸：¥、横軸：フレックス・タイムを採用する企業の割合）
- 固定的始業時刻を採用する企業の利潤
- フレックス・タイムを採用する企業の利潤
- 点 A、B、C を図示

を上回らないと，自発的にフレックス・タイムや時差出勤を採用するインセンティブをもたない。最近の研究によると，個々の企業にとってフレックス・タイムを採用するインセンティブは，都市内に立地する総企業のうち，フレックス・タイムを採用する企業の割合に依存することが明らかになった（文・米川 [1997]）。

図 8-12 には，フレックス・タイムを採用した場合と採用しない場合のそれぞれについて，企業の利潤の変動を描いている。図によると，均衡は点 A と B において達成される。点 A においては，フレックス・タイムの場合と固定的始業時刻の場合の利潤が等しいので，どちらを採用しても企業にとっては無差別である。このとき一部の企業においてフレックス・タイムが採用されている。一方，点 B の均衡では，すべての企業が固定的始業時刻を採用している。2

つの均衡解について，企業の利潤水準を比較すると，点 A のほうが高い。すなわち，フレックス・タイムが採用された解のほうが社会的に効率的である。

しかし，効率的な解が必ずしも実現するとは限らない。図のように均衡解が複数存在する場合，どの解が実現するかは初期条件に依存する。もし初期においてフレックス・タイムを採用する企業の割合（以下，採用率と呼ぶ）が点 C よりも左側にある場合，固定的始業時刻の利潤のほうが大きいので，採用率が減少する方向に変化する。一方，初期点が点 C よりも右側にある場合，採用率が増加する。したがって，より効率的な解を実現するためには，初期における採用率を点 C の右側になるまで高めるような政策的介入が必要である。初期の採用率を高めるための手段としては，官庁においてフレックス・タイムを義務づけたり，関連企業に協力を要請することが考えられる。

優先車線

道路が混雑すると，バスの走行速度も低下するので，定時運行も不可能となる。このようなバスのサービス水準の低下は，バスの利用者減少をもたらし，バス会社の経営も圧迫する。そして，そのことが自動車の利用を増加させ，混雑を激化させるという悪循環をもたらしている。そこで，多車線の幹線道路では，混雑する時間帯に限って，バス専用車線を設けて，バスの定時運行を図ることができる。さらにこの車線を，2人以上乗車する車両（high occupancy vehicle : HOV）に開放することにより，相乗りを促進することが期待される。

6 混雑料金の実行

実施の事例

混雑料金ばかりでなく，それ以外の目的も含めて，道路利用に対して料金を徴収することは，一般に**ロード・プライシング**（road-pricing）と呼ばれている。世界のいくつかの都市では，混雑対策や道路財源を目的として，ロード・プライシングが実際に行われたり，あるいは計画されている。これらは，上で述べたような理論通りに実施しているわけではないが，さまざまな工夫がみられ，それらは今後の適用に向けて参考になる情報や教訓が多く含まれているので，以下にその一部を紹介する。

シンガポールでは，1975年から，エリア・ライセンス・スキーム（Area License Scheme）と呼ばれる方式を実施している。これは，都市中心部に規制区域を設定し，朝のラッシュ時間帯にその規制区域を通行する車両に通行許可証を購入させ，それをフロント・ガラスなどに提示することを義務づけるものである。規制区域の境界にはゲートがあり，そこで通行許可証を提示しているかチェックするとともに，区域内では警察が徹底的な監視を行い，通行許可証をもたずに通行する車を摘発することにしている。導入後に行った調査によると，ドライバーの反応は敏感で，導入前に比べて走行速度が平均で22%も増加したことが報告されている。その結果，とくに時間的・空間的境界で交通パターンが激変することが明らかとなった。すなわち規制時間帯の直前に交通量が集中したり，規制区域の境界のすぐ外側に企業が立地したりする。なおシンガポールでは，

最近，フロント・ガラスに貼る許可証から，スマート・カードという電子システムに切り替えられた。シンガポールの場合，混雑料金により，道路利用を抑制するだけでなく，自動車の保有に対するきわめて重い税を組み合わせることによって，効果的な混雑対策を実現している。

香港では，1985年にエレクトロニック・ロード・プライシング (Electronic Road Pricing: ERP) の導入が計画され，実験まで行った。その方法は，あらかじめ設定された混雑区域の境界を車が通過するときに，電子機器によってナンバー・プレートを読み取り，1ヵ月分の料金を後にまとめて請求するというものである。実験の結果，ナンバー・プレートの読み取り精度はきわめて良好であることが報告された。しかし，課金に関連してプライバシーが侵害される恐れがあるという導入反対論が議会において勝利を収め，結局，実施されなかった。ここで得られた教訓としては，技術的障害よりも社会的合意を得ることのほうが難しいので，計画の早い段階でどのような反発がありうるかを予測し，その対策を十分に行う必要が指摘されている。さらには収入が市民にどのように有益に使われるかを明らかにする必要もあるだろう。

イギリスのケンブリッジでは，さらに興味深い実験が行われた。それは実際の混雑の程度に応じて料金を変動させるという，真の外部性に基づく料金を徴収しようという試みである。それは車に時計とオドメーターを設置し，0.5 km 走行するごとに，走行速度が 25 km/h 以下であったり，4回以上停止した場合，課金されるというものである。実験の結果，オドメーターが作動しないように危険な運転をする可能性が指摘された。また，このような方式では，道路を利用する前には料金がいくらになるかはわからないので，状況に

よって交通行動の変化を誘導する効果が期待できない。利用者の立場からも、予測不可能な状況によって課金されることに対しては反発を招き、結局、議会では3分の1の賛成しか得られず、この計画は挫折した。

1995年には、アメリカのカリフォルニア州で新設された高速道路（91 Express lanes）において、時間帯ごとに変動する料金が導入された。この道路は、既存の高速道路（無料）に新しく2車線を追加したものであるが、民間企業が運営している。そこでは、HOVは常に無料であるが、それ以外の車両は時間帯によって0.25～2.5ドルに料金が変動する。このような時間帯別変動料金は、トリップを行う時刻の変更を促すことを通じた混雑緩和に有効である。

韓国のソウルにおいても、中心部に流入する車のために混雑する2ヵ所のトンネルの通過に対して、きわめて安価ながら、1996年より料金を徴収することにした。都心に入るには、他の迂回道路を用いれば料金は徴収されないので、この料金制実施は交通量配分に大きな影響を与えた。わずかな料金であっても、人々のトリップに関する意思決定に対する影響は大きいことが改めて示された。

混雑緩和を目的とするものではないが、1986年から91年にかけて、ノルウェーの3都市では道路整備の財源とする目的で、都心流入車両に対する課金が実施されている。またロンドン、ストックホルムなど、5都市で実施に向けて具体的な検討を行っている。

以上のように、道路利用に対する課金は、机上の経済理論の域を脱し、有望な政策の選択肢として現実のものとなりつつある。

技術的な問題

混雑料金を実行可能とするためには、技術的問題と社会的合意の問題を解決する必要がある。

技術的問題においても2つの側面がある。1つは，料金徴収に関する技術である。ほとんどの有料道路がそうしているように，ゲートを設け，そこで1台ずつ料金を徴収するような方法では，徴収のために新たな費用が発生するうえ，そこが新たな混雑の原因になる可能性が大きい。これに対しては，すでに香港における実験や最近の事例を通じて，情報技術を活用すれば，解決可能であることが実証されている。もう1つの技術的問題は，「いつ・どこで・いくら」の料金を課するべきかという問題である。料金徴収の技術が確立しても，その料金が高すぎたり，低すぎたりしたら，混雑料金を実施しない場合よりも交通システムは非効率になる可能性もある。1960年代以降，交通量の増加がトリップ費用をどのように増加させるかについて，数多くの研究が蓄積され，混雑料金の額に関しておおよその推定値が得られている。たとえばButton［1993］の第7章には，それらの推定値が紹介されている。そこでの最新の推定値によると，ロサンゼルスにおいて，1台1マイル当たり15セントであった。

　他方，本章の前半における分析で示したように，混雑料金はトリップの時刻選択，経路選択などあらゆる段階の意思決定に影響を及ぼすので，最適な混雑料金は，時刻ごと，道路ごとに異なった額にすべきである。料金を時間帯別にどのように変動させるべきか，あるいは交通ネットワークにおける各道路にいくらの料金を課するべきか，など空間的・時間的次元を考慮した研究はまだ不十分である。しかし，上述の実施例を通じて，わずかな料金でもドライバーの交通行動に大きな影響を与えることが示されたので，近似的な計算に基づくものであっても，実施する意義は大きい。導入した後にでも，研究の進展に伴って計算式を改訂すればよいのである。時刻，場所

に応じて混雑料金を変化させるためには,車両検知機などを設置する場所の数も増えるうえ,性能も向上させる必要があるので,混雑料金の導入費用は増加するであろう。

混雑料金の実行可能性は,対象とする都市の規模にも大きく依存する。なぜなら都市の規模が大きくなるほど,車両検知機などを設置する場所の数も多くなるなど,導入のための費用が高くなるからである。本章の分析では,導入のための費用を考慮していなかったが,実は混雑料金導入そのものについても,社会的便益と費用の観点から評価を行う必要がある。一般に大都市ほど混雑は激しいので,混雑料金導入の便益も大きいといえるが,状況はもっと複雑である。

都市規模が大きくなるほど,地下鉄や私鉄など,規模の経済を有する大量輸送機関が整備されるので,自動車への依存率は低い。そのうえ,東京や大阪などでは,都市内高速道路のネットワークが整備されており,そこでは現に料金徴収が行われている。ただ,これらの高速道路の料金は建設費用の償還のみを考慮して設定されており,時間,路線にかかわらず一定である。しかし,自動料金徴収の技術が進展しているので,高速道路料金を路線・時刻ごとに変動させて混雑料金の機能をもたせることは困難なことではない。その場合,交通量配分への影響を通じて一般道路の利用にも影響を与えることができるので,シンガポールなどほとんどの事例で採用されているコードン料金制(一定の区域を設け,その内部に入場することに対して一定額の料金を課する方式)を新たに導入するよりも,便益―費用の観点からは効率的かもしれない。

一方,中小都市では自動車への依存率が高く,場所によって混雑率は大都市以上である。そのような都市では,ネットワーク構造も比較的単純であり,導入は容易と考えられる。

難しい社会的合意

実は、以上述べた技術的問題よりも、社会的合意を得ることのほうがより困難である。それは、香港やケンブリッジにおける計画の挫折からも明らかである。人々が混雑料金の導入に反対する最も大きな理由は、本章の分析で示したように、個人的便益（消費者余剰）が減少することである。とくに混雑料金は、道路利用の便益が社会的限界費用よりも低い人にトリップを断念させるが、そのような人々は所得の低い場合が多いので、所得分配の観点からも抵抗が大きい。

しかし混雑料金は、個人便益を減少させるものの、それを上回る料金収入をもたらすので、その収入を活用することによって、個人レベルの厚生を改善することは可能である。たとえば、料金収入を用いて道路整備を行う、公共交通への補助金の財源とする、他の税金を軽減する、などがあげられる。とくにガソリン税をはじめとする燃料税を軽減し、混雑料金収入で代替することは、（技術的には）それほど困難ではないと思われる。

もう1つの有力な反対理由は、プライバシーが侵害される可能性である。確かに、上述した香港で実験に用いたシステムでは、道路管理者（政府）は誰がいつどこを通過したかを知ることができる。これは政府の手に市民監視の道具を与えるものと考えられ、人々は自由社会に対する潜在的脅威と感じるのである。しかし最近では、プリペイド・カードを用いた技術が開発されており、その場合は（テレフォン・カードのように）誰がそれを使っているのかを特定されずに済むので、運用方法を工夫することによって、克服は可能といえる。

いずれにしても重要なことは、社会および個人レベルの便益と費用、さらには情報管理のあり方などについて、住民が合理的な判断

ができるよう正確な情報を提供することである。

7 都市における交通システムの計画

交通システムとインフラストラクチャー

都市においては，道路，鉄道，バスなどのように，異なった形態の交通手段があり，それらは互いに，ときには代替的，ときには補完的関係をもちながら，機能を分担している。このような多様な交通手段における物的施設の構成（道路網，軌道，ターミナルなど），運営方法（交通信号，運賃，運転間隔など）の総体を**交通システム**と呼ぶことにする。交通システムのあり方は，この章の冒頭にも述べたように，公共部門の意思決定によるところが大きい。

交通システムは，都市における最も重要な**インフラストラクチャー**（infrastructure）である。インフラストラクチャーは，いったん形成されると長い耐久性を有し，都市における諸活動のあり方はインフラストラクチャーのあり方に支配される。すなわちインフラストラクチャーがどのように形成されるかによって，都市の姿や内容も大きく異なるのである。したがって，交通システムの計画者が果たす役割はきわめて重大である。

交通手段の選択

計画者の重要な課題は，まずどのような交通手段を提供すべきか，あるいは複数の手段をいかに組み合わせるべきかを選択することである。

ここでは交通手段として，自動車，鉄道，バスを取り上げる。自動車交通は，個人や企業が車両を所有するものの，公共部門が整備する道路があってはじめて交通手段として機能する。鉄道やバスは，

都市政府が直接経営する場合が多く，私企業によって運営される場合にも，路線の認可や運賃の規制など政府の介入を受けている。

　自動車交通は，交通機関の運行スケジュールに依存する必要もなく，またドアからドアまで直接行けることから，立地による制約もない。このように最も自由のきく手段であるが，交通需要の大きい場所や時間帯において混雑が生じる。

　鉄道は，大量の交通を高速で処理することができる一方，サービスの供給において規模の経済が大きいことが特徴である。すなわち，輸送される乗客数とは無関係に大きい固定費用が必要なのである。固定費用の内容は，軌道の建設，維持管理，車両の購入，駅の設置と運営に要する費用などである。このように規模の経済が大きい場合，乗客数が十分多くないと，事業としての採算がとれないばかりか，社会的にも大きな無駄が生じる可能性がある。また規模の経済を発揮するために路線網が密に構成されることは稀であり，駅間の距離も長くなるので，出発地あるいは目的地から最寄の駅までのアクセス費用が大きくなる。また運行スケジュールが決められているため，駅での待ち時間が生じる。

　バスは，鉄道ほど規模の経済は大きくないが，運転手の労働費用は鉄道よりも大きい。一方，路線を開設するための固定費用は小さいので，路線網を細かく設定することができるうえ，（規制がなければ）参入・撤退も容易である。しかし自動車と同じ道路を走るため，混雑に巻き込まれ，定時運行が保証されない可能性がある。

　以上をまとめると，各輸送手段の項目別費用の関係は次の通りである。

　①走行時間費用——バス＞自動車＞鉄道
　②アクセス費用——鉄道＞バス＞自動車（＝0）

③待ち時間費用——バス,鉄道＞自動車（＝0）

④固定費用——鉄道＞バス＞自動車

　各手段別の社会的総費用は,これらの各費用項目をすべての利用者について集計したものである。

　それぞれの交通手段の供給者（政府の交通計画担当者あるいは交通企業の経営者）は,できるだけ効率的に交通サービスを供給することが求められる。その際,彼らが操作すべき変数は次の通りである。

①自動車——道路網の構成,道路の容量,信号制御,通行規制,道路料金

②鉄道——路線網の構成,駅の配置,運行頻度,運賃

③バス——路線網の構成,停留所の配置,運行頻度,運賃

　今,各手段の供給者が,与えられた交通量を処理するため,社会的総費用を最小化するように,上記の変数を最適に組み合わせるものと想定しよう。そのような最適化によって得られた交通手段別の社会的総費用は,都市の規模や空間構造に依存する。図8-13には,Keelerら［1975］の分析をもとに,都市における1方面の交通量と手段別の社会的平均費用の関係を図示している。社会的平均費用は,上記の社会的総費用を交通量で割ったものである。自動車の場合,費用は交通量が増加しても一定である。上の仮定より,交通量が増えると混雑費用が大きくなるが,それに合わせて道路の交通容量が最適に調節されるからである。鉄道の場合,固定費用が大きいので,平均費用は交通量の増加とともに減少する。バスの場合は,鉄道ほど固定費用は大きくないので,平均費用は鉄道よりも下方に位置している。なお1方面の交通量は,都市規模が大きくなるほど大きくなる。したがって,鉄道は都市規模が十分大きな場合でないと,社会的に費用のかかる手段であるといえる。移動の手段として

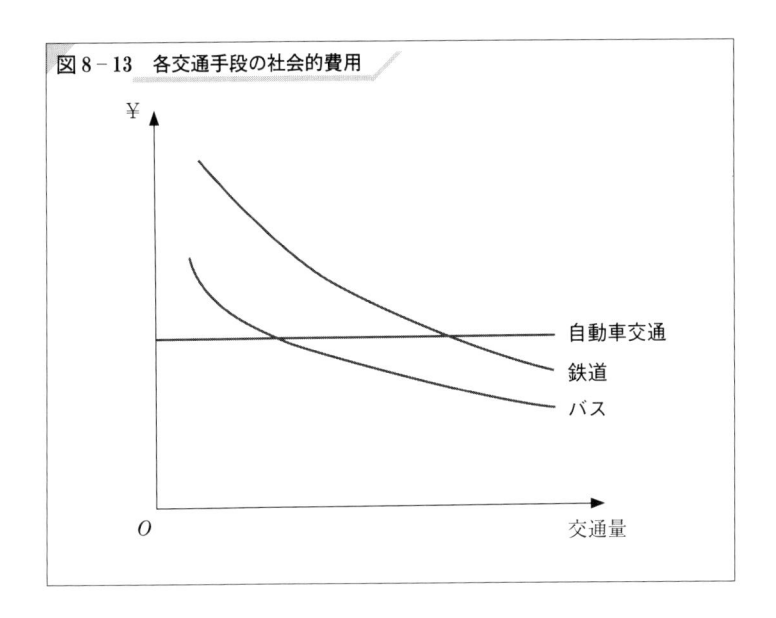

図 8-13 各交通手段の社会的費用

（縦軸: ¥、横軸: 交通量。自動車交通、鉄道、バスの各曲線を示す）

自動車のみに依存することは，都市規模の小さい場合に限って効率的である。

　上の分析はかなり非現実的な仮定に基づいている。実際には，鉄道やバスを企業が運営する場合，社会的費用を最小化するように行動するわけではないし，規制によってそのような状況を達成することも困難である。また混雑料金は現状において実施が困難であるうえ，道路の交通容量を最適に調節することも不可能に近い。したがって，より現実的な仮定をおけば，上記の費用曲線の位置関係は変化するかもしれない。いずれにしても，交通システムの計画にあたっては，上記のような情報に基づいて合理的な選択を行うことが望ましい。

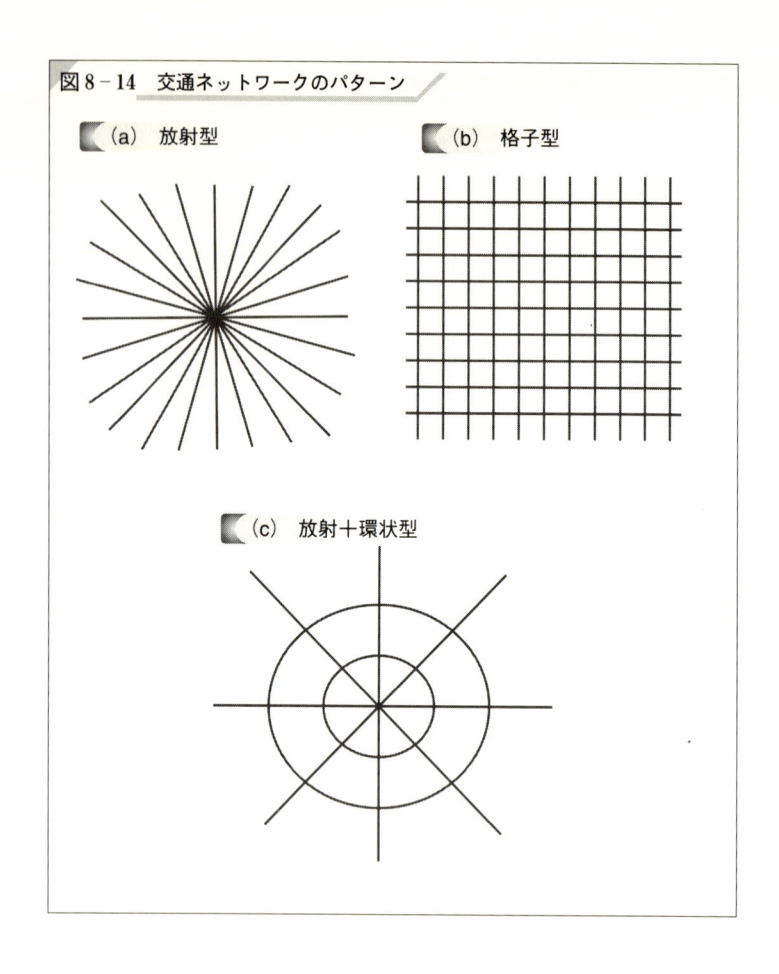

図8-14　交通ネットワークのパターン

(a) 放射型

(b) 格子型

(c) 放射＋環状型

| 交通ネットワークのデザイン |

交通システムのデザイン（空間的構成）も、計画者の重要な仕事である。**図8-14**には、代表的な交通ネットワークのパターンを図示している。(a)放射型ネットワークは、第4章のアロンゾ型モデルで説明したように、単一中心都市において最も効率的に交通を処理

できるパターンである。19世紀に発展した都市の多くは，このようなパターンのネットワーク形状をもっているが，当時の主たる交通手段は鉄道であり，自動車の普及は想定されていなかった。一方，(c)放射＋環状型ネットワークは，自動車の普及後に発展した都市に多くみられるパターンである。

先に述べたように，インフラストラクチャーである交通システムは，いったん形成されるとその変更は容易でなく，それに合わせて都市の姿や内容も決まってくる。たとえば，ニューヨークのように19世紀に放射型鉄道ネットワークに基づいて形成された都市は，自動車が普及した現代においても卓越した規模の都心を有している。一方，20世紀になって発展したロサンゼルスでは，卓越した都心をもたず，多数の業務集積地区が散在し，それらの間を結ぶ高速道路を使って移動している。

以上のように，都市の歴史が選ばれる交通ネットワークのデザインに影響し，同時に交通ネットワークのパターンは人々の立地選択に影響を与えることを通じて，都市の空間構造に影響する。しかし長い期間を経れば，その間のインフラストラクチャー投資の蓄積を通じて，交通ネットワークの構造も変化する。たとえば図8-14(a)のような放射型ネットワークに基づいて発展した単一中心都市といえども，長い期間をかけて環状路線を追加したり，交通手段の転換などにより，図8-14(c)のパターンに改造することは可能である。このとき，放射線と環状線の交点などにおいてサブセンターが形成され，多中心型の都市構造への変化が生じる。

Column ❽ 新道路の建設が交通混雑を悪化？

本章では，図8−7において，道路建設により交通容量を拡大しても，その効果はきわめて小さい場合があることを示した。しかしそこではわずかであっても，交通混雑は改善されていた。実は，莫大な資金を投じて道路を建設しても，建設前より交通混雑が悪化する場合がある。以下で紹介する例は，「Braessのパラドックス」として，交通研究者の間ではよく知られた問題である。

今，図1における地点AからBに向かう交通需要が6であると想定しよう（交通量の単位は100台でも1000台でもよい）。AからBへ行くには，2通りの経路があり，それは道路①と④を通る経路と，道路②と③を通る経路のいずれかである。道路①や④は大きく迂回しているように描かれているが，それは中央部に険しい山脈が横たわっているものと解釈できる。それぞれの道路を通過する費用は，図に書き込まれたような交通量の関数である。なお費用関数において，f_iとは，道路iの交通量を表している。各ドライバーは，本章の第4節で議論したように，費用を最小にする経路を選ぼうとするが，均衡においてはどの経路を選んでも費用は等しくなる。図をみると，道路①と④を通る経路も道路②と③を通る経路も条件は同じなので，2つの経路に交通量が3ずつ配分されるとき，均衡が達成する。そのときの交通費は，次の式により計算される。

$$c_1(3)+c_4(3) = c_2(3)+c_3(3) = 60+3+5+10\times3 = 98$$

この道路システムにおいて，図2のように，（山にトンネルを掘るなどして）道路⑤が新規に開通した場合，結果はどのように変化するであろうか。このとき，経路の選択肢としては，①と④，②と③という従来の経路に加えて，②と⑤と④を通る新たな経路が追加される。この新たな経路は，交通量がゼロであれば，5+15+5=25なので最短で行ける経路になる。均衡交通量配分は各経路に2ずつ配分するというものである。そのことは，次のようにすべての経路に対する交通費が等しくなる

図1　初期の道路条件

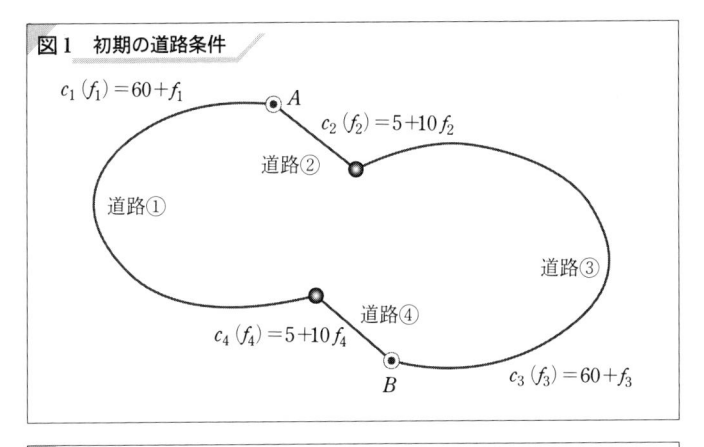

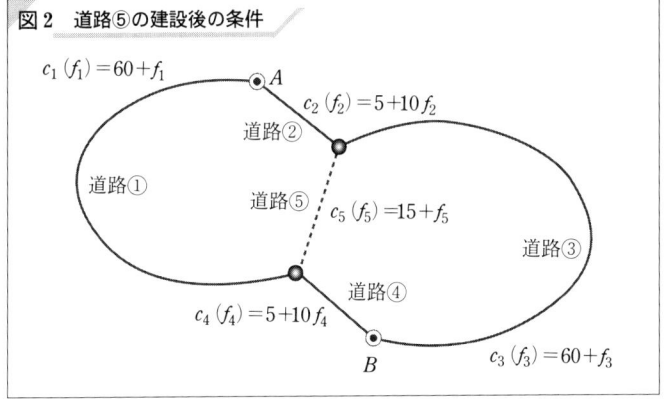

$c_1(f_1) = 60 + f_1$

道路①

道路②　$c_2(f_2) = 5 + 10f_2$

A

道路③

道路④

$c_4(f_4) = 5 + 10f_4$

B　$c_3(f_3) = 60 + f_3$

図2　道路⑤の建設後の条件

$c_1(f_1) = 60 + f_1$

道路①

道路②　$c_2(f_2) = 5 + 10f_2$

A

道路⑤　$c_5(f_5) = 15 + f_5$

道路③

道路④

$c_4(f_4) = 5 + 10f_4$

B　$c_3(f_3) = 60 + f_3$

ことによって確認できる。

$$c_1(2) + c_4(4) = c_2(4) + c_3(2) = 60 + 2 + 5 + 10 \times 4 = 107$$
$$c_2(4) + c_5(2) + c_4(4) = 5 + 10 \times 4 + 15 + 2 + 5 + 10 \times 4 = 107$$

ここで，道路④には道路①を通る2と道路⑤を通ってきた2を合わせ

て4の交通量が流れることに注意されたい。道路②についても同様である。

道路⑤のない場合とある場合の交通費を比較してみると，ある場合の費用のほうが大きい。すなわち道路を新設することによって，交通混雑が激しくなるのである。これは，混雑の外部効果が引き起こした経路選択の歪みによるものである。このようなパラドックスは，混雑の外部効果を内部化するような料金を各道路に課することによって回避できる（練習問題②でそのことを確かめられたい）。

⇒練習問題

1 あるトリップに対する需要曲線が $p = a - bQ$ によって与えられている。ここに p は旅行者の支払意思額であり，Q はトリップ数，すなわち交通量である。一方，トリップの費用は交通量と道路容量の関数であり，$c(Q) = f + e(Q/K)$ によって表される。ここに K は道路の容量である。このとき次の問いに答えなさい。

(1) 道路容量 $K = 5$ であると想定し，道路を通行する料金が無料の場合の均衡交通量を求め，そのときの消費者余剰を計算しなさい。

(2) 混雑の外部費用に等しい料金を課することによって，社会的に効率的な交通量が達成される。混雑の外部費用は，(1台の交通量増加による費用増加)×(交通量)なので，上の費用関数のもとでは $e(Q/K)$ に等しい。混雑料金を課したときの交通量と，そのときの消費者余剰を求め，無料の場合と比較して消費者余剰が減少することを確かめなさい。

(3) (2)では，料金を徴収しても利用者のために還元することは考慮されなかった。そこで料金収入を用いて道路整備を行う場合を考えよう。道路を建設するための費用は，K' を整備後の道路容量とすると，$d \cdot (K' - K)$ のように与えられるものとする。料金収入を用いて道路整備を行う場合，混雑料金を課しても，混雑料金を課さずに道路整備も行わない場合よりも消費者余剰を増加させることができる。

そのための条件を導きなさい。

2 コラム⑧で示した例において，混雑の外部効果に等しい料金を課した場合の均衡交通量配分とその際の交通費用を求めなさい。そして，そのような料金によってパラドックスが回避されることを確かめなさい。

3 日本では，サラリーマンの通勤費用を会社が負担する場合が多い。また通勤定期は毎日切符を買うよりも割安である。これらのことが都市の交通問題に及ぼす影響を考察しなさい。

◆引用文献

モーリング，H.（藤岡明房・萩原清子監訳）[1987]『交通経済学』勁草書房。

文世一 [2005]『交通混雑の理論と政策』東洋経済新報社。

Button, K. J. [1993] *Transport Economics*, 2nd ed., Edward Elgar.

Keeler, T. E., Merewitz, L., Fisher, P. and Small, K. A. [1975] *The Full Costs of Urban Transport*, Berkeley, University of Calfornia.

第9章 都市における公共サービス

本章では地方政府による公共財の供給と，その効率性について検討する。多数の地域から成る経済において，各地方政府が自地域住民の厚生を高めるべく公共財の供給水準を選ぶ場合，1国レベルの公共財供給とは異なった性質の問題が生じる。ここでは地域間移動を通じて公共財の効率的供給が可能になるというティブーの理論，地方税に関する分析，地方分権の効果とその問題点，地方政府の規模と効率性などが取り上げられる。

1 都市経済と政府

　本書では、ここまで家計や企業の自由な選択行動と市場メカニズムに基づいて、都市経済の分析を行ってきた。しかし、われわれの住む現代社会においては、経済主体としての政府の存在を無視することはできない。実際、政府はさまざまな形で市場に対する介入を行っており、そのような政府の活動が経済全体に占める割合は相当大きい（1993年に政府部門［中央政府＋地方政府］の国内総支出に占める割合は18.2%）。

　日本に限らず多くの国では、中央政府と地方政府という異なったレベルの政府が存在し、さらに地方政府も、日本であれば都道府県・市町村のように、いくつかのレベルに分かれている。

　都市経済に焦点を絞ると、そこで最も重要な役割を果たすのは、市町村レベルの地方政府である。地方政府は、地方自治体とも呼ばれているが、その主たる役割は各行政区域内の住民に便益を及ぼすような公共サービスを供給することである。各地方政府は、地域において供給される公共サービスの内容や、それらの供給費用を住民がどのように負担するかを定める財政手段について、地域住民の意向に従って決定しなければならない。

　なお、ここでいう公共サービスの定義は、後述する公共財と必ずしも一致しない。政府の供給するサービスのなかには、公共財と呼べないものが多く含まれるためである。ここでは政府、公的企業を含む公共部門が提供するサービスを公共サービスと呼んでいる。

　まず本章の第2節では、なぜ民間企業ではなく政府が特定のサー

ビスを公的に供給する必要があるのか，その資源配分に果たす役割に着目して，考察する。

次に第3節と第4節では，主に地方公共財を対象として，その供給水準がいかに決定されるか，そしてそのような供給水準は資源配分上，好ましいものであるかどうかを説明する。

地方政府の活動において考慮すべき特徴的な要因は，住民の移動性である。このことによって，国レベルの公共財供給問題とは異なったタイプの意思決定メカニズムが存在する。第5節では，ティブー（C. M. Tiebout）によって定式化された，「足による投票」仮説について説明する。

地方政府の役割は，地域で供給される公共サービスの供給水準とそれを賄うための税負担に関する意思決定を行うことであるが，そのような意思決定は，中央政府やより上位にある地方政府から直接・間接の介入を受けている。近年，日本では「地方分権」に関する論議が盛んに行われており，中央政府からの介入について多くの問題点が指摘されている。第6節では，地方分権のもとで地方政府の租税政策が及ぼす経済効果について考察し，第7節では，なぜ地方分権が必要なのか，その効果と問題点について経済学的観点から説明することを試みる。

地方財政においては，市町村の合併や分割に関する論議も行われている。第8節では，地方政府の規模に関する考察を行う。

2 政府の役割

資本主義経済において，政府が市場に対して介入する主たる理由

は，家計や企業の自由な行動に任せると，市場メカニズムが有効に機能しない，いわゆる**市場の失敗**が生じるためである。具体的には，**公共財**，規模の経済による**自然独占**，**外部効果**の存在が，市場の失敗を引き起こす原因となる。以下，具体的に説明しよう。

公共財

公共財とは**非競合性**（共同消費性）と，**非排除性**という性質をもつ財やサービスのことである。非競合性とは，ある者が消費することが他の者の消費を妨げないということである。たとえば1つのパンを誰かが食べてしまえば，他の者はそのパンを食べることができないが，その意味でパンは競合性を有する私的財である。これに対して，打上げ花火や灯台，放送電波などは，それを利用する人が増えたからといって，既存の利用者は何の影響も被らない。このような財は，利用者がすべて同水準のサービスを受けることにもなるので，その意味で共同消費性をもつといわれる。次に，非排除性とは，料金を支払わずに財やサービスを消費する者を排除できないということである。あるいは，料金を徴収することが可能であっても，その徴収に要する費用が便益に比べ非常に高いような場合が該当する。そのようなサービスの例として，公園や一般道路などがあげられる。公園の入り口で料金を徴収することは不可能ではないが，そのために人を常駐させておくことは非効率なのである。

以上のような非競合性と非排除性の性質を完璧に備えた場合，**純粋公共財**と呼ばれる。他方，道路や公園などのように，利用者が多くなると混雑が生じるが，このとき非競合性が成り立たなくなる。このように，いずれかの性質が満たされない場合，それを**準公共財**と呼ぶ。さらに，便益の及ぶ空間的範囲が限定される場合，**地方公共財** (local public good) と呼ぶ。

公共財の供給を，民間に委ねると，過小にしか供給されないことが知られている。また公的に供給する場合にも，いくつか困難に直面する。この点に関しては，後で具体的に説明することとする。

　地方政府の供給する公共サービスがすべて，以上のような公共財の性質を備えているとは限らない。にもかかわらず，民間の供給に委ねず，政府が供給するのは，次のような理由があるためである。

規模の経済による自然独占

　財の種類によっては，生産において規模の経済効果がきわめて大きく，同じ地域のなかで2つ以上の企業が成立しえない場合，自然独占の状態になる。このとき，独占的私企業にその供給を委ねると，より高い価格でより少量の財，サービスを供給するという行動により，厚生の損失が生じるので，政府自らそれを供給したり，独占を許す代わりに料金の規制などを行う。そのような例として，上下水道，電力，公共交通などがあげられる。

外部効果

　ある種の財やサービスの生産や消費が，その生産者や消費者以外の者の効用や生産性に直接（市場を介さずに）影響を与える場合，外部効果が存在するという。有利な影響を与える場合，外部経済と呼び，不利な影響を与える場合は外部不経済と呼ぶ。個々の経済主体は，他者に及ぼす外部効果を考慮せずに私的動機に基づいて意思決定を行うため，社会的に効率的な資源配分が達成されない。

　たとえば教育を受けることは，個人の能力を高め，より高い所得機会を得る可能性を高めるが，そればかりでなく社会にも好ましい影響を与える。すなわち教育を受けた人は，仕事に就いたときに高度な技術を習得することも容易であるし，新しい技術を開発することによって生産性を高める可能性も高い。各個人は，このような影

響を考慮せずに，個人の便益のみを考慮して教育を受けるかどうかの選択を行うために，教育サービスの利用は社会的に過小となる。このような場合，政府が学校を自ら設立・運営したり，私立学校に対して補助金を支給することによって，教育サービスの利用を促進することが望ましい。

3 公共財の最適な供給

公共財の社会的限界便益

公共財の最適な供給量は，社会的総便益−供給費用（＝社会的純便益）を最大化するような水準である。社会的総便益とは，社会の構成員（たとえば地域住民）が公共財から受ける便益を合計したものである。**図9−1**は，公共財の供給水準と便益，費用との関係を示している。

社会的総便益は，公共財の量が増加するに従って増加するが，増加の割合（すなわち社会的限界便益，曲線の傾きで表される）は，公共財の水準が大きくなるに従い減少する。なぜそうなるかについては，後で述べる。一方，供給費用は公共財の量に対して直線的に増加すると仮定される。これは，限界費用が一定であることと同義である。社会的純便益を最大にする公共財の水準は，2つの曲線の距離が最大になる点 A で与えられる。この点では，2つの曲線の傾きが等しくなっている。すなわち，社会的純便益を最大化する水準では，社会的限界便益＝限界費用という関係が成立する。社会的限界便益は，公共財を1単位増やしたときの，地域住民の便益増加分の合計である。限界費用は公共財を1単位増やすために要する費用である。

図9-1 公共財の最適水準

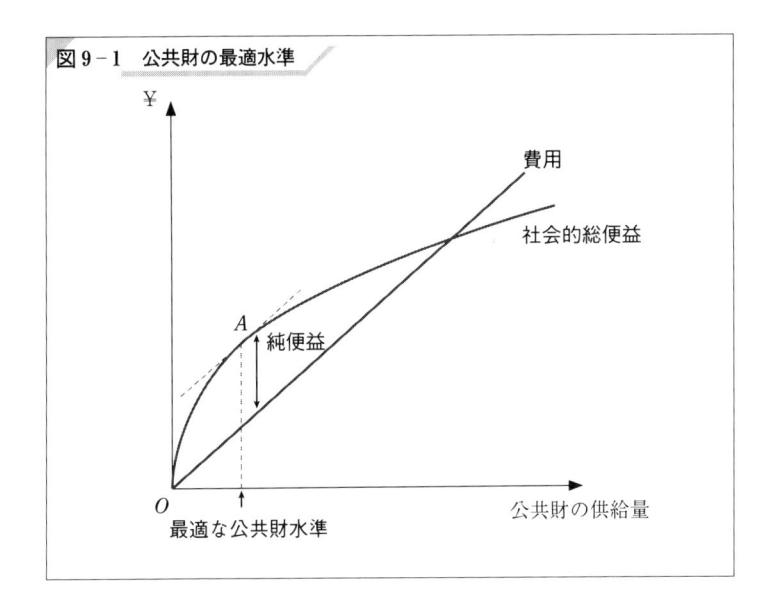

なお限界便益＝限界費用という最適条件は，公共財に限らず，一般に資源配分の効率性について満足すべきものである。

さてそれでは，公共財の社会的限界便益を具体的に導こう。そのため，ここでは公共財に対する選好が異なる H, M, L という3名の個人から成るコミュニティを想定する。**図9-2** における MB_H, MB_M, MB_L は，公共財に対する各個人の需要曲線を表している。各需要曲線の高さは，各個人がその水準から1単位公共財の消費を増やすことに対して支払ってもよいと思う金額である。その意味で私的限界便益を表す。図より，H は最も高い水準の公共財を選好し，L は低い水準を選好することが読み取れる。公共財の共同消費性より，すべての人が等しい水準のサービスを享受するので，公共財の量が少し増えると，すべての個人のサービス水準が同じだけ増

3 公共財の最適な供給

図9-2 公共財の社会的限界便益と最適な水準

縦軸: ¥、横軸: 公共財の供給量

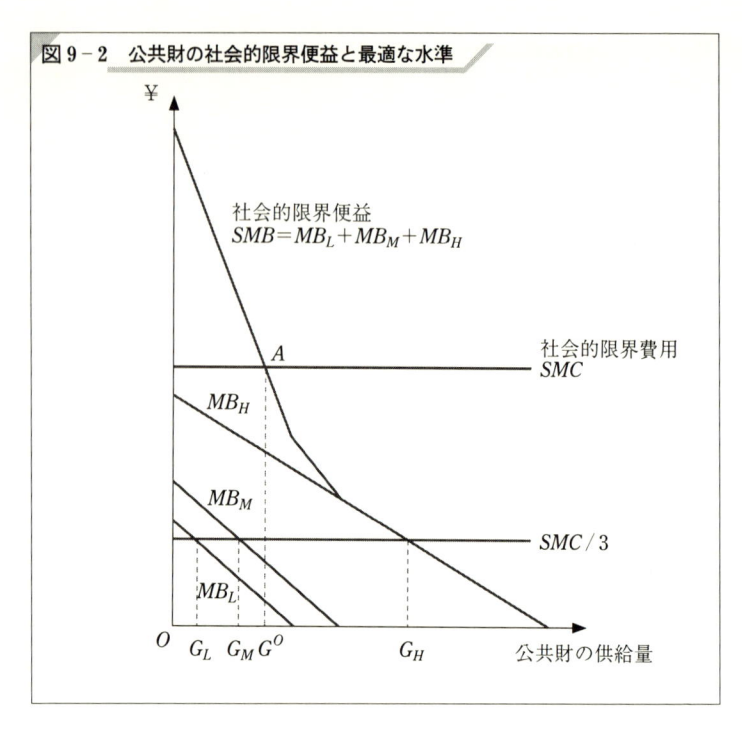

- 社会的限界便益 $SMB = MB_L + MB_M + MB_H$
- 社会的限界費用 SMC
- $SMC/3$
- 点 A、MB_H、MB_M、MB_L
- 供給量: G_L, G_M, G^O, G_H

える。したがって,社会的限界便益は各人の私的限界便益を合計したものになる。すなわち図において,各個人の需要曲線を縦に足し合わせたものが,社会的限界便益曲線 SMB である。これは私的財に関する社会的限界便益(集計需要)曲線が,個人の需要関数を横に足し合わせることにより得られることとは対照的である。図9-1における仮定をそのまま採用すると,公共財の限界費用は図9-2の SMC で表される水平線である。したがって,最適な公共財の量は,図9-2における点 A に対応する水準 G^O である。

ただ乗り問題

このような最適な公共財の供給は,いかなる方法で達成できるであろうか。まず考え

られる方法は，各個人が各自の得る便益に応じて費用を負担する方式である。このとき供給者（＝政府）は，各個人の私的限界便益を知る必要があるが，それが可能であれば，私的限界便益の合計が限界費用に等しくなるような公共財の水準をみつけることができる。そしてその点では，各個人から私的限界便益（＝支払意思額）に等しい額の税を徴収することによって，公共財の供給費用をカバーすることができる。このとき，支払意思額の高い人は高い税を払い，低い人はより低い税金を払う。

しかし，この方式の問題点は，政府は個々人の支払意思額を知ることが現実には不可能なことである。したがって，各個人に支払意思額の表明を要請することになるが，各個人は高い支払意思額を表明すると高い税負担を求められるので，合理的な個人ならばそれを正直に表明するインセンティブをもたない。すなわち，他の人が公共財の費用を負担することを期待しつつ，自分は実際より低い支払意思額を表明するのである。すべての人がそのような行動をとるので，結局，公共財の水準は社会的に過小になる。これは「ただ乗り問題」と呼ばれる。

4 地方政府における公共財の供給

投票により決まる公共財の水準

上述のように，政府は各個人の選好を知ることはできないので，公共財の供給水準を決めるためには，そのようなサービスの是否に対する直接投票，あるいは望ましい政策を主張する市長や議員への投票などが行われる。

では，投票を通じてどのような水準の公共財が選ばれるのであろうか。代表的な決定方法は，**多数決ルール**である。以下では，図9-2において想定した，3名から成るコミュニティについて，公共財の水準に関する意思決定プロセスを説明しよう。ここで，各個人は所得や選好にかかわらず，公共財の費用を均等に負担するものと想定する。このとき，各個人にとって最適な公共財水準は，私的限界便益＝私的限界費用（＝均等割りの負担額）である。したがって図において，個人 H，M，L にとっての最適な公共財水準は，それぞれ，G_H，G_M，G_L である。しかし等量消費なので，1つの供給水準を選ばなければならない。今，1つの公共財の供給量のみが争点であると想定しよう。そして，異なった供給水準に対して2つの案が提示され，各住民は自身の最適水準と近いほうの案に賛成投票するものとする。

　このとき選ばれる案は，**中位投票者**の支持する供給量水準である。中位投票者とは，最適な供給量水準の大きさに従って，投票者を順に並べたとき，中位にある者のことである。この例においては，個人 M が中位投票者になる。たとえば G_H と G_M の2案が提示されたとしよう。このとき G_H に対しては H のみが賛成し，G_M に対しては M と L が賛成する。したがって，投票によって多数を得るのは G_M である。他の組合せで選挙をやり直しても，中位投票者の賛成を得た案が選ばれるという結果は成立する。

　公共財の水準を直接投票で選ぶというのは，よほど大きなプロジェクトでもない限り，一般的ではない。実際には，さまざまな政策を主張する市長あるいは議員の候補者に対する投票を通じて，住民の多くが支持する公共財の水準が決まる。2人の候補者が，それぞれ公共財の水準を選挙公約に掲げ，選挙において争うものと想定し

よう。住民は，上と同様，2人の候補者のうち，各自の最適水準と近い水準を公約に掲げたほうの候補者に投票する。各候補者は，当選することのみを目的として行動するものとする。このとき，当選する候補者は，中位投票者の支持を得た候補者である。したがって，当選のみを目的とする各候補者は，中位投票者の望む水準を知ろうとし，それを公約に掲げるであろう。では，候補者は中位投票者を知ることができるだろうか。1回の選挙でそれを知ることは不可能に近いが，同様の選挙を繰り返す過程で，どのような政策を提示すれば当選し，落選するかについて学習するようになる。なお，誰が当選しようが，中位投票者の望む水準の公共財が供給されることになるので，当選するのが誰かは問題でなくなる。

投票結果の効率性

問題は，中位投票者の選好に従って決められた公共財の水準が社会的に効率的かどうかである。一般には，中位投票者の望む水準は必ずしも効率的ではない。図9-2の例では，中位投票者の望む水準は G_M であるが，それは最適な水準よりも小さい。もしある候補者が効率的水準 G^O を知り，その水準を提示しても，対立候補が中位投票者の最適水準 G_M を提示するならば，前者は敗北してしまうことを確かめることができる。一方，**図9-3**のように，中位投票者の望む水準が，住民全体の平均値に等しいときは，選挙の結果，効率的な水準が達成できる。

以上の分析では，単一の公共財に関する供給水準のみが選挙における争点であると仮定していた。実際には，多くの種類の公共財があり，それぞれに対する中位投票者は通常一致しない。たとえば，ある人は道路を整備することを望み，別の人は教育を充実させることを重要と考えるかもしれない。このような場合，多数の得票を得

図9-3 投票により最適な公共財が達成されるケース

縦軸: ¥
横軸: 公共財の供給量

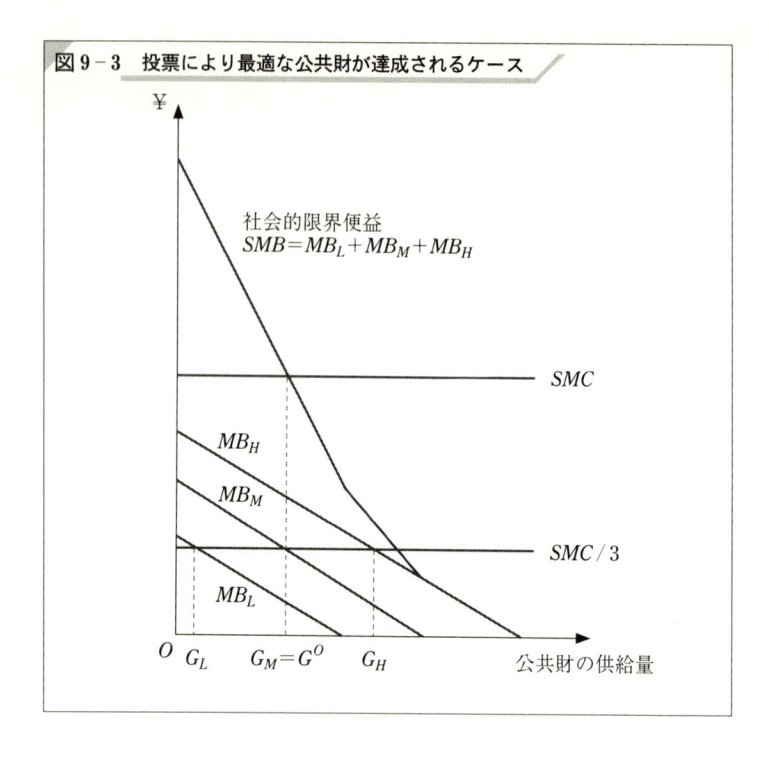

社会的限界便益
$SMB = MB_L + MB_M + MB_H$

SMC
MB_H
MB_M
$SMC/3$
MB_L

O, G_L, $G_M = G^O$, G_H

るために候補者が住民の選好を知ることは、はるかに困難である。

5 足による投票：ティブー・モデル

足による投票メカニズム

先に述べたように、公共財の供給においては、住民が自らの選好を正しく表明しないことによる、ただ乗り問題が生じることが知られている。また、投票によって決まる公共財の水準は必ずしも効率的でないことも示された。

これに対して，ティブーは1956年の論文（Tiebout [1956]）で，住民が地域間を移動することに着目し，ある条件のもとでは，上の問題が解決可能であることを示した。

多数の自治体から成る都市圏を想定し，世帯の所得は，居住地に依存しないものと仮定する。そして各自治体の政府は，公共財の水準とそのための税負担について，それぞれ異なった政策を実施することができるものとする。このとき家計が自由に立地を選択できるのであれば，そのような多数の自治体から，自身の選好に最も合致した所に居住することを選択する。このようなプロセスが続けば，やがて各自治体は，選好の類似した住民から構成されるようになり，それぞれにおいて住民の選好に合致した公共財が供給される。こうして都市圏は，公共財に関して互いに異なった政策を実施する多様な自治体から構成されるようになる。家計は，立地選択を通じて，結果的に各自の選好を表明することになるので，このようなプロセスは，**足による投票**と呼ばれる。

足による投票メカニズムは，通常の多数決投票に比べて社会的に効率的である。このことをみるために，図9-2の例と同様の3タイプの住民が存在する都市圏経済について考えよう。この都市圏には，3つの自治体があるものとする。次の2つのケースを比較しよう。

ケース①——各自治体に，3タイプの個人が1人ずつ住んでいる。

ケース②——各自治体には1つのタイプの住民が3人ずつ住む。すなわち1つの自治体にはタイプHの住民が3人，他の自治体にはタイプMが3人，もう1つの自治体にはタイプLが3人。

ケース①では，各地域において住民の投票により選ばれる公共財

図 9-4　足による投票の便益

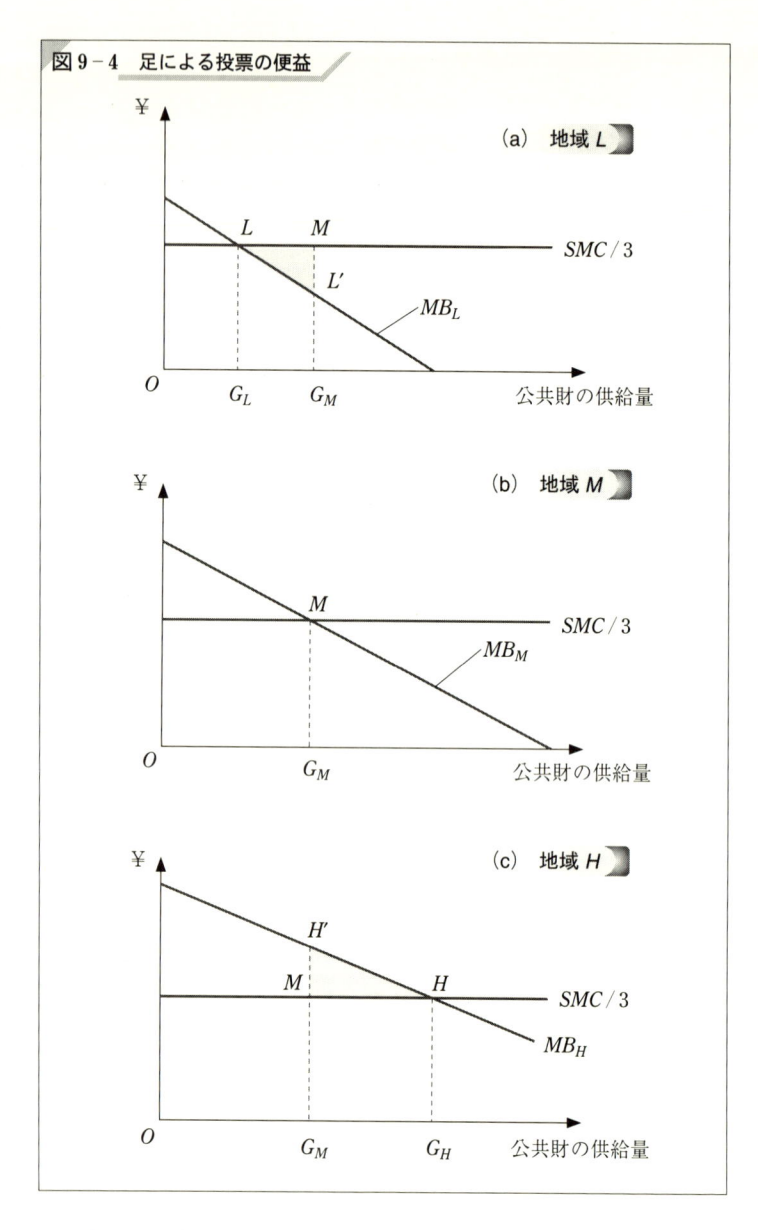

(a) 地域 *L*

縦軸: ¥、横軸: 公共財の供給量
曲線: MB_L、水平線: $SMC/3$
点: L、M、L'
横軸の値: G_L、G_M

(b) 地域 *M*

縦軸: ¥、横軸: 公共財の供給量
曲線: MB_M、水平線: $SMC/3$
点: M
横軸の値: G_M

(c) 地域 *H*

縦軸: ¥、横軸: 公共財の供給量
曲線: MB_H、水平線: $SMC/3$
点: H'、M、H
横軸の値: G_M、G_H

の水準は，中位投票者である，M の望む水準である。この水準は，タイプ H の人にとっては過小だし，タイプ L にとっては過大である。

一方，ケース②では，各地域において，

$$私的限界便益 = 限界費用/3 \qquad (9-1)$$

となるような水準に対して，住民全員の賛成が得られる。すなわちタイプ H の住む地域では G_H，タイプ M の住む地域では G_M，そしてタイプ L の住む地域では G_L の公共財が供給されている。(9-1) 式の両辺を3倍すると，それは各地域における効率的供給の条件になることが直ちにわかる。

2つのケースを比較すると，**図9-4** における三角形 LML' および HMH' の面積の3倍に等しい額だけ，ケース②の厚生が高い。すなわち，この額が足による投票によって得た便益といえる。

ティブー均衡の成立条件

以上のようなティブーのモデルは，以下に述べるように，いくつか非現実的な条件に基づいていることに注意する必要がある。

(1) 都市圏内には，少なくとも家計のタイプと同じだけ多数の自治体が存在する必要がある。上の例で，都市圏に2つの自治体しかなければ，足による投票メカニズムによっても，3タイプのすべての個人がそれぞれの選好にちょうど合致した自治体をみつけることはできない。すなわち，少なくとも1つは H と M の混在，あるいは M と L の混在する地域が形成されるので，上述のような住み分けは不完全なものとなる。なお，H と L の混在する地域は形成されない。なぜなら，そのような地域においては，いずれのタイプの個人にとっても，自らの選好との乖離が大きいため，他の地域に移動してしまうからである。自治体の数が2つの場合，3つの自治体

が存在する場合よりも非効率であるが，1つの地域に3タイプの住民が混在する場合よりは効率的である．

(2) 家計の所得が立地する場所にかかわらず一定であることが仮定されている．この仮定が成り立つのは，大都市圏の郊外にあるベッドタウン都市の間での立地選択であろう．そこでほとんどの人が中心都市の CBD に通勤するのであれば，立地によって所得が変化することはない．また大都市圏であれば，圏域内に多数の自治体が存在するので，各自治体ごとに異なった政策が実行可能であれば，足による投票プロセスは比較的有効に機能する．しかし中小の都市圏やそれ以外の地域では，所得が立地に依存しない範囲で，政策に関する多様性を十分に実現することは不可能である．

(3) 住民が費用をかけずに立地を移動できると仮定されている．しかし実際には移動に費用がかかるので，もし立地を移動することによる便益が費用を上回るほど大きくなければ，選好には合致してなくても現在の居住地にとどまるであろう．

(4) 各住民への一括税（均等割り）のみが，公共財の費用を賄うための財政手段であると仮定している．この仮定を変更した場合については，第6節において分析される．

(5) 自治体の規模が効率性に及ぼす影響を無視している．ティブーのモデルでは，自治体の数が多ければ政策の多様性がより増すので，個々の自治体の規模は小さいほうが望ましいことになる．しかし実際にはそうとは限らない．この点については第8節において述べることとする．

(6) 住民が，すべての地域における公共財の水準と税の組合せについて完全な情報をもつという仮定も，非現実的である．

以上のように，ティブーの考えた足による投票メカニズムが望ま

しい結果をもたらすためには，厳しい条件があり，現実にはそれを満たすことは困難である。しかし不完全であっても，住民が自らの公共サービスに対する選好に基づいて地域を選び，各自治体が多様なメニューを提供できれば，効率性を改善する効果があることは確かである。ティブー・モデルは，住民の多様な選好に合致するよう，地域ごとに公共サービスの多様性を増大させられる地方分権が，住民の厚生を高めることを示唆している。

6 地 方 税

課税と経済損失　上のティブー・モデルにおいては，地域住民が公共財の費用を均等に負担する（すなわち一括税）と仮定していた。一括税は，資源配分に中立的（歪みを与えない）という点で好ましい性質をもつが，その実施は，政治的にきわめて困難である。1980年代に，イギリスのM.サッチャー政権のもとで人頭税が導入されたものの，国民の猛烈な反対によって挫折したことからも明らかである。したがって現実には，固定資産税，消費税，所得税などの手段を組み合わせることになる。

ところが，これらの税は資源配分に歪みを与える。すなわち税金が課されると，家計や企業などの経済主体は行動パターンを変更したり，しばしば税を回避することを企てる。

たとえば消費税について，このことを説明しよう。**図9-5**には，ある財の生産と消費に与える消費税の影響を示している。消費税が課されない場合，市場均衡は点Eで達成され，このとき消費者の得る消費者余剰，および企業の得る利潤（＝生産者余剰）は，それ

図9-5 課税による経済損失

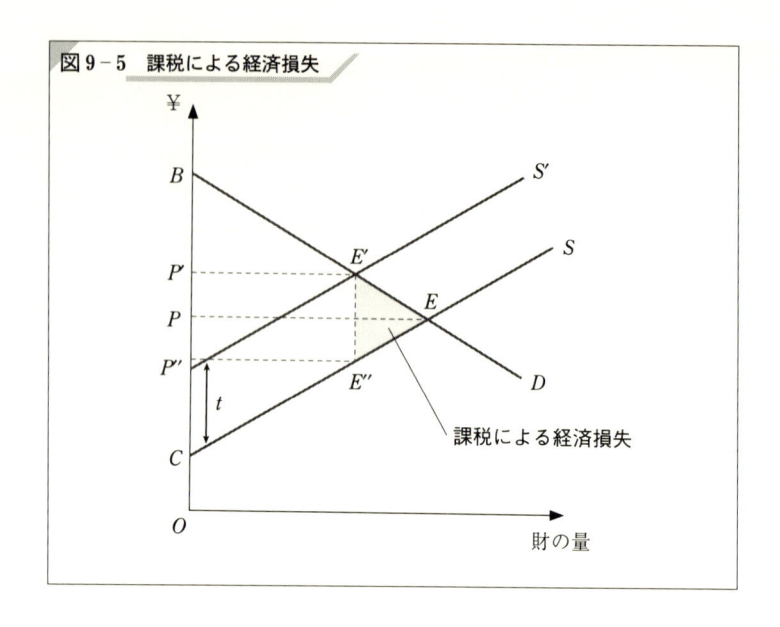

それぞれ，三角形 BEP と CEP の面積で求められる。したがって，社会的余剰は三角形 BEC の面積に等しい。

もし財1単位当たり t 円の消費税が課せられると，それは図における S' のように供給曲線が t だけ上にシフトしたことと同じである。このときの均衡点は E' となり，消費者価格が P' なので消費者余剰は $BE'P'$，生産者が受け取る価格は P'' なので生産者余剰は $CE''P''$ である。そして税収 $P'E'E''P''$ は，社会的に何か有益に使われるので，社会的余剰は消費者余剰と生産者余剰に税収を加えて，$BE'E''C$ で囲まれた面積によって求められる。消費税が課されると，税のない場合に比べ，社会的余剰が三角形 $E'E''E$ で囲まれた面積だけ小さくなる。これは消費税が資源配分に歪みを与えることによって生じた経済損失であり，**超過負担**（excess burden）と呼ばれる。

超過負担の大きさは，需要や供給の弾力性に依存する。たとえば供給が非弾力的であれば，図において供給曲線が垂直に近くなるので，超過負担は小さくなる。効率的な資源配分を達成するには，超過負担ができるだけ小さくなるよう，さまざまな種類の税の組合せを設定する必要がある。

　以上の議論は，中央政府，地方政府を問わず，財政において一般的に生じる問題であるが，それに加えて地方財政においては，人や資源が地域間を移動できることによって，さまざまな問題が生じる。以下では，そのような問題の例をいくつか紹介する。

足による投票と所得税

　上で述べたように，ティブー流の足による投票を通じて達成される均衡は，一括税の仮定のもとでは，好ましい結果が得られた。しかし，所得税や資産税のもとでは，必ずしも上の結果は成り立たない。

　このことを示すため，各個人は，公共財に対する選好が異なるばかりでなく，所得も異なるものとしよう。ここでは所得の高いクラス（W）と低いクラス（P）の人々がおり，そしてそれぞれのクラスのなかで公共財の需要が大きいタイプ（H）と小さいタイプ（L）に分かれるものとしよう。すなわち，公共財への需要と所得水準の組合せで，計4つのグループが存在する。以上の想定のもとでティブー流の足による投票メカニズムが働けば，**図9-6**のように，(H, W)，(H, P)，(L, W)，(L, P) の4種類の自治体が形成され，それぞれの自治体で住民の支払能力と選好に合致した公共サービスと税の組合せが実現する。しかしそのような状況は，公共財の費用が所得税によって賄われる場合には実現しない。所得税のもとでは，税率が同じでも所得が高い人が多く住む地域では税収が多いので，その分を財源にすればより高い水準の公共財が供給される。あるいは，

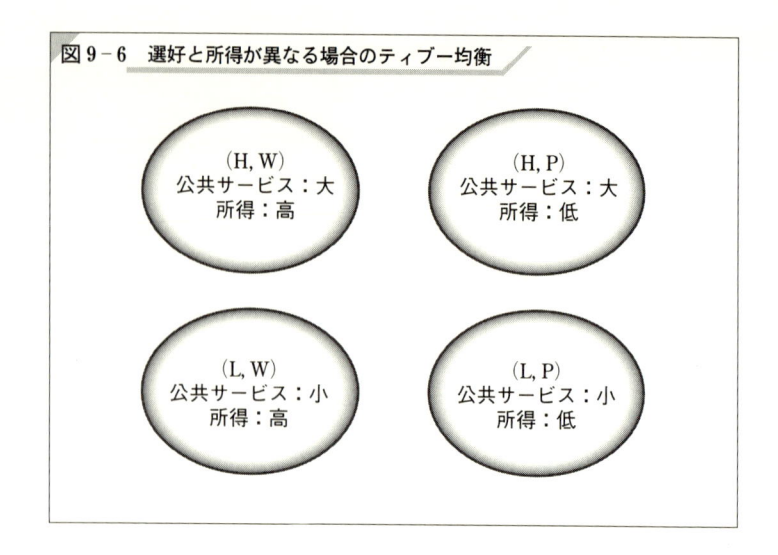

図9-6　選好と所得が異なる場合のティブー均衡

- (H, W) 公共サービス：大　所得：高
- (H, P) 公共サービス：大　所得：低
- (L, W) 公共サービス：小　所得：高
- (L, P) 公共サービス：小　所得：低

公共財の水準が同じなら、所得の高い地域のほうが税率は低くなる。したがって、上の (H, P) や (L, P) に住む人は、それぞれ、(H, W)、(L, W) に移住することによって、個人の厚生水準を改善できる。この場合、ティブー流の均衡は実現せず、各地域の公共財の水準は必ずしも最適にはならない。

またこの場合、高所得の人々は、同じ地域の住民がすべて高所得であった場合に比べて厚生が低下する。なぜなら、低所得の人から得られる税収は低いので、前と同じ公共財の水準を維持するには、より高い税金を払わなければならないからである。

このような状況に対して、高所得の人々は、低所得者が同じ地域に流入することを阻止しようとするインセンティブをもつ。そのような手段として用いられるのが、ゾーニングや成長管理である。たとえばゾーニングによって、住宅地の最小区画面積が定められるものとしよう。一般に所得が高くなるほど住宅地面積は大きくなるの

で，このようなゾーニングのもとでは，低所得の人がこの地域において適当な広さの住宅をみつけることはできない。このような意図をもったゾーニングは**フィスカル・ゾーニング**（fiscal zoning）と呼ばれ，地方分権の進んだアメリカでは実際に行われている。

固定資産税と租税競争

固定資産税は，土地や資本ストックの所有に対して課されるが，このうち，土地は供給が固定的であるのに対し，資本は地域間を自由に移動できる。もしある地域において資本に対する資産税率が高いと，そのような地域では収益が低くなるため，資本は他の地域に流出するし，税率が低いと資本が流入する。ある地域に資本が流入することは，地域の所得が増大するとともに，課税ベースの増加を通じて公共財の財源も拡大するので，同地域の住民にとっては好ましい効果をもつ。したがって，地域住民の厚生を最大化しようとする地方政府は，税率を低くしてより多くの資本立地を自地域に誘導しようとする。これに対して他の地域は，資本が流出するに任せたりはせず，同様に税率を低くするであろう。このような**租税競争**（tax competition）は，以下に示すように資源配分を歪める効果をもつ。

対称的な2地域から成る経済を想定しよう。各地域には同質の個人が同数居住しているものとする。そして，この経済に存在する資本の量は，$\bar{K}$ に固定されている。このとき両地域の税率が同じなら，資本は各地域に $\bar{K}/2$ ずつ立地するだろう。このような状況を与件として，各地方政府は地域住民の厚生を最大化するように公共財の水準と資産税率を設定する。地域住民の厚生は，資本の立地量と公共財の水準に依存するものとする。

図9-7(a)には，公共財の水準 G と地域住民の厚生との関係を示している。また図9-7(b)には，地方政府の予算制約を表している。

図9-7 租税競争と公共財の過小供給

(a) 厚生

縦軸に V^{**}, V^o, V^*, V' をとり、3本の曲線 $u(2\overline{K}/3)$, $u(\overline{K}/2)$, $u(\overline{K}/3)$ が描かれている。横軸は公共財の水準で G^o が示されている。

(b) 税率

3本の直線 $t=3G/\overline{K}$, $t=2G/\overline{K}$, $t=3G/2\overline{K}$ が描かれ、縦軸に t^o, t^*、横軸に G^*, G^o, G^{**} が示されている。

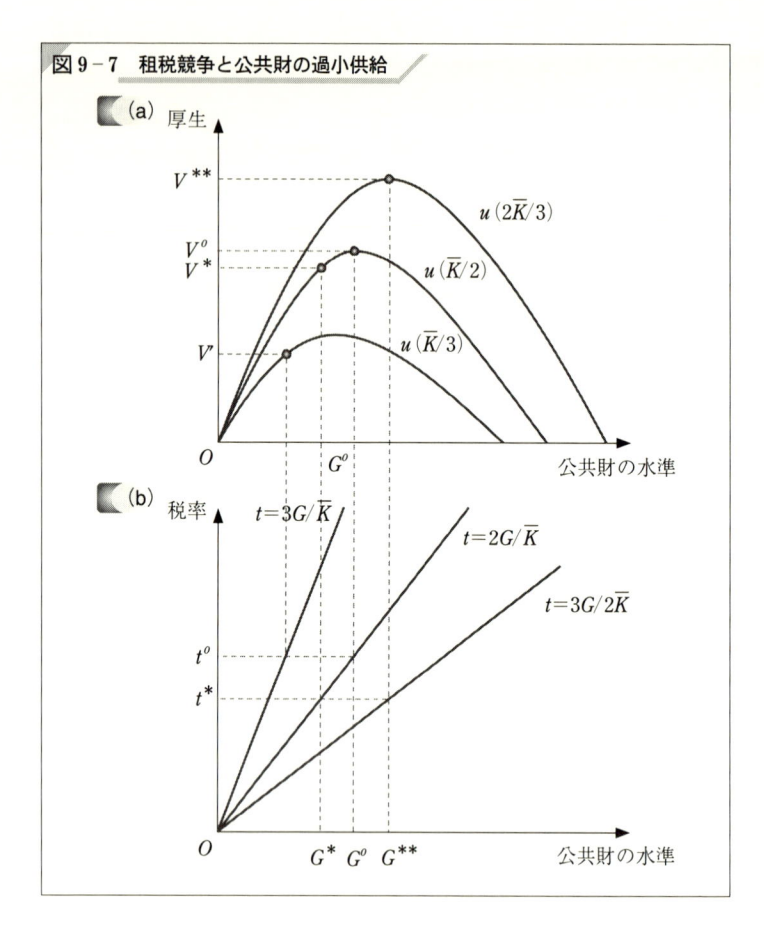

各地方政府は，固定資産税の収入によって公共財の費用を賄うため，$G=tK$ という関係が成り立つ。ここに t は，資本1単位当たりの税率である。資本が各地域に $\overline{K}/2$ ずつ立地するとき，地域住民の厚生は $u(\overline{K}/2)$ のようになり，予算線は $t=2G/\overline{K}$ となる。このとき，各地方政府が地域住民の厚生を最大化するような公共財の水準を選ぶと，それは G^o であり，それに対応する税率は図9-7(b)の t^o の

236　第9章　都市における公共サービス

表 9-1 租税競争の帰結

		地域②	
		t^o	t^*
地域①	t^o	(V^o, V^o)	(V', V^{**})
	t^*	(V^{**}, V')	(V^*, V^*)

ように決まる。このときすべての地域が同様に行動すれば,それが社会全体にとっても最適である。しかし税率を下げれば,より資本が多く立地し,地域住民の厚生が増加することを知っている地方政府は,そのような最適な状態にとどまろうとはしない。

今,税率を t^o から t^* に下げれば,自地域に立地する資本は,$2\overline{K}/3$ に増加するものとしよう。このとき地域住民の厚生と予算線は,それぞれ,$u(2\overline{K}/3)$ と $t=3G/2\overline{K}$ のように変化する。このとき税率を下げた地域の公共財は G^{**} であり,厚生水準は V^{**} に増加する。一方,税率を変更しなかった地域では,資本の立地量が $\overline{K}/3$ に減少し,地域住民の厚生と予算線は,それぞれ,$u(\overline{K}/3)$ と $t=3G/\overline{K}$ のように変化する。そして上と同様にして,変更しなかった地域の厚生水準は V' に減少する。

以上のような設定で,対称的な2地域の地方政府が租税競争を行う場合の利得の組合せは,**表9-1**のようにまとめられる。ここでは,地方政府が選ぶ税率は,最適な t^o か,それより低い t^* のいずれかであるものと仮定する。表には,2つの地域の政府がとるそれぞれの税率の組合せに対して,各地域の住民が得る厚生水準を示している。たとえば,地域①が t^o,地域②が t^* のとき,表には (V', V^{**}) とあるが,これは地域①と地域②の住民の厚生水準が,

それぞれ V', V^{**}, であるということである。

地域①の行動について、みてみよう。地域②が t^o の税率を採用している場合、地域①は V^o の厚生水準を達成できるが、それよりも低い税率 t^* に変更するほうが、高い厚生 V^{**} を獲得できる。一方、地域②が t^* の税率を採用している場合も、地域①にとっては t^* を選んだほうが有利である。すなわち、地域②がどちらの戦略（税率）をとろうが、地域①にとっては低い税率 t^* を選んだほうが有利なのである。2地域は対称的なので、地域②にとっても同様である。したがって、両地域とも低いほうの税率 t^* を選ぶので、資本は両地域に $\bar{K}/2$ ずつ立地し、両地域の厚生水準は V^* になる。資本の立地分布は変わらずに税率だけが低くなるので、図9−7より公共財の水準は G^* になる。これは最適な水準 G^o よりも小さい。そして、厚生水準 V^* は両地域が t^o を選んだときに達成する水準 V^o よりも低い。すなわち、各地方政府が自地域住民の厚生を最大化しようと行動した結果、2地域全体としては厚生水準を低下させてしまうのである。

税の帰着問題

以上述べたほかにも、税に関しては、財や生産要素、そして住民の地域間移動性に関連して多くの複雑な問題が生じる。なかでも**税の帰着** (incidence) の問題は重要である。これは誰が実質的な税負担をするかという問題である。税金を払った者が必ずしも実質的な負担をするわけではない。

たとえば、ある地域における税金の一部を他地域の住民が実質的に負担するという**租税輸出** (tax export) が生じる場合がある。このとき課税地域の政府は、自地域住民に負担を感じさせることなく税収を増やすことができるので、上の租税競争の場合とは逆に、公

共財を過大に供給する可能性がある。これも社会全体にとっては非効率を生じさせる。より詳しい分析については、地方財政学の文献（たとえば Wildasin［1986］や堀場［1999］）を参照されたい。

7 地方分権

地方分権の必要性　近年、日本では地方分権の必要性が叫ばれている。実際、日本では中央政府が地方政府の行う活動に対してさまざまな介入を行っており、地方政府の政策に関する選択の自由度は小さい。たとえば、地方政府独自の財源である地方税は、法律によって課税できる税目、税率などが詳細に規定されている。また地方政府の支出のうち、地方が独自に集められる地方税と地方債が占める割合は、1993年時点で49.2%（地方税35.2%、地方債14.0%）にすぎず、その不足分は、中央政府からの移転である地方交付税や国庫支出金によってカバーされている。その際、補助金の条件として公共サービスの内容が国の基準に従うことを求められるので、サービスの内容を地域独自で決めることは困難である。その結果として、日本全国の自治体が行う公共サービスは画一的になっている。

　地方分権とは、上のような状況を改め、地方政府が地域住民の固有なニーズに応じて公共サービスの内容を選ぶとともに、そのために必要となる財源を得るために自由に税率を定める権限を与えようということである。地方分権を進める必要性については多くのことが語られているが、経済学的観点からみた利点の主なものは、以下の通りである。

(1) ティブーが示したように,住民の選好が多様であり,それぞれ異なった公共サービスの内容と税率を提供する地方政府が多数存在するのなら,足による投票プロセスによって,住民は各自の選好に合致した地域をみつけることができる。そしてそのようなプロセスは,社会厚生を改善する。地方分権は,このような好ましいプロセスの実現を可能とするのである。公共サービスの内容や税率に関して自由度がないと,足による投票は有効に機能しないのである。

(2) 地方分権により,政策メニューに制約がなくなると,新たな公共サービスに関して創造性を発揮する可能性が拡大する。中央政府のコントロールが強いと,地方政府の仕事は,国で定められたメニューを消化することに終始することが多くなるので,新しいアイディアを考案する動機が小さく,そのようなアイディアを実施に移すことも困難である。

(3) 地方分権のもとでは,地方政府の責任が明確になり,政策における失敗は,住民の流出や選挙における敗北をもたらすようになる。このような状況では,政府の職員や議員が住民の要求に応えるような政策を実施するよう努力するインセンティブをもつようになる。

(4) 中央政府からの補助金に伴う非効率性を改善することが期待できる。補助金に依存する割合が大きいと,地方政府や地域住民は,公共サービスの費用を正しく認識せず,その結果,公共サービスに関する選択に歪みを生じさせる可能性がある。たとえば,道路の建設には国から半額の補助が付くが,公園には付かない場合を想定しよう。道路と公園に使える総予算が固定されているとき,地域における道路への予算配分が過大になる。義務教育のように,中央政府が特定のサービスについて国全体で一定以上の水準を確保するため

に，このような補助金を正当化することもできるが，現在行われている種々の補助金が必ずしもそのように意味のあるものとは限らない。必要なものと不要なものとを峻別する必要があるだろう。このことに加えて，地方政府の職員や議員が，地域にとって望ましい公共財の供給に知恵を絞るよりも，補助金獲得に精力を注ぐ傾向が指摘されている。過度に補助金でコントロールするよりも，地域独自の財源を拡大することによって，上述の問題を改善する必要がある。

地方分権の問題点

地方分権のもとで，各地方政府は自地域住民の厚生を最大化することのみを目的として行動する。しかし，1つの地方政府の政策は，周辺の地域に影響を及ぼす。このとき，1地域の住民にとっては望ましい政策でも，多くの地域から成る経済全体では好ましくない効果をもつ可能性がある。そのようなケースとして，次のようなものが考えられる。

(1) 公共サービスが地域間で外部効果を及ぼす場合，地方分権では効率的な供給水準が達成されない。たとえば隣町に車で買い物に出かける場合，隣町の道路を利用することになるが，それは隣町の住民が払った税金によって建設されたものである。このように行政区域を越えて公共財の便益が及ぶことを**スピルオーバー**と呼ぶ。スピルオーバーがある場合，最適な公共財の水準を達成するためには，次の条件が成り立つ必要がある。

自地域住民の限界便益＋他地域住民の限界便益＝限界費用

しかし地方分権のもとで，自地域住民の厚生を最大化することだけを考える各地域の政府は，他地域住民の便益（左辺第2項）を考慮せずに公共財の水準を決定するために，そのような水準は最適な水準よりも低くなる。

(2) 前節で述べたように，各地域の政府が自由に租税政策を選択

することによって，租税競争や租税輸出のように，社会全体として非効率な結果をもたらす可能性がある。

8 地方政府の規模と効率性

　ティブー・モデルによれば，自治体の数が多くなればなるほど，1つの地域内における住民の選好は同質化するので，より住民の要求に合致したサービスの供給が行われる。都市圏の人口が一定の場合，自治体の数を増加させるためには，1自治体当たり規模が小さくならなければならない。すなわち，多様な選好に対応するために，地方政府の規模は小さくなるほど望ましいことになる。

　以上の議論は，公共財の供給費用が，人口規模にかかわらず一定であることを暗黙に仮定している。しかし，地方政府の供給する公共サービスの多くには，規模の経済が存在する。また公共財の場合，共同消費性をもつので，多くの住民から成る大きな自治体のほうが，1人当たりの費用負担が少なくなる。

　さらに公共サービスの便益は，必ずしも行政区域内に限られず，上で述べたような便益のスピルオーバーが生じる。このスピルオーバーによる厚生損失は，行政区域を大きくすることによって減少させることができる。

　以上を考慮すると，地方政府の規模に関しては，選好の多様性と規模の経済，スピルオーバーの外部性との間にトレード・オフがあるので，どこかに最適な規模が存在するはずである。そのような最適規模は，規模を大きくしたとき，地域内住民の選好の異質性が増すことによる限界的損失と，規模の経済による費用負担の減少，そ

してスピルオーバーの内部化による効率性上昇とが等しくなるような点である。

現状において，自治体の規模が最適規模と隔たっている場合，それに近づけるための手段は，合併や分割である。しかし，地方政府が多種多様な公共サービスを供給しており，それぞれのサービス種別ごとに住民の選好の異質性，規模の経済，スピルオーバーの程度は異なっている。このような場合，合併や分割のみによって問題を解決することは困難である。また交通施設整備などによってスピルオーバーの程度も変化することを考慮すれば，合併や分割を行っても，またいずれ最適規模からの乖離が生ずることになる。合併や分割にも費用がかかるので，そう何度もできるものではない。

したがって，合併や分割のみによって問題を解決するのでなく，補助金や他の手段を適切に利用して，住民の選好に合致するとともに効率的な公共サービスを達成することが望ましい。たとえば，ごみ処理や消防などについては，現実にも「一部事務組合」のような方式が実施されている。また地方分権が進めば，地方政府間の自発的な協力や，中央政府を経由しない地方政府間の補助金など，多様な広域行政の可能性も期待される。

Column ⑨ 地方政府による「私的財」の供給

本章では，地方政府の主たる役割として，公共財の供給に着目していた。しかし，地方政府の提供するサービスには，必ずしも公共財とはいえないものが多く含まれている。そのような例としては，学校，病院，体育館，博物館，ホールなどがあげられる。これらは，第2節で述べたように，外部性や規模の経済性のため市場に委ねては効率的な供給がなされないので，政府が供給している。しかし地方政府に委ねれば，これらのサービスが効率的に供給されるのであろうか。

日本では，似たような公共施設が競うように各市町村に設置されており，それらの施設の利用度は必ずしも高いとはいえない。芥川・文[1999]は，複数の地方政府が，それぞれ住民の厚生を最大化するように施設の設置を選択する結果，施設の数が過大になる可能性があることを示した。すなわち，場合によっては各地域が1つずつ施設をもたなくても，1つの施設を複数の市町村が共同で利用できるようにするほうが効率的なのである。

　実際の地域においても，複数の市町村が公共サービスを共同で行った事例がある。ごみ処理や消防などについて一部事務組合が多く結成されていることは，すでに述べた。そればかりでなく，たとえば福島県の喜多方市を中心とする7市町村は，「喜多方地方広域市町村組合」を形成し，「喜多方プラザ文化センター」というホールや，斎場を共同で運営している。また東京都の多摩六都科学館では建設費も複数の市町村で分担するという総合的な協力方式が採用されている。ほかにも広島県の「ふくやま美術館」，宮城県の「リアス・アーク美術館」などいくつかの事例はあるが，全体からみると少数にとどまっている。

　このような共同利用を行う場合，どこの市あるいは町に施設を立地させるべきか，各市町村は建設費用や運営費用をどのように分担すべきか，という問題を解決する必要がある。施設を利用するためには，自宅から施設の所在地まで交通費がかかる。したがって，施設の立地する地域の住民は，他の地域の住民よりも大きな便益を得るので，費用負担の割合は高くすべきであろう。実際の例でも施設の立地する地域の負担が最も高くなっているが，具体的な割合が合理的に決定されたものかは不明である。また共同利用を促進するために，地域間の交通施設を整備する必要はいうまでもないが，そればかりでなく地方政府がバスなどの交通手段を直接提供したり，交通費に対する補助など，さまざまな方法が考えられる。これらの政策手段の評価や，望ましい費用分担のあり方に関する研究は十分に蓄積されているとはいえず，今後に残された課題である。

⇒練習問題

1 2つの地域から成る社会には，a, b という2タイプの個人が4人ずつ存在し，それぞれの公共財に対する支払意思額は，次のように表されるものとする。

$$p_a = 2 - G$$
$$p_b = 4 - G$$

公共財の供給費用は $C = 4G$ のように与えられている。それぞれの地域の政府は地域住民にとって最適な公共財の水準を選ぶものとする。このとき，次の2通りのケースについて社会全体の純便益（社会的総便益－社会的総費用）を比較しなさい。

(1) 各地域に2タイプの個人が2人ずつ居住。
(2) 1つの地域にタイプ a が4人，もう1つの地域にタイプ b が4人ずつ居住。

なお，社会的総便益とは各個人の私的便益（＝個人の支払意思額関数の下の面積）を集計したものである。

2 スピルオーバーの生じる公共財の例を2つ以上あげ，その内容について説明しなさい。

◆引用文献

Tiebout, C. M. [1956] "A Pure Theory of Local Expenditures," *Journal of Political Economy*, 64, pp.416–424.

Wildasin, D. E. [1986] *Urban Public Finance*, Fundamentals of Pure and Applied Economics, vol. 10, Harwood Academic Pub.

堀場勇夫 [1999]『地方分権の経済分析』東洋経済新報社。

芥川一則・文世一 [2000]「地方政府による私的サービスの供給」『応用地域学研究』第5号，139～148頁。

文献案内

1　O'Sullivan, Arthur [1999] *Urban Economics*, 4 th edition, Irwin Professional Pub.

　理論的分析と現実を対応させながら，都市経済全般にわたって，わかりやすい説明を行っている秀れた教科書である。

2　Mills, E. S. and Hamilton, B. W. [1994] *Urban Economics*, 5th edition, Addison-Wesley Pub.

　1と同様，豊富な実例をもとに，都市経済学をより丁寧に説明している，ポピュラーな教科書である。

3　Fujita, Masahisa [1989] *Urban Economic Theory: Land Use and City Size*, Cambridge University Press.

　都市内の住宅立地行動，都市内土地利用，地代構造など，都市の空間構造の理論的展開を行っており，この分野での厳密な分析を行う者にとっては必読の書である。

4　Evans, A. W. [1985] *Urban Economics*, Basil Blackwell.

　都市の空間的側面を重視し，土地利用と地代構造の決定の説明に重点を置いた教科書。

5　宮尾尊弘 [1995]『現代都市経済学（第2版）』日本評論社。

　都市経済学の要点を非常にわかりやすく解説している入門書。

6　山田浩之・西村周三・綿貫伸一郎・田渕隆俊編著 [1995]『都市と土地の経済学』日本評論社。

　経済学，地理学，土木工学など多分野の研究者により書かれている。都市経済学理論の解説とともに，数多くの実証的研究が紹介されている。

7　中村良平・田渕隆俊 [1996]『都市と地域の経済学』有斐閣。

都市経済学と地域経済学における広範なトピックスについて，コンパクトに解説している。

[8] 金本良嗣［1997］『都市経済学』東洋経済新報社。
都市経済学の基礎理論とともに，それらを応用して都市開発，土地利用規制，土地税制，住宅政策などの都市に関わる政策の分析を展開している，やや上級向けの都市経済学の教科書である。

[9] 小林潔司編著［1999］『知識社会と都市の発展』森北出版。
知識社会における都市のパースペクティブを提示している。分析のツールとして都市経済学の理論が応用されている。

索　引

● あ 行

アクセス費用　205
足による投票　217, 227, 229, 230, 233, 240
アロンゾ, W.　42
　——型都市　44
　——型モデル　42, 45, 94, 98, 208
一部事務組合　243, 244
一括税　230, 231, 233
一般化費用　170
移動時間　151, 152
インセンティブ・ゾーニング　115-117, 119
インフラストラクチャー　165, 204, 209
ウェイト・ゲイニング産業　27, 28, 30
ウェイト・ルージング産業　27, 29, 31
HOV　197, 200
エッジ・シティ　104
Fプラン　110
エリア・ライセンス・スキーム　198
エレクトロニック・ロード・プライシング　199
円錐型都市　98
オフィス企業　80, 83-86, 123, 151, 154, 156-158
　——の支店立地　156, 160
オフィス雇用　160
オフィス立地の集中化　159
オフィス立地の分散化　159

● か 行

階層構造　147
開発許可制度　111
開発権　109, 118
　——移転　118
外部経済　219
外部効果　172, 218, 219, 241
　——の内部化　174
外部性　88, 100, 101, 114
外部不経済　108, 114, 115, 169, 219
　——防御支出　88
開放都市　65, 66, 122, 189
家計の効用水準　44
家計の所得水準　56
家内工業　10, 11
可変費用　10, 127
機会費用　6, 86, 169, 170
規模の経済　10-12, 14, 15, 18, 205, 242, 243
　——による自然独占　218, 219
共同消費性　218, 221, 242
共同利用　244
均衡地代曲線　78
均衡トリップ数　171
区域区分制度　111
クリスタラー, W.　123, 124, 137
経路選択　180, 201, 212
建築基準法　111
権利の束　109, 118
交易の利益　8, 9
公共交通への補助　193

公共財　216, 218–229, 233, 234, 236, 238, 241–243
　　準——　218
　　純粋——　218
公共サービス　216, 217, 219, 231, 233, 239–244
工業都市　123
公示価格　40
合成財　44, 45
高速道路料金政策　183
交通結節点　80, 83
交通混雑　94, 165, 169, 176
交通サービス　206
交通システム　165, 191, 201, 204, 207–209
交通渋滞　184, 185, 189
交通手段　204, 206
交通需要　165, 167, 180
　　——マネジメント　192
交通政策　164
交通ネットワーク　150, 208, 209
交通費　24, 58, 72, 75, 76, 86, 91, 124, 125, 131, 132, 189
交通費用　167
交通問題　76, 164
交通容量　174, 179–181
交通量　170, 172–174
購入頻度　132, 133
国庫支出金　239
固定資産税　235
固定費用　10, 127, 132, 133, 205, 206
コードン料金制　202
コミュニケーション費用　151, 152, 154, 156
雇用と人口の均衡分布　144
雇用分布　143, 144
混雑緩和　192

混雑の外部効果　171
混雑の外部費用　172, 176, 182, 183
混雑料金　173, 174, 176, 178, 182, 183, 198, 200, 201
　　——収入　179, 180, 191
　　——導入　189, 190, 192, 202, 203

● さ 行

財産権　109, 118
最大到達距離　125
サブセンター　94, 95, 97–104, 191, 209
　　環状線型——　95, 104
　　ポイント・——　97
産業立地の集中化　138, 139
産業立地の分散化　139
市街地建築物法　111
自家生産費用　125–129
時間価値　170
時間帯別変動料金　200
時間費用　72, 86, 91, 169
自己組織化の経済理論　19
時差出勤　195, 196
資産税率　235
死重損失　172
市　場　124, 125
市場均衡地代　74
市場地代　45, 46, 49, 63, 81
市場都市　123, 127, 128
市場の失敗　218
自然独占　164
私的限界便益　221–224, 229
自動車交通　204–206
支払意思額　223
CBD　42–46, 79, 87, 88, 90, 91, 94, 95, 97–103, 151, 152, 230
社会的限界費用　171, 172, 174, 182,

203
社会的限界便益　171, 172, 220-222
社会的純便益　220
社会的総費用　171, 206
社会的総便益　168, 169, 172, 220
社会的損失　172
社会的費用　172, 173
社会的平均費用　206
社会的余剰　232
車両検知機　202
集積の経済　13, 100-102, 123, 137-139, 150
集積の不経済　101, 103
集積の利益　13, 20, 104
住宅市場地代曲線　189
出勤ラッシュ　184, 185
出　張　150, 157
順位―規模の法則　162
商　圏　125-128, 131, 132, 137
消費者余剰　168, 169, 176, 177, 203, 231, 232
処分権　109
所有権　109
新規参入　128
人口移動　65, 66
人口規模　140
人口分布　141-146, 154
人口密度　132-135
スケジューリング費用　184, 187, 188
スピルオーバー　241-243
生産者余剰　231, 232
生産費　142, 143
成長管理　234
税の帰着　238
政府部門　216
絶対優位　5

走行時間費用　187, 205
総合設計制度　116, 117
走行費用　184, 185, 188
総雇用　139
総人口　139
租税競争　235, 237, 242
租税輸出　238, 242
ゾーニング（制）　108-111, 114, 115, 119, 120, 234

● た　行

大都市　16, 137, 138
大都市―小都市の交易　138
大都市―小都市パターン　138, 147-149, 154, 156
太平洋ベルト地帯　29
ダウン・ゾーニング　117
多数決投票　227
多数決ルール　224
ただ乗り問題　223, 226
単一中心都市　94, 97, 98, 104, 208, 209
地域特化の経済　13, 14, 16, 29, 30, 100
地　価　34-36, 40, 43, 80
　――高騰　111
地　代　34-36, 40, 42, 43, 80
地方公共財　217, 218
地方交付税　239
地方債　239
地方財政　217, 233
地方自治体　216, 227, 229-231, 233, 242, 243
地方税　239
地方政府　216, 217, 219, 233, 235-244
地方中枢都市　156, 157

地方分権　217, 231, 239-241, 243
中位投票者　224, 225, 229
中央政府　216, 217, 233, 239, 240
駐車料金　194
中心業務地区　→CBD
中心地システム　132, 135, 137
　　——の階層構造　134
中心地理論　123, 124, 132, 135, 147, 160
超過負担　232-234
直接投票　223, 224
通勤費　12, 73, 95, 191
通信システムの整備　159
付け値　39, 40, 47-54, 56-64, 67, 81-85, 87
　　——関数　58
　　——曲線　51-54, 56-62, 67, 70, 72, 74, 78, 83, 86, 90, 95
　　——地代　189-191
TDR　118, 119
TDM　193
ティブー，C. M.　217, 227, 233, 234, 240
　　——・モデル　229-231, 242
鉄　道　205, 206
東京一極集中　111
東京区改正条例　110
道路整備　176-179
　　——費用　177
独占市場　38
特定街区制度　119
都　市　2
　　——の均衡　66, 75
　　——の限界生産物価値　101
　　——の地代構造　95
　　——の転移プロセス　3
都市化の経済　13, 16-19, 29, 100

都市間交通整備　154, 156, 159
都市規模の関数　140
都市規模の分布　123, 124, 138, 140, 149, 150
都市境界　74, 76-78
都市計画法　110, 111
都市システム　150
　　——の理論　122, 123
都市人口増加　78
　　——の関数　140
都市成長管理　117
都市問題　111
都心空洞化　103, 104
　　——対策　117
土地サービス　34, 36, 39
土地市場　37-39
土地の市場地代　63
土地利用　42
　　——規制　→ゾーニング
特　化　9, 10
トリップ　84, 86, 167-172, 174, 180, 195, 200, 203
トリップ時刻選択　184, 185, 201
トリップ需要　177
トリップ数　168, 169, 172
トリップ費用　168-172, 174, 176, 179, 185, 187, 188
　私的——　182

● な　行

内生的経済成長理論　19
ニューサンス・ゾーニング　109, 114
燃料税　192
農業地代　64, 67

● は 行

パーク・アンド・ライド　194
バス　205, 206
派生的需要　166
比較静学分析　76, 77
比較優位　7, 9
非競合性　218
ピークロード料金　188, 189
非排除性　218
Bプラン　110
費用便益基準　177-179
フィスカル・ゾーニング　235
不在地主　42, 73, 74
プリペイド・カード　203
フレックス・タイム　195-197
　　──の採用率　197
分離居住　73, 91
平均生産費　140, 141
平均費用　127
　　──曲線　10, 14
閉鎖都市　65, 66, 122
ベッドタウン　230
ヘドニック・モデル　114
放射型ネットワーク　208, 209
放射+環状型ネットワーク　209
補助金　193, 194, 240, 241, 243
ホテリングの問題　20
ポート・シティ　30

ボトルネック　184, 185
　　──容量　185, 187

● ま 行

マスタープラン　110, 111
待ち行列　185, 187
待ち時間費用　205, 206
目標効用水準　47-49, 53-56, 58
目標利潤　81, 82

● や 行

優先車線　197
ユークリッド型ゾーニング　109, 111, 115
　　非──　115
輸送費　9, 24-28, 31, 80, 123, 127, 138, 139, 141-144, 146-149
　　──最小化　25

● ら 行

立地選択　189, 209, 227, 230
　　オフィス企業の──　150, 156, 158
　　企業の──　141, 191
利用権　109, 118
労働の限界生産物価値　101
路線価　40
ロード・プライシング　198

索　引　253

●著者紹介

佐々木　公明（ささき　こうめい）　東北大学名誉教授

文　世一（むん　せいる）　京都大学大学院経済学研究科教授

都市経済学の基礎

ARMA 有斐閣アルマ

2000 年 5 月 20 日　初版第 1 刷発行
2023 年 7 月 10 日　初版第 12 刷発行

著　者	佐々木　公明（ささき　こうめい）
	文　世一（むん　せいる）
発行者	江　草　貞　治
発行所	株式会社　有　斐　閣

郵便番号　101-0051
東京都千代田区神田神保町 2-17
https://www.yuhikaku.co.jp/

印刷・株式会社理想社／製本・牧製本印刷株式会社
© 2000, 佐々木公明・文世一. Printed in Japan
落丁・乱丁本はお取替えいたします。
★定価はカバーに表示してあります。

ISBN 4-641-12095-1

Ⓡ 本書の全部または一部を無断で複写複製(コピー)することは、著作権法上での例外を除き、禁じられています。本書からの複写を希望される場合は、日本複製権センター(03-3401-2382)にご連絡ください。